KB172253

베이징 800년을 걷다

베이징 800년을 걷다

조관희

푸른역사

차례

• 일러두기

이 책에 나오는 중국인들의 인명과 지명은 고대나 현대를 불문하고 모두 원음으로 표기했다. 중국어의 한글 표기는 문화체육부 고시 제1995-8호 '외래어 표기법'에 의거하되, 여기에 부가되어 있는 일부 세칙은 적용하지 않았다.

베이징으로 가는 길

중국인의 천하관

장이머우 감독의 영화 〈영웅〉을 보면 진시황秦始皇을 죽이러 간 자객 무명(리롄제李連杰 분)이 막상 진시황을 죽일 수 있었음에도 결국 그를 죽이지 못하고 대신 자신이 죽는다. 그것은 무명이 진시황을 만나기 전에 만났던 또 다른 협객 파검(량차오웨이梁朝偉 분)에게 설복당했기 때문이다. 파검은 무명에게 천하의 대의를 위해 사소한 은원恩怨은 버려야 한다고 설득한다. 진시황을 죽이는 것은 개인의 원한을 갚고 개인의 명성을 드높이는 일이 될 터이나, 이미 천하의 대세가 진시황을 중심으로 움직여 가고 있을진대, 무명이 그를 죽이는 것은 하늘의 뜻을 거스르고 필연적인 역사 발전의 법칙을 어기는 것이 된다. 그러므로 무명이 진시황을 죽이지 않은 것은 개인적인 은원에 얽힌 소아小我를 버림으로써 천하의 대의를 실현하는 대아大我를 얻은 게 된다. 그런 까닭에 무명은 애초에 소기했던 목적을 이루지 못하나, 그럼에도 기꺼이 자신의 죽음을 받아들일 수 있었던 것이다.

베이징의 중심부에는 구궁故宮이 있고, 중국의 전통적인 도성 건축의 원리 가운데 하나인 좌묘우사左廟右社의 원칙에 따라 구궁의 오른쪽에는 토지신과 오곡신에게 제사드리는 사직단社稷壇이 있다. 사직단에는 다섯 가지 색깔의 흙이 뿌려져 있는데, 여기에서 오색은 청(동), 백(서), 홍(남), 흑(북)과 황(중앙)을 상징하며, 천지사방의 흙이 모두 이곳에 있다는 것을 의미한다.

하늘 아래 모든 것은 왕의 땅이 아닌 게 없다普天之下, 莫非王土.

하늘 아래 모든 것은 하나의 세계이며, 그 세계를 다스리는 것은 오직 한 사람, 곧 '하늘의 아들天子'이다. 그는 하늘의 명天命을 타고나

사직단의 오색토.

하늘의 뜻을 대신하는 유일한 사람이므로, 모든 사람들은 그의 뜻에 따라야 한다. 그리고 이 세상에는 오직 한 나라만 존재하니 그것이 곧 중국이다. 중국을 제외한 모든 이민족이나 다른 나라들은 모두 인간 이하의 존재인 오랑캐들일 뿐이다.

언어학 이론 가운데 유표성有標性 이론Markedness Theory이라는 게 있다. 이것은 원래 소수파를 다수파와 구별해 소수파에 별도의 표지, 또는 딱지Markedness를 붙여 구별해 부르려는 속성을 가리키는 말이다. 이를테면, 근대 초기에 세워진 교육기관들은 남자를 대상으로 한 것이 대부분이었다. 그래서 고등학교하면 당연하게도 남자가 다니는 고등학교를 지칭하는 것으로 받아들여졌고, 나중에 여자들이 다니는 고등학교가 생기자 이것을 남자들이 다니는 고등학교와 구별하기 위해 '여자고등학교'라고 했다. 곧 다수파인 남자 고등학교는 달리 딱지를 붙이지 않고 '○○고등학교'라고 부르지만(무표성), 여자 고등학교는 '○○여자고등학교'라는 식으로 '여자'라는 딱지를 굳이 붙여(유표성) 구별한다. 비슷한 예로 남자 왕은 그냥 왕이라 부르지만, 여자가 왕이 되면 여왕이 되는 것도 같은 이치다.

유표성 이론은 이런 식의 어휘 구분에 그치지 않고 다양한 사회 현상에도 그대로 적용되는 경우가 많다. 이를테면 흔히 성적 소수자로 표현되는 동성애자의 경우가 대표적인데, 다수를 차지하는 이성애자는 딱지가 붙지 않는 무표항이라면, 소수에 속하는 동성애자는 딱지를 붙여 이성애자와 구분하는 유표항이 된다. 영어로 '나는 동성애자가 아니다'라는 표현은 "I am not a gay"보다 "I am straight"가 더 많이 쓰인다. 이 말에는 이성애자는 '삐뚤어지지 않고 똑바른 것'이고, 동성애자는 반대로 '똑바르지 않고 정상적인 궤도에서 벗어난 존재'라는 뜻이 담겨 있다. 말인즉 다수를 이루는 이성애자는 정상이고, 소수인 동성애자는 비정상이라는 것이다. 이 정도가 되면, 유표성 이론은 단순히 소수파와 다수파를 구분하는 차원을 벗어나, 다수파에 속하는 어느 일방이 소수파에 속하는 다른 일방을 핍박하고 부당하게 대우하는 근거가 된다.

이러한 유표성 이론을 빌려 앞서 말한 중국인들의 내면에 자리 잡은 생각을 들여다보면, '하늘 아래天下' 모든 것은 결국 하나의 존재로 귀속되니 굳이 구분 지을 필요가 없게 된다. 다만 그 '하늘 아래'에 있지 아니한 것은 사실상 존재하지 않는 것과 다를 바 없으므로 '오랑캐'라는 딱지를 붙여 구분한다. 이렇듯 안과 밖을 구분해 안에 속하는 것은 '중화中華'라 부르고, 그 이외의 것은 '오랑캐夷'라는 딱지를 붙여 안중에도 두지 않는 것을 중국인들은 '화이華夷' 관념이라 부른다. 일상적 차원에서는 이것을 '문구門口 관념'이라고도 부르는데, 문의 안과 밖을 구분하고 자기 문 안으로 들어온 것은 끔찍하게 여기면서, 문 밖에 있는 것은 치지도외置之度外하는 이중적인 태도를 가리킨다. '화이 관념'이든, '문구 관념'이든 이러한 중국인들의 생각이야말로 세계의 모든 것을 하나의 '하늘 아래' 통섭하려는 중국인들의 '천하관'을 여실히 보여주는 것이라 할 수 있다.

하늘 아래 유일한 수도天下之都

1792년 9월 영국 정부의 전권대사 매카트니가 이끄는 사절단은 영국 런던을 떠나 꼬박 1년 뒤인 1793년에 당시 청나라 황제인 건륭

(1711~1799)이 머물고 있던 러허熱河에 도착한다. 서로간에 상이한 외교적 프로토콜을 둘러싼 약간의 소동을 겪은 뒤(청의 조정에서는 황제에 대해 아홉 번 머리를 조아릴 것을 요구했으나 매카트니는 그렇게 할 수 없다고 완강하게 버텼다), 매카트니는 건륭 황제를 대면하게 된다. 황제는 성대한 연회를 베풀어 먼 곳에서 온 손님들을 환대했다. 연회가 열린 완수위안萬樹園은 호수와 산기슭 사이에 펼쳐진 24만 평 넓이의 광대한 벌판이다. 매카트니는 이 자리를 빌려 자신이 중국에 온 목적이라 할 여러 가지 외교적 제안을 한다. 그것은 곧 영국의 사신을 베이징에 상주하게 해 줄 것과 세 항구를 무역항으로 개방할 것, 그리고 일부 토지를 영국인들의 거주지로 내주고, 영국 화물에 대해 감세 혜택을 줄 것 등이었다. 당시 황제의 자리에 오른 지 이미 58년이 되어 가는 83세의 늙은 건륭제는 영국의 국왕에게 보내는 칙서를 통해 이 모든 요구들을 일언지하에 거절했다.

> 우리는 결코 이상한 물건에 가치를 둔 적이 없을 뿐 아니라 너희 나라의 물건이 조금도 필요치 않다. 그러니 왕이여, 수도에 사람을 상주할 수 있게 해 달라는 너의 요청은 천조天朝의 법률에 맞지 않을 뿐더러 나라에도 득이 되지 못할 것이다.[1]

건륭은 재위 기간이 60년(1735~1795)에 이르는, 세계 역사에서도 보기 드물게 장기 집권을 한 황제였다. 그가 황제의 자리에서 물러나 태상황제가 된 것도 조부인 강희제康熙帝의 재위 기간 61년(1661~1722)을 넘는 것을 꺼렸기 때문으로, 이 태상황제의 3년을 합하면 중국 역대 황제 중 재위 기간이 가장 길다. 건륭제는 단순히 재위 기간이 길었을 뿐 아니라 강희제 이래 가장 강력한 치세를 이루어 낸 영명한 군주였다. 그는 내치만 잘했던 게 아니라 열 차례에 걸친 대외 원정을 모두 성공적으로 이끌어 자신이 세운 무공을 '십전무공十全武功'이라 일컫고, 스스로를 십전무공을 이룬 거인이라는 뜻에서 '십전노인十全老人'이라 불렀다. 건륭이 보기에 매카트니의 제안은 한낱 변방의 오랑캐가 와서 무언가를 당당하게 요구한 것으로 실로 어이없는 만용에 가까운 행위였던 것이다. 결국 매카트니는 아무 것도 손에 넣지 못하고 빈손으로 귀국 길에 올라야만 했다.[2]

'천명을 대신한 왕조天朝'는 아무 것도 아쉬울 게 없는, 모든 것이 구비되어 있는 자기충족적인 세계이므로 외부 세계와 굳이 대등한 위치에서 무역 관계를 맺을 필요가 없다는 건륭의 말은 곧 그때까지 중국이 견지해 온 중화적인 세계관을 웅변적으로 보여주고 있다. 우리는 지금 중국이라는 말을 당연한 듯 한 나라의 이름으로 생각하지만,

이탈리아 화가 카스틸리오네가 그린 〈완수위안 사연도萬壽園賜宴圖〉.

실제로 중국이라는 말이 하나의 국가를 대표하는 고유명사로 쓰인 것은 그리 오래된 일이 아니다. 1911년에 일어난 신해혁명으로 청이라는 봉건왕조가 멸망하고 새롭게 '중화민국'이 세워진 뒤에야 중국은 미국이나 일본이나 한국과 같이 보통의 국명이 되었던 것이다. 그 이전에는 청이나 명, 원, 송 등과 같은 왕조의 이름이 정식 국명이었으며, 각각의 왕조 당대에는 아예 그런 식의 국명조차 필요 없었다. 단순히 '천하'라는 말로 자신들이 살고 있는 세계를 지칭하면 그뿐이었다. 베이징 역시 명실 공히 하늘 아래 유일한 수도天下之都로서, 천하의 중심이고 세계의 수도였다.

그러다 1840년 아편전쟁 이후 서구 열강의 침략에 파죽지세로 밀리면서 철저하게 유린당하게 되자, 이 세계에 자신밖에 없다는 중화적 세계관은 심각한 도전에 직면하였다. 이에 하늘 아래 유일무이한 존재임을 표방했던 '천하'라는 명칭은 빛을 잃고, 세계에 존재하는 여러 나라들 가운데 한 국가로서 인정받고 현상을 유지하기에도 급급한 처지로까지 내몰리게 된다. 혹자는 이렇듯 중화사상으로 대표되는 자기중심적인, 자기 규정적인 즉자적 인식으로부터 상대를 인정하는 대자적 인식으로 넘어간 것이야말로 중국에서의 근대의 시작이라고 주장하기도 한다.

> 중국의 근대사는 한마디로 이러한 중화주의가 민족국가들에 의하여 계속 도전을 받으며 그 환상이 깨어짐과 동시에 강력한 민족국가의 하나로 탈바꿈해 가는 과정이었다.[3]

흔히 역사는 돌고 도는 것이라 말한다. 근대의 시작과 함께 중국은 중화라고 하는 자기중심적인 세계관을 버릴 것을 강요당하고 한낱 종이호랑이를 넘어서 동네북으로 전락해 갖은 수모를 겪게 된다. 하지만 그로부터 백 년 뒤, 상황은 다시 일변해 우리는 또 다른 중국의 변신을 목도하게 된다. 그것은 새롭게 세계의 중심으로 떠오르고 있는 중국의 부상이다. 새롭게 맞이한 21세기에 그들은 전 지구적으로 무소불위의 힘을 휘두르고 있는 유일의 강대국이라 할 팍스 아메리카나의 세력에 맞설 유일한 대안으로 여겨지고 있으며, 그들 스스로도 천하를 추구하고 천하를 자신의 손아귀에 넣으려는 야심을 공공연하게 드러내고 있다. 이제 사람들의 시선이 다시 중국으로 몰리고 있다. 베이징은 원나라 이후 현재까지 800년 이상 한 나라의 수도로서 중국의 심장부 역할을 해 왔다. 그러므로 베이징은 단순히 하나의 도시가 아

베이징 올림픽의 상징물 냐오차오鳥巢.

니라 중국의 역사와 문화가 집적되어 있는 중요한 아이콘이라 할 수 있다. 그러므로 중국을 이해하기 위해서는 베이징이라고 하는 공간에 대한 이해가 앞서야 한다. 곧 베이징이야말로 중국의 속살을 날것 그대로 만날 수 있는 공간인 것이다. 중국의 근현대사는 외부 세력의 침탈과 이에 맞서 싸운 중국 인민들의 투쟁의 역사라 해도 과언이 아니다. 중국은 아편전쟁 이래 수많은 좌절을 이겨내고 이제 새로운 역사적 전환점에 이르렀다. 베이징은 그러한 역사적 전환점에서 또다시 세계의 수도를 꿈꾸고 있는가?

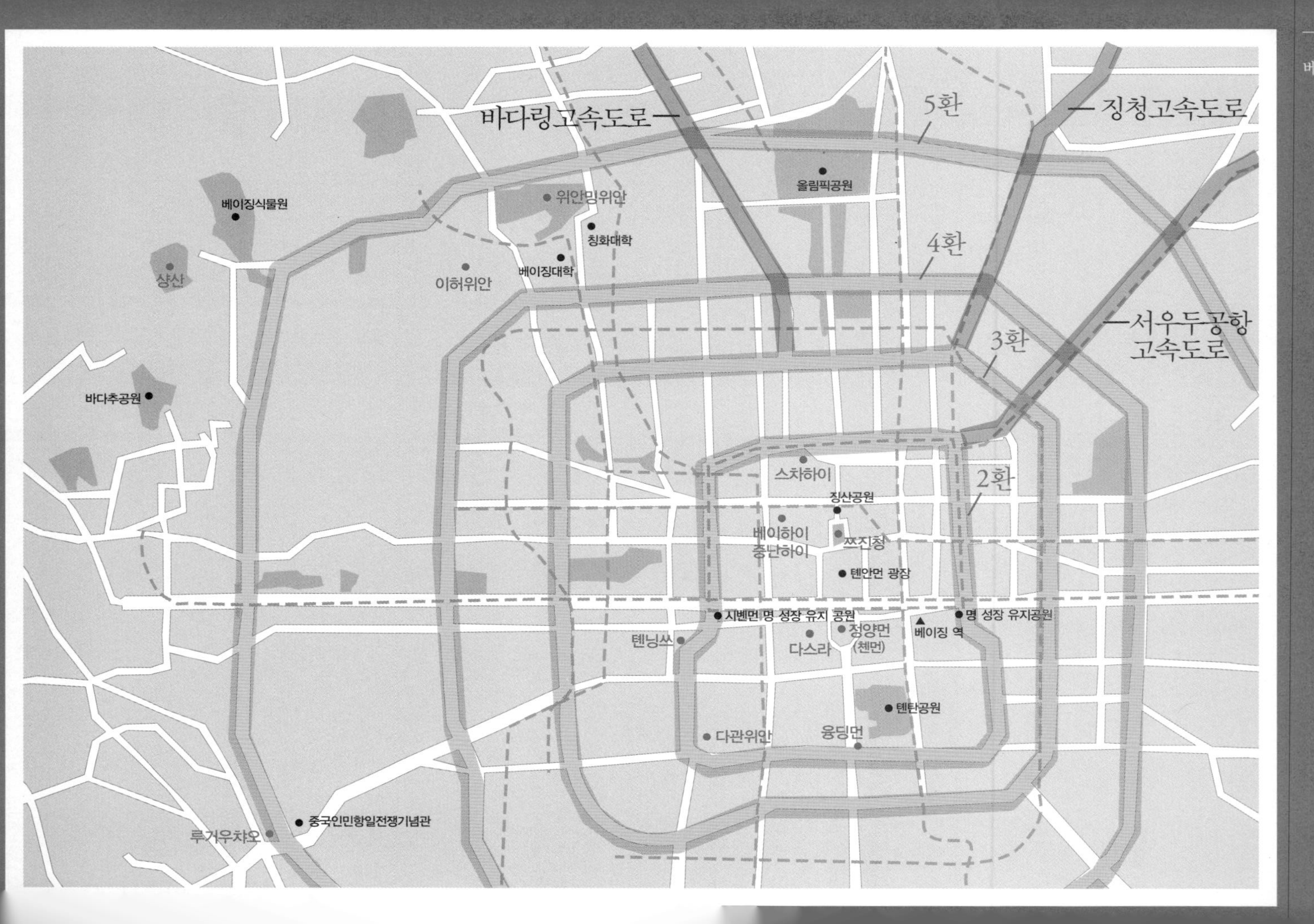
바다링고속도로
5환
정청고속도로
올림픽공원
위안밍위안
베이징식물원
칭화대학
베이징대학
이허위안
샹산
4환
서우두공항
고속도로
3환
바다추공원
스차하이
2환
징산공원
베이하이
중난하이
쯔진청
톈안먼 광장
시볜먼 명 성장 유지 공원
명 성장 유지공원
베이징 역
톈닝쓰
정양먼
(첸먼)
다스라
톈탄공원
다관위안
융딩먼
중국인민항일전쟁기념관
루거우차오

1부
베이징의 사계

안개비 속의
지먼薊門煙樹

바람이 불지 않으면 먼지는 세 치나 쌓이고,

비가 내리면 거리는 온통 진흙투성이다.

無風三寸土, 雨天滿地泥

바람의 도시

베이징은 평원 위에 자리 잡은 도시다. 서북쪽으로는 산지가 이어져 있고, 동남쪽으로는 바다와 맞닿아 있다. 이른바 "산에 임하고 물이 에워싸고 있으며, 범이 웅크리고 용이 똬리를 튼山朝水拱, 虎踞龍盤" 형국이다. 지질학자들의 연구에 의하면 베이징 평원은 바닷물의 충적 작용에 의해 이루어진 것이라 한다. 곧 약 2백 만 년 전에는 이곳이 파도가 넘실대는 바다였다는 것이다. 그리고 4, 50만 년 전 바닷물이 빠져나가자 이곳의 온난다습한 기후 때문에 많은 동식물들이 번성하게 되었고, 베이징 원인猿人들 역시 이곳에 터를 잡고 삶을 영위했다.

우리는 터를 잡을 때 배산임수背山臨水라 하여, 북반구의 특성상 북에서 불어오는 찬바람을 막아 주는 산을 등지고, 거주민들의 용수를 공급해 주는 강을 앞에 두는 형국을 선호하는데, 주변에 변변한 산이나 하천 하나 제대로 없는 베이징의 풍수는 우리 관점으로 볼 때는 한 나라의 수도라 하기에는 조금 부족한 듯 보이는 게 사실이다. 물론 베이징 인근에 산지가 없는 것은 아니다. 북쪽으로 조금만 올라가면 옌산燕山 산맥의 끝없는 산지가 펼쳐져 있지만, 베이징과의 거리가 제법 되기에 북에서 불어오는 찬바람을 직접 막아 주지는 못한다.

이렇듯 평야 지대에 자리잡고 있기 때문에 베이징에는 사시사철 바람이 끊이지 않고 불어 댄다. 이런 바람을 두고 베이징 사람들은 이렇

베이징에 불어온 황사.

게 이야기한다. "베이징에는 바람이 딱 두 번 분다. 한 번은 봄에 불어서 가을에 끝나고, 두 번째는 가을에 불어서 이듬해 봄에 끝난다." 결국 일년 내내 바람이 분다는 얘기다. 일년 내내 부는 바람 가운데서도 특히 봄바람은 서북쪽의 사막 지역에서 다량의 모래를 싣고 불어오기에 특히 유명하다. 이른바 황사다.

워낙 바람이 많이 부는 베이징인지라 이곳의 일기예보에는 우리와 달리 항목이 하나 더 추가되는데, 그것은 그날그날의 바람의 세기다. 바람의 세기는 정도에 따라 등급이 매겨지게 되는데, 그 정도는 다음과 같다.

1급 담배연기가 움직일 정도
2급 얼굴에 바람을 느끼거나 낙엽이 움직이는 정도
3급 나뭇가지가 움직이며 게양된 깃발들이 쫙 펴져 펄럭일 경우
4급 먼지가 날리고 가벼운 종이 조각들이 날아다닌다.
5급 작은 나무가 움직이고 저수지 같이 고인 물에 파도가 인다.
6급 큰 나뭇가지가 흔들리고 전선에서 휘휘 하는 소리와 함께 우산을 들고 다닐 수 없다.
7급 큰 나무 전체가 흔들리고 불어오는 바람을 향해 걸어가기가 불편해진다.
7급 이상 어선의 조업이 불가한 대풍
8급 나뭇가지가 부러지고 걸을 수 없다.
9급에서 12급 사이는 태풍 급

20세기 중국을 대표하는 유명한 문필가인 린위탕林語堂 역시 베이

징의 바람에 대해 다음과 같이 언급한 바 있다.

> 베이징 사람들은 매년 최소한 한 차례 정도는 몽골에서 불어오는 사막의 거센 모래폭풍을 대비해야 하는데 이 모랫바람은 대개 5월이나 10월에 불어닥친다. 하늘은 먼지구름으로 뿌옇고, 태양은 노란빛으로 변한다. 먼지가 귀와 콧구멍을 간지럽히는가 하면, 입안에서는 모래가 버석거린다. 아름다운 여인이 인력거에 앉아 멋진 실크 스카프로 얼굴을 가리는 순간, 스카프는 바람에 펄럭인다. 집안의 모든 물건들은 가는 모래를 한꺼풀 뒤집어쓰게 되는데, 문이나 창문을 아무리 꽉 닫아도 먼지는 틈새를 비집고 들어온다. 모래폭풍이 하루나 이틀 정도 계속된 뒤에야 비로소 태양이 다시 환한 미소를 짓는다.[1]

린위탕은 베이징 사람은 아니지만(그는 타이완 사람들의 뿌리인 푸젠성福建省 사람이다), 누구 못지 않게 베이징을 사랑해서 우리에게 《베이징 이야기》라 알려진 책을 쓰기도 했다. 그는 위의 글에서 베이징의 아름다운 여인들은 바람이 불면 멋진 실크 스카프로 얼굴을 가린다고 했는데, 사실 여기에는 약간의 과장이 섞여 있다. 물론 실크 스카프로 얼굴을 가린 아름다운 여인이 없는 것은 아니겠지만, 보통은 그저 항용 볼 수 있는 마스크를 하거나, 심지어 때론 양파를 담는 붉은색 망사 주머니를 둘러쓰고 다니는 아줌마도 눈에 띈다. 양파 주머니는 보기에는 좀 그래도 먼지를 막아 주면서 시야를 확보한다는 실용적인 측면에서는 아주 훌륭한 실크 스카프 대용품 노릇을 한다.

린위탕의 책은 베이징에 대한 훌륭한 소개서이지만, 우리의 관점에서 보자면 때로 눈에 거슬리고 마음을 불편하게 하는 구석이 있기도 하다. 그것은 흔히 말하는 오리엔탈리즘이라고 할까? 예전에 천카이거陳凱歌나 장이머우張藝謀가 만들었던 일련의 영화들이 중국을 미화하는 것을 넘어서, 때로 약간은 터무니없다는 생각이 들 정도로 자신들의 모습을, 자신들의 역사를 신비롭게 분식粉飾한 대목이 눈에 밟힌다는 것이다. 그것은 아마도 린위탕이 미국에 살면서 구미의 독자들을 의식해 영어로 책을 썼기 때문일텐데, 그런 저간의 사정을 십분 이해한다 하더라도 그의 책을 읽다 보면 간혹 나도 모르게 쓴웃음을 짓게 된다.

아무튼 역사적으로나 문화적으로, 무엇보다 지리적으로 가깝다는 이유 때문에 베이징은 우리의 서울과 흡사한 면모가 많다. 위도 상으로는 베이징이 조금 더 높은데, 도심의 중심이라 할 쯔진청紫禁城을 기준으로 할 때 베이징의 위도는 39도로, 우리의 평양과 비슷하기에 날씨도 그에 버금간다. 겨울은 한랭건조하고 여름은 고온다습하며, 사계절의 구분이 비교적 뚜렷하게 구별되는 전형적인 대륙성 기후에 속하는 것이다. 그래서일까? 베이징의 봄은 유별난 데가 있다.

> 봄 내내 추위가 심하여 시즈먼西直門 밖의 버드나무에는 여전히 싹이 돋지 않았습니다. 화조절花朝節(2월 15일) 저녁에 달은 휘영청 밝지만 차가운 바람이 눈을 찌르는데, 아우와 함께 한가로이 둥즈먼東直門 길을 걷자니 흥겨움을 가눌 길 없기에 드디어 베이안먼北安門을 지나 야오왕먀오藥王廟에 이르러 위허수이御河水를 구경하였습니다. 때는 얼음이 아직 녹지 않아 온통 보이는 것은 흰색뿐이고 차가운 빛은 달빛과 서로 어울려 한기가 뼈를 시리게 하였습니다. 충궈쓰崇

國寺에 도착하니 적막하여 한 사람도 보이지 않고 풍경 소리만이 강아지의 울음소리와 서로 화답하고 있었습니다. 대전에 걸려 있는 편액과 옛 비석의 글자들은 분명하여 하나하나 읽을 수 있었습니다. 나무 위의 추운 까마귀는 나무를 쳐도 놀라지도 않고 돌멩이를 던졌으나 역시 꼼짝 않고 있어서 마치 얼어붙은 것 같았습니다. 그때 홀연히 큰 바람이 쉬웅 소리를 내며 처마로 불어와 음침한 모래바람이 사방에서 모여들어 얼굴을 감싸고 빨리 뛰었으나 입 안에 들어온 모래가 꺼끌꺼끌 소리를 내니 즐거움은 잠시일 뿐이고 고통이 이미 백 배나 되었습니다. 수일 후에 다시 아우와 만징滿井을 한 번 구경하였더니 말라죽은 가지들만 서너 줄기 붙어 있어 도무지 이른 봄의 참신한 맛이 없었습니다.[2]

이 글은 명 만력萬曆 27년(1599)에 명대의 문장가이자 문예이론가인 위안훙다오袁宏道가 북경에서 국자감 조교로 있을 때 절친한 친구인 메이궈전梅國楨에게 보면 글로 베이징의 이른 봄 정취를 생생하게 그려내고 있다. 바람과 함께 비라도 한 줄금 쏟아져 내리면 냉기는 한층 더한다. 하지만 어쩌랴. 차가운 냉기 속에 이미 봄의 훈기가 만져지면 베이징의 봄은 저만치 와 있는 것을……. 비 온 뒤의 베이징 공기는 말 그대로 청신清新한데, 아직 남아 있는 선뜻한 기운은 어깨를 움츠리게 한다. 봄에 베이징에 가는 사람이라면 다음과 같은 이외수의 글 한 대목이 실감나게 다가올지도 모른다.

봄이 되었다.

며칠 동안의 심한 바람. 봄은 언제나 며칠 동안의 바람을 먼저 이 땅에 보낸다. 가게 문짝들이 쓰러지고, 대야가 굴러 떨어지고, 빨래가 펄럭거리고, 하늘은 희뿌옇게 흐려 있었는데, 싸르락 싸르락 모래알을 뿌리며 바람은 도시를 휩쓸고 지나갔다. 이어 두어 번의 비가 내렸다. 그리고 밝고 화사한 햇빛이 온 천지에 가득한 날이 계속되었다(이외수, 《꿈꾸는 식물》).

베이징의 봄은, 바람과 함께 찾아온다.

베이징의 센트럴 파크

바람과 함께 몰려온 황사가 거리를 쓸고 나면 불현듯 비가 몇 차례 뿌리고 바야흐로 신록은 짙어만 간다. 우거진 숲 사이로 푸른 하늘이 언뜻 언뜻 내비치는 풍광은 사람들의 마음을 푸근하게 감싸안고 이제 계절은 바야흐로 초여름으로 접어들게 된다. 거리에는 짧은 소매 옷차림의 사람들이 하나둘씩 늘어가고 처마 밑을 오가는 새소리마저 활기를 띤다. 이렇게 봄에서 여름으로 넘어가는 베이징의 풍광을 상징하는 것은 '옌징팔경燕京八景' 가운데 하나로 손꼽히는 '안개비 속의 지먼薊門煙樹' 인데, 예부터 지먼 근처에는 수목이 울창해 봄이 가고 바야흐로 여름으로 접어들면 짙어 가는 녹음이 볼만했기 때문이다.

명대의 《장안객화長安客話》라는 책에는 다음과 같이 기록되어 있다. "지금 도성의 더성먼 밖에 토성 관문이 있는데, 전하는 말로는 옛 지먼의 유지라 하며, 지츄라고도 부른다今都城德勝門外有土城關, 相傳是古薊

門遺址, 亦曰薊丘." 청대에는 건륭제가 칙령으로 만든 《일하구문고日下舊聞考》에서 《장안객화》의 내용에 바탕해 '안개비 속의 지면'을 기술했고, 황제의 명에 따라 현재 위치에 비를 세웠다.

베이징 서북쪽에 있는 시즈먼西直門에서 북쪽으로 곧장 올라가다 보면, 녹지를 가운데 두고 도로가 동서 양쪽으로 상행인 '둥투청루東土城路'와 하행인 '시투청루西土城路'로 나뉜다. 녹지는 정확하게 밍광챠오明光橋에서 쉐즈챠오學知橋까지 길게 이어져 있는데, 쉐즈챠오를 지나면 도로의 명칭이 유명한 쉐위안루學院路로 바뀌게 된다.[3] 동서 투청루土城路에서 '토성土城'이 가리키는 것은 원대 도성이었던 다두大都의 토성으로, 현재도 그 흔적이 남아 있어 '원 대도 성장 유지元大都城墻遺址' 표지석이 있다.

'원 대도 성장 유지元大都城墻遺址' 표지석.

베이징 시에서는 이 원대의 토성을 잘 보존하기 위해 '투청공원土城公園'을 조성했는데, 잘 가꾸어진 잔디와 울창한 수목은 많은 시민들에게 훌륭한 휴식 공간을 제공하고 있어 가히 베이징의 '센트럴 파크'라 할 만하다. 도심이라는 게 믿어지지 않을 만큼 많은 나무들이 들어서 있는 가운데, 잘 정비된 산책로를 따라가다 보면, 사람들이 삼삼오오 모여 운동을 즐기거나 해바라기를 하고 있는 모습을 볼 수 있다. 하늘은 쪽빛으로 푸른데, 공원의 동쪽과 서쪽 도로에는 수많은 차들이 저마다 갈 길을 재촉해 공원의 한적함과 좋은 대조를 이루고 있다. 실로 중국의 전원시인 타오첸陶潛이 읊은 대로, "사람들 오가는 길목에 오두막 지으니, 그럼에도 수레와 말들이 오가며 내는 소음이 없는結廬在人境, 而無車馬喧" 경지가 펼쳐지는 것이다. 현재 '안개비 속의 지먼' 비가 서 있는 곳은 공원 동쪽의 베이징뎬잉쉐위안北京電影學院과 서쪽의 지먼호텔薊門飯店 사이에 있는 녹지다.

하지만 역대로 '지먼薊門'의 정확한 위치에 대해서는 이설이 있어 왔다. 이에 따르면 현재 우리가 알고 있는 지먼의 위치는 잘못된 것이라 한다. 원래 '지薊'라는 지명은 유명한 역사가인 쓰마쳰司馬遷의 《사기史記》에서 찾아볼 수 있다. 주 무왕周武王이 "제요의 후예를 지에 봉했다封……帝堯之後於薊"는 것이다. 한편 중국 고대의 지리서인 《수경주水經注》에는 "지청의 서북쪽 귀퉁이에 지츄가 있다薊城西北隅有薊丘"는 기록이 있다. 그런데 후대의 연구자들에 따르면, 두 기록에 나오는 '지薊'는 현재의 위치가 아니라 베이징 서남부에 있는 융딩허永定河의 도하 지점이 있던 곳에 인접한 지츄薊丘라는 작은 언덕을 중심으로 한 지역으로 추정된다고 한다. 이것과 연관하여 당대 시인 리이李益는 〈진성秦城〉이라는 칠언절구 한 수를 지었다.

쓸쓸히 진성에서 송별하고 홀로 돌아오려니
지면의 나무 사이 안개 자욱하니 멀리 아련하구나.
가을 하늘 남으로 내려가는 기러기 쏘지 말게나
바람 타고 다시 북으로 날아가려니

惆悵秦城送獨歸, 薊門烟樹遠依依。
秋空莫射南來雁, 縱遣乘風更北飛。

여기서 말하는 '진성秦城'은 베이징 남쪽에 있는 바오디 현宝坻縣 근처에 있는데, 전하기로는 진시황 때 세워졌다고 한다. 그리고 시 속에 나오는 '지면薊門'은 당시 유저우幽州의 번진藩鎮이 있던 곳으로, 이곳은 나중에 요나라와 금나라의 도성 자리가 되었으며, 지금의 베이징 서남쪽에 위치한 광안먼廣安門 인근에 있었다. 그러므로 현재 '안개비 속의 지먼薊門煙樹' 비가 있는 더성먼德勝門 밖 운운하는 것이 서북쪽에 있는 것과는 큰 차이가 있다. 이렇듯 베이징 서남쪽에 있던 지먼의 위치가 서북쪽으로 옮겨 가게 된 것은 명나라 때 쩌우지鄒緝가 제題한 왕푸王紱의 《연대팔경도燕台八景圖》에 다음과 같은 내용이 실린 뒤부터였다.

지먼은 옛 도성의 서북쪽 일대에 있었다. 문 밖에는 예전에는 누각이 있었는데, 난간과 기둥이 화려하게 장식되고 허공에 높이 걸려 있어, 지나는 길손이나 행락객들 중 그곳을 오가다 경치를 읊은 이가 많았다. 지금은 없어졌지만, 지먼에는 여전히 두 개의 흙무지가 남아 있고, 수목이 빽빽이 들어서 신록이 우거졌으며, 이내嵐가 허공에 자욱히 낀 모습이 사계절 변함이 없었다. 그런 까닭에 '안개비

원의 수도인 다두大都의 옛 성벽에 있는 안개 속의 지먼薊門煙樹 비.

속의 지먼薊門煙樹'이라 일컫는다.[4]

문제는 여기에서 말하는 "옛 도성"을 후대 사람들이 요와 금나라의 도성이 아니라 원의 다두大都 성 자리로 오해를 했다는 데 있었다. 요와 금나라 때의 도성과 원의 다두 성은 위치가 달랐기 때문에 '지먼'의 위치 또한 달라질 수밖에 없었던 것이다.

청대에 들어서 건륭제가 이곳을 찾았다가 원 다두 성大都城의 서쪽 성벽에 있는 문을 '지먼薊門'으로 지목하고 그것을 노래한 시를 지었다. 건륭은 이에 그치지 않고, 건륭 16년(1751) 이곳에 비를 세워 '옌징팔경'의 하나로 삼았다. 이렇게 해서 '안개비 속의 지먼'은 본래의 자리가 아닌 다른 곳이 그 지위를 대신하게 된 것이다.

옌징燕京과 베이징대학

그러나 베이징을 대신하는 별칭이라면, 아무래도 '지薊'보다는 '옌燕'이 더 많이 알려져 있다. 《사기》에는 주 무왕武王이 공신인 "소공을 옌에 봉했다封召公奭於燕"는 기록이 나온다. '옌燕'은 나중에 전국시대 '연燕' 나라가 되며, 연나라의 도읍지는 베이징 인근에 있었다. 현대 중국의 유명한 사학자인 구제강顧頡剛은 연나라의 수도는 베이징 인근에 있는 이 현易縣이라고 고증한 바 있는데, 사실 이에 대해서는 아직까지도 학자들 사이에 정론은 없는 편이다. 하지만 많은 논란에도 불구하고 연의 수도가 베이징 근처였을 거라는 데에는 별다른 이견이 없다.

'옌燕' 이 베이징의 별칭으로 유명해진 것은 연나라보다는 오히려 황제의 자리에 오르기 전에 베이징을 봉지로 받아 자신의 근거지로 삼았던 '연왕燕王' 주디朱棣 때부터였다. 주디는 정변을 통해 자신의 조카를 황제의 자리에서 쫓아 내고 스스로 황위에 올라 영락제가 되었다. 영락제는 정치적으로 여러가지를 고려하여 수도를 베이징으로 옮겼으며, 현재의 베이징 성의 기틀을 닦아 놓았다.

이렇듯 연나라의 수도였다는 역사적 사실과 연왕이 기틀을 다진 도읍지라는 뜻의 '옌징燕京' 은 이후로 베이징을 대신하는 명칭으로 널리 쓰였다. 근대에 들어서는 유명한 '옌징대학燕京大學' 이 있었고, 근년에는 베이징 지역을 대표하는 '옌징맥주燕京啤酒' 까지 '옌징' 은 베이징을 대표하는 별칭으로 사람들에게 각인되어 있다.

현재 베이징대학 구내에 있는 옛 옌징대학 표지석.

한편 옌징대학은 원래 1920년에 영국과 미국의 교회 재단이 경영하던 3개 대학을 합병해 설립한 기독교 계열의 사립대학이었다. 나중에는 미국의 하버드대학과 제휴하여 하버드-옌징이라는 이름으로 현대 초기에 중국의 인재들을 키우는 데 일익을 담당했다. 이후 옌징대학은 1949년까지 존속되다 중화인민공화국이 수립되자 미국의 재단은 손을 뗐고, 옌징대학은 베이징대학과 칭화대학淸華大學으로 편입되어 폐교되고 말았다. 그러므로 1949년 이전의 옌징대학은 현재의 베이징대학이 아니라 별개의 대학으로서의 옌징대학을 말한다.

그렇기 때문에 옌징대학이 베이징대학의 일부로 편입되긴 했지만, 엄밀하게 말하자면, 옌징대학을 베이징대학의 전신이라고 보기 어려운 측면이 있다. 원래 베이징대학의 전신은 '무술변법'의 일환으로 1898년에 창설된 징스다쉐탕京師大學堂으로, 1912년 신해혁명 이후 중화민국이 수립되고 나서 베이징대학으로 개칭되었다. 베이징대학을 현재와 같이 중국의 대표적인 대학으로 키운 것은 1916년에 교장으로 취임한 차이위안페이蔡元培였다.

차이위안페이는 부임하자마자 당시 중국의 신문학운동을 선도한 《신청년》 잡지의 발행인인 천두슈陳獨秀(1879~1942)[5]를 베이징대학의 문학원장으로 초빙하고, 류푸劉復(1891~1934),[6] 저우쭤런周作人(1885~1966),[7] 리다자오李大釗(1889~1927),[8] 쳰쉬안퉁錢玄同(1887~1939)[9] 등과 같은 진보적인 학자들을 불러들였다. 1917년 6월에는 미국 콜럼비아대학에서 박사학위를 받고 돌아온 후스胡適(1891~1962)[10]까지 베이징대학 교수가 되어 베이징대학은 중국 신문학 초기 문학혁명을 배태하고 이끌어 간 중심지가 되었다.

한편 중국 현대문학의 거장 루쉰魯迅(1881~1936) 역시 베이징대학

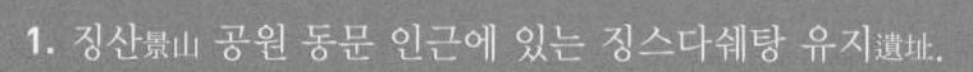

1. 징산景山 공원 동문 인근에 있는 징스다쉐탕 유지遺址.

2. 차이위안페이(1868~1940)

3. 차이위안페이의 교장 임명장.

에서 잠시 교편을 잡은 적이 있다. 루쉰은 1912년 5월 5일에 베이징에 와서 교육부의 첨사로 일했다. 이후 루쉰은 베이징에서 다양한 문필 활동을 벌여 나가는데, 한 가지 재미있는 사실은 현재 베이징대학을 상징하는 교표를 당시 루쉰이 도안했다는 것이다. 루쉰은 한때 목판화 운동을 주도하고, 자신의 책 표지를 디자인하는 등 미술 방면에도 어느 정도 조예가 있었다. 그가 베이징대학에 재직했을 당시는 베이징대학이 설립된 지 얼마 되지 않은 때였기에 여러가지 미비한 점이 많았다. 루쉰이 베이징대학의 교표를 만든 것 역시 그런 미비점을 하나씩 보완해 나가는 과정에서 이루어진 일이었다.

베이징대학의 교표

인딩차오銀錠橋 위에서

날씨는 무섭게 더웠다.
해가 나오자마자 땅 위는 불이 붙듯 뜨거워졌다.
구름 같기도 하고 안개 같기도 한 잿빛 공기가
공중에 낮게 드리워져 있어
숨막히는 느낌을 주었다.
바람은 한 점도 없었다.

—라오서의 《뤄퉈샹쯔駱駝祥子》에서

거지 선완싼沈萬三과 스차하이什刹海

베이징의 여름은 무척 덥다. 전형적인 대륙성 기후에 여름에는 강수량마저 적으니 한낮의 더위는 참기 어려울 정도이다. 그래서인지 베이징에는 더위를 피하기 위해 나무를 많이 심어 놓아 가히 '녹음의 도시'라 할 만하다.

북평은 본래 건조한 평원의 중심지다. 여름에 오랫동안 비나 오지 않으면, 위에서 쪼이는 햇볕, 땅에서 반사되는 열, 몸에서 발사하는 힘, 참으로 공기 중에 수분은 조금도 없는 것같이 더워지는 것이다. 아마 이러한 결점을 방지하기 위하여 북평에 도시가 건설되면서부터 수목을 많이 심은 모양이다.[11]

과연 베이징에는 더위를 피해 찾아갈 만한 수많은 공원과 유원지가 있어 그나마 숨을 쉬고 살 수 있다. 그 가운데 일반 백성들에게 가장 친근한 곳으로는 단연 스차하이什刹海를 꼽을 수 있다.

스차하이의 그림 같은 여름 풍경.

한화휴제閒話休題하고 이상의 제 해외의 여름 행락지로는 십찰해를 칠 수 있소. 이것은 궁성 후벽, 즉 북해 뒷벽을 지으면서 성 밖에 있는 길다란 호수로 호반에 양류가 있을 뿐 건물다운 건물도 없소. 그러나 이곳은 빈민의 납량지로 한목 아니 셀 수 없는 곳이오. 양류 아래에 천붕을 쳐 놓고 그 아래 간단한 차수를 준비해 놓았소. 별로 큰 돈 들이지 않고 수박씨나 까며 그야말로 고시의 '맑은 개울물로 씻으니 절로 깨끔하고, 하루 종일 무성한 나무 그늘 아래 앉았네濯清川而自潔, 坐茂樹而終日' 식으로 더위를 피할 수 있소.[12]

현재 베이징 성의 기틀을 닦은 것은 명대의 영락제였고, 실제 공사를 기획하고 실행에 옮긴 것은 류보원劉伯溫이었다. 베이징 사람들은 류보원을 단순히 영락제의 신하가 아니라 대단한 신통력을 가진 도사와 같은 인물로 생각해 많은 전설을 만들어 냈다. 류보원은 영락제의 명을 받고 베이징 성의 건설에 착수했는데, 이때 류보원은 대장군 쉬다徐達에게 북쪽으로 화살을 쏘아 그 화살이 떨어진 곳에 도성을 건설하자고 제안했다. 쉬다가 쏜 화살이 떨어진 곳의 땅주인은 그곳에 도성이 세워지면 자신의 토지가 모두 수용될까봐 화살을 다시 다른 곳으로 쏘아 버렸다. 화살을 찾으러 온 류보원은 이곳의 땅주인이 수작을 부린 것을 알고 그에게 이곳에 도성을 짓지 않을 테니 대신 도성을 짓는 비용을 대라고 요구했다. 땅주인은 마지못해 그러마 하고 응했는데, 도성을 짓는 비용이 어디 한 사람이 감당할 수 있는 정도이겠는가? 얼마 되지 않아 땅주인은 가산을 탕진하고 나자빠졌다.

난감해진 류보원은 마침 선완싼沈萬三이라는 이가 돈이 많다는 소문을 듣고 그를 찾아오게 했다. 하지만 막상 그를 찾아 데려오니 부자는커녕 하루하루 밥을 빌어먹는 거지였다. 류보원은 적잖이 실망해서 선완싼을 두들겨 패게 했다. 그러나 누가 알았겠는가? 그는 누군가에게 두들겨 맞으면 보물이 묻혀 있는 장소를 말하는 능력이 있었다. 계속 두들겨 맞던 선완싼은 이대로 맞다가는 죽겠다 싶어 되나캐나 입에서 나오는 대로 보물이 묻혀 있는 장소를 댔다. 그런데 정말 놀랍게도 그곳에는 많은 돈이 들어 있는 항아리가 묻혀 있었다. 하지만 그 돈도 얼마 못 가 다 떨어졌고, 그때마다 선완싼을 불러 때리면 선완싼이 되는 대로 일러준 장소에서 정말 돈이 나왔다. 이렇게 하기를 수 차례, 결국 베이징 성은 완공이 됐고, 돈을 파낸 곳에는 큰 웅덩이가 생겼는데, 시간이 흘러 그곳에 물이 고이자 커다란 호수가

베이하이와 쳰하이 사이에 있는 스차하이 표지석.

만들어졌다. 사람들은 그곳을 '스쟈오하이十窖海', 곧 '열 개의 구멍으로 만들어진 호수'라고 불렀는데, 베이징 토박이 말에서는 '차刹'와 '쟈오窖'의 발음이 비슷해, 나중에는 이곳을 '스차하이什刹海'라 불렀다고 한다.

베이징에는 두 개의 큰 호수가 있다. 이전 명칭으로 '타이예츠太液池'는 현재 '베이하이北海'와 '중난하이中南海'로 나뉘어 있고, '스차하이什刹海'는 '쳰하이前海'와 '허우하이後海'로 나뉘어 있다. 그리고 '허우하이' 뒤에는 '시하이西海'가 자리 잡고 있다. 황궁에 속해 있던 '타이예츠'는 일반 사람들이 범접할 수 없는 곳이었던 데 반해, '스차하이'는 일반 사람들이 무시로 드나들 수 있는 도심의 쉼터 역할을 해왔다. 그래서 지금도 베이징 시민들의 사랑을 받고 있으며, 특히 호수 주변의 후통은 많은 관광객들이 옛 베이징의 모습을 보기 위해 반드시 들르는 곳이 되었다.

'스차하이'를 앞쪽 호수인 '쳰하이前海'와 뒤쪽 호수 '허우하이後海'로 나누는 것은 '인딩챠오銀錠橋'라는 다리이다. 사시사철 많은 사람들이 찾는 스차하이인지라 인딩챠오 역시 베이징 사람들에게 유명한 명소 가운데 하나다. 인딩챠오라는 이름은 다리의 모양이 명청 양대에 걸쳐 통화로 사용되었던 '말굽은銀錠'을 닮았다 해서 붙여진 이름이다.

예로부터 인딩챠오는 일반 백성들의 사랑을 받던 서민들의 쉼터로서 베이징의 명승지 가운데 하나였다. 다리 위에 서서 서쪽을 바라보면 가깝게는 호안에 무성하게 드리워진 버드나무 가지가 눈에 들어오고, 멀리 아스라하게 시산西山이 보인다. "먼 산과 가까운 호수, 푸른 버드나무 가지가 반짝이는 은물결遠山近水, 翠柳銀河"과 어우러진 풍광은 옛사람들의 눈길을 사로잡기에 충분했던 듯하다. 하지만 현재는 오가는 사람들로 번잡한 데다, 도심의 뿌연 스모그로 먼 산은 잘 보이지 않고 '은정관산銀錠觀山' 이라는 비석만이 옛 명성을 홀로 증명하고 있다.

인딩챠오 인근에는 완닝챠오萬寧橋라는 이름의 다리가 하나 더 있다. 정확하게는 구러우다졔에서 징산 쪽으로 내려가는 중간쯤에 위치해 있는 이 다리는 퉁후이허通惠河를 거쳐 남쪽에서 올라온 조선漕船이 지수이탄積水潭에 들어가는 입구였다. 이 다리는 원 지원至元 22년(1285)에 만들어졌는데, 징산의 북쪽에 위치한 디안먼地安門 인근에 있어 디안먼의 별칭인 허우먼後門의 이름을 따서 허우먼챠오後門橋라 부르기도 했다.

한때 이곳은 베이징의 주요 물길 가운데 하나로 번성했으나, 세월이 흐르면서 수로가 막히자 다리도 역시 용도를 다해 사람들의 발길이 뜸해졌고, 나중에는 아예 땅 속에 묻혀 버렸다. 1998년 베이징대학 교수로 역사학자인 허우런즈侯仁之가 이 다리의 중요성을 강조한 뒤 발굴을 건의했다. 이렇게 해서 완닝챠오는 발굴되어 원래의 위치에 복원되었다. 그런데 이 다리에는 '물의 기운을 누르는 짐승鎭水獸' 의 석상이 곳곳에 남아 있다. 이것은 '팔사叭嗄' 라 부르는 것으로 다리가 복원됨에 따라 이것 역시 여기저기 흩어져 있던 것을 수습해 본래의 자리에 되돌려 놓았다.

강변의 팔사 조각 세트는 다시 세 등급으로 나뉜다. 가장 아래층은 물보라 속에서 머리를 내밀고 측면 위를 보고 있는 팔사다. 그 팔사 주위의 구름 무늬, 잔물결, 파도, 소용돌이는 상당히 정교하게 조각

1. 스차하이 관광 구역의 입구에 서 있는 패방.
2. 관광객들을 기다리는 인력거꾼들.
3. 인력거 타고 후통 관광하기.
4. 인딩챠오銀錠橋.
5. 사시사철 사람들로 붐비는 인딩챠오.
6. '은정관산銀錠觀山' 비.
7. 완닝챠오.
8~10. 팔사.

銀錠橋
4
5
銀錠觀山
6
7
8
9
10

되어 있고 생동감이 넘치는 것이 마치 용솟음쳤다가 흘러 되돌아오는 듯하다. 가운데층은 아주 단순해서 단지 용구슬 하나가 물 위에서 솟구치는 것 같다.
가장 멋있는 것은 맨 위의 팔사다. 그것은 용의 머리와 몸통과 발톱을 가진 것처럼 보이는데, 발톱에는 보라가 두 뭉치 잡혀 있다. 자세히 보면 용의 머리가 사자나 호랑이의 모습을 한 듯도 하지만, 용이라 하기엔 몸통이 짧고 용 비늘이 달린 꼬리도 호랑이 꼬리를 닮아 전체 형상은 언뜻 보기에 큰 호랑이같다. 이 놈은 강가의 돌덩이 위에 엎드려 고개를 비스듬히 하고서 측면 아래쪽의 용구슬을 갖고 놀고 있는데, 용이 높디높은 곳에서 사람에게 으르렁대는 모습과는 다르게 매우 천진난만하고 장난기라 넘친다. 그 눈빛은 밑에서 노는 친구의 시선과 이어져서 용구슬을 가운데 두고 위아래로 호응하여 그야말로 '두 마리 용이 구슬을 가지고 노는' 한 폭의 그림으로서 매우 생동감 있고 생생한 기운으로 충만하다.[13]

베이징의 북청 물장수

스차하이에 대한 이야기는 그만하고, 이제 다시 류보원에 대한 전설로 돌아가도록 하자. 류보원이 쉬다가 쏜 화살을 쫓아가는 도중에 물에서 머리를 내민 큰 거북이와 맞닥뜨렸다. 류보원은 이것이 용왕이 변신한 것임을 알아채고서 그에게 무슨 일이냐고 물었다. 용왕은 류보원이 베이징에 성을 건설하는 것은 곧 자신의 땅을 멋대로 차지하는 것이니 그에 대한 보답으로 도성이 완성되면 용왕의 아홉 아들에게 일

거리를 나누어 줄 것을 요구했다. 류보원은 선선히 그의 요구에 응하고 도성이 다 지어지면 그때 자기를 다시 찾아오라고 말했다.

도성이 완성되자 과연 용왕이 자신의 아들들을 이끌고 류보원을 찾아오니 류보원은 약속을 잊지 않고 용왕의 아들에게 각각의 소임을 맡겼다. 하나는 톈안먼 앞 화표華表 위에, 다른 하나는 궁궐의 기둥에,

톈안먼 안쪽에 있는 화표.

다른 하나는 궁궐 처마 밑에, 이런 식으로 맡은 바 소임을 분배하고 나서 류보원이 대갈일성하니 아홉 마리의 용이 허공을 날아올라 각자의 위치를 찾아갔다. 용왕이 보니 자기 아들들이 죽은 물건으로 변한지라 기가 막혔지만, 자신의 힘이 류보원의 신통력에 미치지 못함을 알고 아무 소리 못 하고 그 자리를 뜰 수밖에 없었다.

다음 날 아침 류보원은 자리에서 일어나자 도성 안의 우물이 모두 말라 버렸다는 소식을 들었다. 이에 류보원은 가오량高亮이라는 산둥 출신의 거한山東大漢에게 용왕을 찾아갈 것을 명했다. 류보원은 가오량에게 시즈먼西直門 밖을 나가면 작은 수레를 밀고 있는 노인이 보일 텐데, 창으로 수레의 왼쪽에 있는 물통을 찌르고 뒤도 돌아보지 말고 성으로 달려오라고 말했다.

한편 용왕은 화가 나서 성 안의 물을 모두 옮겨다가 도성 안 사람들을 다 목말라 죽게 할 작정이었다. 그가 막 도성 안의 물을 전부 모아서 두 개의 통에 담아 가고 있는데, 갑자기 앞에서 가오량이 다가오더니 창으로 있는 힘껏 수레의 오른쪽 물통을 찌르고는 냅다 뛰었다. 용왕이 자기 물통이 찢어진 것을 보고 화가 나 크게 소리를 지르니 물통에서 나온 물이 가오량을 덮칠 듯이 밀려나왔다. 가오량은 물소리를 듣고 있는 힘을 다해 뛰었다. 한참을 뛰다 시즈먼이 눈에 잡힐 듯 들어오자 가오량은 이제 됐다 싶은 마음에 뒤를 돌아보니 아뿔싸 물이 그를 덮쳐 버렸다. 멀리 성 위에서 이 광경을 바라보던 류보원은 일이 그르쳐 버린 것을 알고 얼른 성문을 닫았다. 그러자 밀려오던 물이 뿔뿔이 흩어져 큰 물줄기는 현재 베이징 동북쪽의 미윈저수지密雲水庫와 베이징을 잇는 징미수로京密引水渠가 되고, 일부는 도성 안으로 흘러들어 도성 안의 우물과 하천이 되었다.

이때 용왕이 수레에 담아 가던 물은 왼쪽 것은 맛이 좋은 물이고, 오른쪽에 담긴 것은 맛이 쓴 물이었다. 그래서 류보원이 가오량에게 왼쪽에 담긴 물통을 찌르라고 했던 것인데, 가오량이 덤벙대다 오른쪽 물통을 찌르는 바람에 쓴맛의 물이 빠져 나와 베이징 도성 안의 우물은 모두 물맛이 쓰게 되었다. 왼쪽에 있는 물통은 나중에 위취안산玉泉山으로 변해서 아주 물맛이 좋은 샘이 되었다. 예로부터 베이징을 일컫는 말로 '고해유주苦海幽州'라는 것이 있는데, 이것은 베이징 성 안에 있는 우물의 수질이 떨어져 맛이 썼기에 붙은 이름이다.

그럼에도 용왕은 포기하지 않고 이번에는 베이징 도성의 지하수를 용출시켜 베이징 성을 물에 잠기게 하려 했다. 용왕은 지금의 베이신챠오北新橋 근처에서 지하수가 솟아 나올 수 있는 물구멍을 찾아 내 그곳으로 물을 보내려 했다. 다급해진 류보원은 이번에도 선완싼을 찾았다. 류보원은 선완싼이 밥 동냥하는 보시기를 빼앗아 물구멍을 막아 버렸다. 이에 용왕은 보시기에 갇혀 버렸는데, 류보원은 용왕에게 이 물구멍에서 멀지 않은 곳에 다리가 하나 있는데 언젠가 이 다리가 낡게 되면 그때 용왕을 풀어 주겠노라고 약속했다. 하지만 류보원이 이 다리의 이름을 '북쪽에 있는 새 다리北新橋'라고 바꿔 버리니 이 다리는 영원히 낡을 일이 없어 용왕이 그곳을 빠져나올 길도 막혀 버리게 되었다.

류보원이 용왕을 가둬 물난리를 막았다는 이야기는 다른 곳에서도 찾아볼 수 있다. 일설에는 베이징 도성의 허우먼後門, 곧 디안먼 뒤에 있는 중러우鐘樓와 구러우鼓樓 인근의 다리 아래에 석비가 하나 있는데, 류보원이 여기에 '베이징 성北京城'이라는 세 글자를 써 놓았다고 한다. 용왕이 화가 나서 베이징을 물바다로 만들어 버리려고 할 때,

물이 다리 아래의 석비까지 차올라 '베이징 성'이라는 세 글자가 물에 잠기면 용왕이 베이징 도성이 물에 잠겼다고 생각해 그 자리를 떠나게 하기 위해서였다는 것이다.

위에서 서술한 이야기들은 말 그대로 베이징 성의 건설을 둘러싼 전설일 따름이다. 화살을 쏘았다는 쉬다徐達는 말할 것도 없고, 류보원 역시 영락제 때 사람이 아니라 명 태조 주위안장朱元璋을 도와 명 건국에 큰 공을 세운 개국 공신들이었다. 선완싼 역시 원 말의 유명한 거부巨富였다. 이 모두가 베이징 성의 건설을 둘러싸고 민간에 유포된 여러 이야기들이 부연되면서 아전인수격으로 제멋대로 견강부회했던 탓에 생긴 전설이다. 하지만 의문은 여전히 남는다. 류보원이 용왕에게 보낸 가오량은 허구적인 인물인데, 왜 하필이면 산둥山東 사람으로 설정했던 것일까? 가오량을 다른 지역이 아닌 산둥의 거한으로 묘사한 것은 당대의 현실을 반영한 것이었다. 청대에는 베이징의 급수 사정이 별로 좋지 않아 전문적으로 물을 파는 사람들이 많이 있었는데, 그들은 거의 모두가 산둥 사람이었다. 이들 산둥 물장수들이 얼마나 많았는지 그들을 묘사한 민가가 따로 나올 정도였다.

초립에 끼끔하니 넓은 소매
무명 적삼 위로는 튼실한 어깨 드러내고
산둥 사람 장사 안 하면
서울에는 우물물 모두 마르리.

草帽新鮮袖口寬, 布衫上又著磨肩,
山東人若無生意, 除非京師井水乾.

수도인 베이징에 올라와 호구를 위해 물지게를 질 수밖에 없었던 산둥 출신의 물장수들. 자본이나 이렇다 할 기술 없이 자기 몸 하나 믿고 팍팍한 도회 생활을 해 나가야 했던 이들이 나름대로 배타적인 동업조합 같은 것을 만들어 자기들끼리 장사를 해 온 것은 예나 지금이나 그리 다를 게 없는 풍경이다. 이를테면 현재 베이징에 많이 있는 발안마 업소에서 일하는 아가씨들 가운데 다수가 허난河南 출신인 것도 같은 맥락에서 이해할 수 있다. 가난한 농촌 지역인 허난의 학원, 또는 교습소(중국어로는 배훈중심培訓中心)에서 발안마 기술을 배워 도회에 진출해 번 돈을 고향집에 송금하는 허난 출신의 젊은 아가씨나 산둥 출신의 물장수가 우리에게는 그리 낯설게 느껴지지 않는다. 가깝게는 1970년대 이후 산업화가 진행되면서 도시로 몰려들었던 수많은 지방 출신의 노동자들로부터 멀게는 산둥 물장수 못지 않게 유명했던 북청 물장수가 있었기 때문은 아닐까?

위취안의 무지개玉泉垂虹

한 나라의 수도로서 많은 사람들이 살고 있는 베이징은 필요한 물을 어떻게 공급받았을까? 사실 베이징 지도를 보면 우리의 한강과 같이 큰 하천은 보이지 않는다. 다만 군데군데 호수가 눈에 띄고 이들 호수는 작은 수로들로 연결되어 있다. 일반 백성들은 차치하고라도 수도이니 만큼 황제를 비롯해 황궁에 살고 있는 사람들을 위한 급수 계획이 우선되어야 했는데, 황실에서 사용하는 물은 베이징 성의 서북쪽에 있는 위취안산玉泉山에서 나오는 샘물을 직접 끌어들여와 해결했다.

앞서 류보원과 가오량의 전설에도 나오듯이 베이징 인근에서 가장 수질이 뛰어난 것이 바로 위취안산玉泉山의 물이었다. 위취안산의 역사는 베이징 성의 역사와 같이 하는데, 일찍이 금나라 때에는 이곳에 행궁을 지었으며, 원과 명나라 때에는 자오화쓰昭化寺와 화옌쓰華嚴寺를 지었다. 청의 강희제는 이곳에 '청신위안澄心園'을 세웠다가 뒤에 '징밍위안靜明園'으로 개명했다. 이곳은 특이한 돌과 맑은 샘물로 유명했는데, 베이징 사람들은 이곳의 돌을 '푸른 용의 껍질蒼龍皮' 같다고 했고 샘물이 흐르는 소리는 가만히 들으면 '재잘대는 말絮如語' 같이 들린다고 했다. '재잘대는 말'이라고 번역을 하긴 했지만, 원어인

'천하제일천'을 품고 있는 위취안산, '옌징팔경'의 하나로 꼽힌다. 위취안산에 우뚝 선 백탑. 주변에 두드러지게 돌출한 지형지물이 없기에 베이징 서북쪽의 중요한 랜드마크 노릇을 하고 있다.

'쉬루위絮如語' 라는 말 자체의 어감이 마치 물이 졸졸 흘러가는 소리를 흉내 낸 듯하다.

한편 건륭제는 전국의 유명한 샘물을 베이징으로 가져오게 해 그에 대한 품평을 했다. 그때까지 중국에서 가장 유명한 샘은 당나라 때 '다신茶神' 으로 불렸던 루위陸羽가 '천하제일천天下第一泉' 이라 공언했던 장시江西 루산廬山의 "구롄취안谷簾泉"이었다. 하지만 건륭제가 막상 맛을 보니 오히려 위취안산의 샘물이 가장 좋았다고 한다. 이에 건륭제는 '천하제일천' 의 명성을 위취안산의 샘물에 돌렸다.

모름지기 좋은 물은 맑고 투명하면서도 맛이 찰지고 깐깐해야 하는 법인데, 이것은 좋은 옥이 갖춰야 할 조건과 흡사한 데가 있다. 그래서 흔히 뛰어난 맛을 자랑하는 샘물을 옥에 비유하곤 한다. 옥은 중국인들이 가장 사랑하는 보석으로, 중국인들은 옥으로 일상용품부터 섬세한 공예품까지 수많은 예술품을 후대에 남겼다. 린위탕林語堂은 중국인들이 옥을 좋아했던 까닭이 그 매끈한 감촉에 있다고 했는데, 중국인들이 좋아하는 요리 역시 부드럽고 매끄럽게 목구멍에 가 닿는 아교질 같은 감촉에 있다고 주장했다. 린위탕에 의하면 중국인들은 촉각이 고도로 발달한 민족이기 때문에 그런 매끄러운 감촉을 좋아했다는 것이다.[14]

훌륭한 자연 풍광과 '천하제일천' 을 품고 있는 위취안산이니 만큼 이곳은 예부터 "옌징팔경燕京八景"의 하나로 손꼽혔다. 처음에는 위취안의 샘물이 뿜어져 나오면서 생기는 무지개가 아름답다 하여 '위취안의 무지개玉泉垂虹' 라 불렀다. 하지만 건륭제가 이곳에 와서 보고는 "샘이 뿜어져 나오는 것이 눈이 펑펑 내리는 듯하고 파도가 굽이치는 듯하다泉噴躍而出, 雪涌濤翻" 고 말한 뒤부터는 "위취안의 분출玉泉趵突" 로 그 명칭이 바뀌었다. 하지만 지금은 위취안산 일대가 군사보호지역으로 묶여 있어 산 전체를 높은 담장으로 두르고 일반인들의 접근을 막고 있다. 따라서 옌징팔경의 하나인 '위취안의 분출' 비도 확인할 길이 없다.

샹산香山의 단풍

마른 등나무 고목 위 저녁 까마귀 맴돌고
작은 다리 아래 마을로 물 흐르니
옛말에 이르길 서풍은 말을 여위게 한다 하였다네
석양은 서쪽으로 지고
애끊는 사람은 저 하늘가에

枯藤老樹昏鴉.
小橋流水人家.
古道西風瘦馬.
夕陽西下,
斷腸人在天涯.

—마즈위안馬致遠의 〈천정사·가을 생각天淨沙·秋思〉에서

베이징 사람들의 쉼터

베이징은 넓은 평원에 자리하고 있기 때문에, 도심과 가까운 곳에서는 산을 찾아볼 수 없다. 다만 서북쪽에 일군의 산들이 분포해 있는데, 이를 통틀어 '시산西山'이라 부른다. 시산은 남쪽의 쥐마산拒馬山에서 시작해 북서쪽의 쥔두산軍都山으로 이어지며, 중간에 링산靈山과 먀오펑산妙峰山, 샹산香山, 위취안산玉泉山이 포함된다. 아울러 시산은 크게 보면 타이항 산맥太行山脈의 한 지맥이 되기도 한다.

이곳 시산에 단풍이 물들기 시작하면 베이징에 가을이 찾아온다. 시산 가운데서도 샹산香山과 바다추八大處는 베이징 시민들이 가을의 정취를 맛보기 위해 즐겨 찾는 곳으로 교통도 비교적 편리하기 때문에 단풍철이면 많은 사람들로 붐비고 있다. 사실 베이징에는 한강과 같은 큰 강이나 북한산이나 관악산 같은 큰 산이 없기 때문에 약간은 삭막한 느낌을 주기도 하는데, 그나마 샹산과 바다추 같은 곳이 있어 자연에 대한 갈증을 덜 수 있다. 그러나 세계의 수도 가운데 가장 완벽한 자연 조건을 갖추고 있는 서울을 수도로 삼고 있는 우리로서는 샹산과 바다추의 아름다움이 그저 그런 풍광으로 느껴지는 게 사실이다.

베이징의 서북쪽에 위치한 샹산은 버스를 타고 갈 수 있다. 버스를 타고 가다 보면, 우선 넓은 평지에 우뚝 서 있는 위취안산玉泉山이 눈에 들어온다. 위취안산을 지나 먼지 나는 길을 털털거리며 한동안 가다 보면 샹산에 도착하는데, 나름대로 복잡한 도심에서 벗어나 자연 속에 들어온 기분을 느낄 수 있다. 해발 557미터로 그리 높다고 할 수 없는 작은 규모의 산인 샹산은 현재 하나의 공원으로 개발되어 있는데, 오목조목 이러저러한 경관들을 잘 꾸며 놓아 숲 속의 자연 정원과 같은 느낌을 준다.

샹산은 본래 금나라 때인 1186년 샹산쓰香山寺라는 절이 들어선 이래로 역대 왕조의 황실 수렵장으로 쓰였다. 건륭제는 이곳을 대대적으로 정비하여 '징이위안靜宜園' 이라는 원림을 조성했다. 그러므로 이곳은 오랫동안 일반 사람들의 발길이 허락되지 않은 금지 구역이었다. 그래서일까? 오목조목 잘 꾸며 놓은 정원에 한 가지 눈에 거슬리는 게 있다면, 공원 전체를 두르고 있는 높은 담장이다. 샹산 공원뿐 아니라 중국 내 다른 지역의 공원이나 원림을 가보면, 나름대로 규모도 크고 정비도 잘 되어 있는 것을 볼 수 있는데, 그럼에도 항상 뭔가 부족하고 빠진 게 있는 느낌이 든다. 혹자는 우리나라의 정원이 중국이나 일본의 그것과 다른 점으로 주변 경관과 자연스럽게 어울어지는 자연미를 꼽는데, 어느 정도 일리가 있는 말이라 생각된다. 우리가 추구하는 자연미는 '천의무봉天衣無縫', 자연 그대로의 맛을 살리면서 가급적이면 인위적인 손길을 더하지 않는 것이다. 그에 반해 중국이

버스 종점에서 바라본 샹산. 왼쪽으로 올라가면 동문이고 오른쪽으로 가면 북문이 나온다.

나 일본의 경우는 어떤 식으로든 인간의 손길이 느껴지고, 자연보다는 인간 중심적인 사고가 앞선다.

각설하고, 샹산香山이라는 이름이 나오게 된 데는 몇 가지 유래가 있다. 첫째는 샹산의 정상인 '샹루펑香爐峰'에서 나온 것이라는 설이다. 샹산의 정상에는 마치 향로를 닮은 바위 하나가 있는데, 해질 무렵이면 붉게 물든 석양 사이로 이 바위 주변에 구름이 떠다니는 모습이 마치 향로에서 연기가 피어오르는 것처럼 보인다고 한다. 그래서 정상의 이름을 샹루펑이라 부르며, 여기에서 샹산이라는 이름이 나왔다는 것이다. 둘째, 샹산은 이전에 싱화산杏花山이라는 명칭으로 불리울 정도로 살구나무가 많았는데, 봄이 되어 온 산에 살구꽃이 피면 그 향기가 진동해 샹산香山이라 불렀다고 한다. 셋째는 전체적인 산의 모습이 장시성江西省에 있는 루산廬山의 샹루펑香爐峰과 흡사하다 하여 붙여진 이름이라는 것이다. 루산은 중국에서도 명산으로 꼽히는데, 일찍이 당나라 때 시선詩仙이라 불렸던 리바이李白가 이 산의 폭포를 보고 '하늘을 날아 삼천 척을 곧바로 흘러내린다飛流直下三千尺'는 유명한 시구를 남긴 바 있다.

해가 샹루펑을 비추니 보라색 연기 피어나고
멀리서 바라보매, 폭포는 그 앞의 냇물에 걸려 있는 듯
하늘을 날아 삼천 척을 곧바로 흘러내리니
은하수가 구천에 떨어지는 것은 아닐런지

日照香爐生紫煙。
遙看瀑布挂前川。
飛流直下三千尺。

그러나 베이징 사람들이 말하는 샹산의 아름다움은 가을의 단풍과 겨울의 설경이다. 사실 단풍과 설경 중 어느 쪽이 더 아름다운지는 이야기하기 어렵지만, 베이징 사람들은 단풍 대신에 '시산청설西山晴雪'을 '옌징팔경'의 하나로 꼽고 있다. 샹산에 조성된 산책로를 따라 걷다 보면 산 중턱 쯤에 건륭제가 직접 썼다는 '시산청설' 비가 있다.

한편 샹산은 중국 현대사에서 의미 있는 명소 가운데 하나인데, 신

건륭제가 직접 쓴 시산청설 비.

중국 성립 이후에는 이곳이 혁명의 근거지 가운데 하나로 추앙을 받았다. 1949년 들어 중국공산당의 인민해방군은 진격을 거듭해 국민당 군을 막다른 골목으로 몰고 갔다. 양쯔 강 이북을 거의 손아귀에 넣은 인민해방군은 속속 양쯔 강으로 몰려들어 도하의 순간을 기다리고 있었다. 같은 해 3월에는 허베이 성河北省 핑산 현平山縣 시보포西伯坡에 있던 당 중앙을 샹산으로 옮겨와 당시 마오쩌둥은 샹산 공원 내 솽칭 별장雙淸別墅에서 거주하면서 공무도 수행했다.

4월 4일 마오쩌둥은 〈난징 정부는 어디로 가는가?南京政府向何處去〉라는 글을 발표해 장제스蔣介石가 이끄는 국민당 정부의 몰락이 눈앞에 닥쳤음을 공식적으로 선포했다. 이어 4월 21일 국민당 측이 국내 평화협정을 최종적으로 거부하자, 마오쩌둥은 솽칭 별장에서 인민해

솽칭 별장 내 마오쩌둥의 집무실 책상. 저곳에서 마오쩌둥은 진격 명령서에 사인을 했던 것일까?

방군의 〈전국으로 진격하라는 명령向全國進軍的命令〉에 서명했다. 양쯔강에 집결해 있던 인민해방군은 진격 명령에 일제히 도하를 감행하여 4월 23일에 난징을 함락시켰다. 솽칭 별장에서 이 소식을 들은 마오쩌둥은 〈인민해방군이 난징을 점령하다人民解放軍占領南京〉라는 칠언율시를 지어 이날을 기렸다. 마오쩌둥은 그해 11월까지 이곳에 머물다 신중국 수립 후에는 중난하이中南海로 거처를 옮겨 죽을 때까지 그곳에서 살았다.

비윈쓰碧雲寺와 쑨원孫文

일반적으로 샹산 공원은 동문으로 들어가서 북문으로 나가게 된다. 북문 쪽에는 케이블카(정확히 말하면 스키장에서 볼 수 있는 리프트) 타는 곳이 있기 때문에, 노약자나 걷는 것을 싫어 하는 사람들은 막바로 북문에 와서 케이블카를 타고 정상인 샹루펑에 올라 아래를 조감할 수도 있다. 아무튼 공원 내를 구경하고 북문을 나서면 바로 옆에 있는 고찰 비윈쓰碧雲寺를 마주하게 된다.

비윈쓰는 원나라 때 창건되었는데, 초기에는 '비윈안璧雲庵' 이라는 작은 암자에 불과했다. 비윈쓰가 현재와 같이 큰 규모의 절이 된 데는 두 사람의 욕심이 작용했다고 하는데, 그들은 명나라 정덕正德(1506~1521)년간의 환관인 위징于經과 명 말인 천계天啓(1621~1627)년간의 유명한 간신 웨이중셴魏忠賢(?~1627)[15]이다. 위징과 웨이중셴 모두 사후에 묏자리로 봐둔 곳이 바로 이곳이었기에 평소에 불의하게 모아 둔 재산을 털어 사원을 증축했는데, 둘 다 말년에 비명횡사하는 바람에 뜻을 이루지 못했다. 하지만 이 둘 덕분에 비윈쓰는 오늘날과 같은 위용을 갖추게 되었다.

명대의 두 환관이 자신의 묏자리로 봐 두었던 비윈쓰는 현대에 들어서 엉뚱한 사람의 묘로 쓰였다. 바로 신해혁명을 주도하여 국부로 추앙받고 있는 쑨원孫文(1866~1925)의 유해가 이곳에 잠시 안치되었던 것이다. 1924년 11월, 쑨원은 베이징의 군벌들이 개최한 '국가재건회의'에 참석해 달라는 초청을 받고 베이징으로 가기 전에 상하이와 일본을 방문했다. 하지만 쑨원은 갑작스런 발병으로 일본 여행을 앞당겨 끝내고 서둘러 베이징에 도착했다. 1925년 1월, 쑨원은 간암 수술을 받았지만 이미 말기로 치닫고 있던 병세는 호전되지 않았고 3월 12일에 숨을 거뒀다. 쑨원의 유해는 현재 그가 묻혀 있는 난징의 '중산릉中山陵'으로 옮겨지기 전에 비윈쓰에 약 2년간 머물렀다. 쑨원의 시신이 안치되었던 곳은 비윈쓰의 뒤편에 있는 '금강보좌탑'인데, 지금은 이를 기념하기 위해 평소에 그가 사용하던 모자와 옷을 모셔놓은 '의관총衣冠塚'이 남아 있다.

의관총을 거쳐 위로 올라가면 '금강보좌탑'이다. 이 탑은 건륭 13년(1748)에 건립되었는데, 기단의 금강보좌 위에 5개의 보탑을 촘촘히 세운 독특한 형태를 취하고 있다. 이것은 석가모니가 성불한 것을 기념하기 위해 세운 것으로, 인도의 부다가야Buddhagay(지금의 Bodhgay)에 있는 탑을 모방하면서도 중국 건축의 전통미를 살렸다는 평을 듣고 있다. 이 탑은 한백옥으로 만들어졌는데, 사원의 건물 배치가 산의 경사를 따라 점점 높아져 장관을 이루고 있으며 주변 경관과 어울려 우아하고 장려한 아름다움을 느끼게 한다.

가운데 위치한 중심 탑은 높이가 34.7미터에 이른다. 탑의 정상에 오르면 사방이 탁 트여 맑은 날에는 멀리 베이징 시의 모습까지 조망할 수 있다.

탑을 내려오면 쑨원의 기념관인 '중산기념당中山紀念堂'이 있다. 이것은 원래 '푸밍먀오줴뎬普明妙覺殿'이라 불리던 비윈쓰의 후전後殿이었다. 하지만 쑨원과의 인연을 기념하기 위해 이곳을 그를 위한 기념당으로 바꾼 것이다. 여기에는 쑨원의 좌상이 있고, 쑨원 사후에 소련 정부가 보내 온 알루미늄 몸체에 유리 덮개가 씌워져 있는 관이 보관되어 있다. 하지만 관을 수송하는 데 시간이 많이 걸려, 관이 도착했을 때는 이미 쑨원의 유해가 염을 마친 상태였기 때문에 실제로 사용하지는 못했다고 한다.

비윈쓰에서 흥미로운 곳은 '오백나한당五百羅漢堂'이다. 중국의 절에는 부처의 상말고도 나한상을 세워 놓은 곳이 많은데, 이곳은 항저우杭州의 징츠쓰淨慈寺 나한당을 그대로 본떠 제작했다고 한다. 나한당 안 어둑한 실내에 나무에 금칠을 한 나한 500존과 신상 일곱 존에 왼쪽 대들보 위에 꿇어 앉은 지궁훠푸濟公活佛까지 모두 508개의 나한이 빼곡하게 들어서 있다. 대들보 위에 꿇어 앉아 있는 지궁훠푸는 개고기를 안주 삼아 술을 마시다 취하는 바람에 지각을 해 그 벌로 대들보를 받치고 있는 것이라 한다. 500나한 가운데 295위인 '암야다나한暗夜多羅漢'은 강희제를, 360위인 '직복덕나한直福德羅漢'은 건륭제를 가리킨다는 설도 있다. 각각의 나한은 나름대로 모두 이름이 있고 역할이 있는데, 오백나한당에 들어가면 나한의 숫자를 세는 방법을 설명한 게시판이 있다. 일단 나한당에 들어오면 아무 나한이나 지정하고 그 나한을 첫 번째로 남자는 왼쪽으로 여자는 오른쪽으로 자기 나이만큼 헤아려 가서 만나는 나한이 자신을 지켜 주는 호신나한이 된다

1. 비윈쓰 입구.

2. 쑨원의 의발총. 글씨는 후한민胡漢民이 썼다.

3. 금강보좌탑.

4. 금강보좌탑 전경.

5. 금강보좌탑에서 내려다본 풍경. 멀리 위취안산玉泉山 백탑이 보이고 아스라이 베이징 시가가 보인다.

6. 쑨원의 좌상.

7. 소련에서 보내온 쑨원의 관.

8. 대들보에 앉아 있는 '지궁훠푸濟公活佛'.

2
孫中山先生衣冠塚
5
6
孙中山先生
7
玻璃盖铜棺
孙中山逝世时苏联所赠，
因遗体已殓，未及使用。
8

는 것이다. 나한당에 가게 되면 재미삼아 자신의 호신 나한이 누구인지 확인해 보는 것도 의미 있을 것이다.

성현聖賢의 거리에서

샹산이 베이징의 자연 풍광을 대표한다면, 베이징 도심에서 베이징의 가을을 느끼기에 가장 좋은 곳은 쿵쯔孔子의 사당인 쿵먀오孔廟와 근대 이전의 국립대학 격인 궈쯔졘國子監이 있는 '청셴제成賢街'라 할 수 있다. 잘 알려진 대로 쿵쯔는 중국의 역대 왕조가 통치 이데올로기로 삼았던 유가 사상의 비조이고, 궈쯔졘은 그러한 통치 이데올로기를 충실히 수행했던 관료들을 양성했던 기관이다. 그러니 쿵먀오와

'청셴제成賢街' 패방.

궈쯔졘이 한 곳에 모여 있는 것은 너무나 당연한 일인지도 모른다. '쿵먀오孔廟'는 '원먀오文廟'라고도 하는데, 중국의 대도시에는 어디라 할 것 없이 시내 한 가운데에 '원먀오'가 있다. 이는 그만큼 유가사상이 중국이라는 나라의 정신적 지주 역할을 해 왔다는 것을 의미한다. 중국 내에서 가장 큰 원먀오는 쿵쯔의 고향인 산둥 성山東省 취푸曲阜에 있는 '쿵먀오'이고, 베이징에 있는 것은 두 번째로 큰 규모를 자랑한다. 명 영락제 때 세워졌다는 쿵먀오는 도심에 자리하고 있지만, 그다지 찾는 사람이 많지 않아 오히려 한적한 편이다.

쿵먀오와 궈쯔졘은 동서로 나란히 붙어 있는데, 가로의 양쪽 가에는 '청셴제成賢街'라는 이름의 패방牌坊이 서 있다. 패방을 지나 홰나무가 늘어서 있는 길을 따라 가면 쿵쯔에게 예를 표하기 위해 누구라 할 것 없이 말에서 내려야 하는 것을 표시하는 하마비下馬碑가 나오고 곧바로 쿵먀오가 나온다. 정문을 들어서면 좌우로 오래된 측백나무가 숲을 이루고 서 있는 가운데 수많은 비석들이 눈에 들어온다. 비석에 씌어 있는 것은 명청대에 과거에 급제한 사람들의 이름인데, 이른바 '진사제명비進士題名碑'라는 것이다.

진사進士는 3단계에 걸친 과거 시험을 모두 급제한 이에게 붙여지는 호칭으로, 봉건시대의 지식인들이라면 누구나 한번쯤은 꿈꾸는 것이었다. 비석들을 천천히 돌아보면 우리에게 잘 알려진 유명한 인물들의 이름을 많이 발견할 수 있다. 모두 5만 1,624명의 이름이 올려져 있는데, 특히 우리에게는 정반챠오鄭板橋라는 이름으로 더 잘 알려져 있는 정셰鄭燮나, 아편전쟁의 주역 린쩌쉬林則徐, 명대의 재상 위쳰于謙과 같은 사람들의 경우는 이들을 간략히 소개해 놓은 설명판이 옆에 세워져 있기도 하다.

1. 하마비.

2. 진사제명비.

3. 쿵먀오는 문화대혁명 때 봉건문화의 잔재를 대표하는 것으로 지목되어 홍위병들이 진사제명비의 비문을 모두 훼손해 현재는 비문을 알아볼 수 없다.

4. 다청먼 옆에 있는 돌북石鼓.

5. 돌북 위의 석고문.

쿵먀오는 황궁인 쯔진청과 마찬가지로 하나의 중심선을 따라 건물들이 늘어서 있다. 쿵먀오, 또는 원먀오文廟의 중심 건물은 다청뎬大成殿인데, 이것은 어느 곳에 있는 원먀오도 마찬가지다. 다청뎬은 두 번째 문인 다청먼大成門을 들어서면 보이는데, 문 옆에는 좌우로 다섯 개씩 열 개의 '돌북石鼓'이 먼저 눈에 들어온다.

이 돌북에는 대전大篆체로 쓰여진 글이 있는데, 이것이 바로 '석고문石鼓文'이다. 원래 이 돌들은 당 말에 산시陝西의 치산岐山(현재의 바오지寶鷄 인근)에서 발견되었는데, 왕이 수렵하는 과정이 묘사되어 있다. 송이 건국되자 이 돌북들은 수도인 볜징汴京으로 옮겨졌다가 금이 북송을 남쪽으로 몰아낸 뒤에는 베이징으로 옮겨졌다. 원나라 황경皇慶 원년(1312)에 지금의 위치로 옮겨졌으나, 청대에 이르러는 이미 심각하게 훼손되어 건륭제의 칙명으로 다시 만들었다. 그러므로 현재 전하는 돌북은 원래의 돌북이 아닌데, 그나마도 청대에 만들어진 것은 구궁박물원故宮博物院에 전시되어 있고, 현재 다청먼 옆에 있는 것은 현대에 다시 만든 것이니, 모조품의 모조품인 셈이다.

돌북에 새겨져 있는 내용은 고대 제왕의 수렵 과정을 묘사한 것으로, 그 때문에 이 돌북을 '엽갈獵碣'이라 부르기도 한다. 원래 이 돌북을 만든 시기에 대해서는 이르게는 주周나라 문왕文王이나 선왕宣王으로까지 거슬러 올라가기도 하지만, 오늘날 학자들은 춘추시대냐 전국시대냐 하는 논란이 있기는 해도 진秦나라 때 만들어진 것이라는 데에는 별다른 이견이 없다. 당대唐代에는 두푸杜甫, 웨이잉우韋應物, 한위韓愈와 같은 시인들이 이 석고에 대한 시를 지었는데, 그 가운데서도 한위의 〈석고가石鼓歌〉가 가장 유명하다. 〈석고가〉는 장편이기 때문에 여기서 모두 인용하기는 어렵지만, 한위는 이 시에서 돌북의 내력을 회상하면서 고대 문물에 대한 애틋한 감정을 토로하고 있다. 한위가 궈쯔졘 박사가 되던 해에, 이 돌북이 들판에 아무렇게나 내버려져, '목동이 불을 붙이려 돌로 치고, 소가 뿔을 갈려고 비비는 것牧童敲火牛礪角'에 안타까운 마음이 들어 궈쯔졘 제주祭酒에게 보고했지만 받아들여지지 않았다. 하지만 한위가 이 시를 지음으로써 많은 사람들이 돌북에 관심을 갖게 되었고, 왕조의 변천에 따라 옮겨다니기는 했으나, 결국 지금의 자리를 찾게 된 것이니, 한위의 노력은 헛되지 않았던 것이다.

본전인 다청뎬大成殿은 원래 멍쯔孟子가 쿵쯔孔子를 평하면서 말했던 '집대성集大成'에서 나온 것이다. 여기서 말하는 '성成'은 고대 음악에서 악곡의 종결을 의미하는데, 각각의 악기가 내는 음악을 '소성小成'이라 한다면, 그런 소성들을 모아 합주하는 것이 '대성大成'인 셈이다.

다청뎬의 입구에 걸려 있는 '만세사표萬世師表'라는 편액은 청대 강희제가 직접 쓴 것이다. 청대에는 황제가 되어 처음으로 쿵먀오에 제사드릴 때 황제가 직접 편액을 썼다. 강희 다음의 옹정雍正은 '생민미유生民未有(멍쯔의 말로 인간이 살아온 이래로 쿵쯔와 같은 사람은 아직 없었다는 뜻)'를 썼고, 건륭乾隆은 '여천지참與天地參(쿵쯔의 지위가 천지와 함께 할 정도라는 뜻)'을 썼다. 그밖에도 가경嘉慶은 '성집대성聖集大成', 도광道光은 '성협시중聖協時中', 함풍咸豊은 '덕제주재德齊幬載', 동치同治는 '성신천종聖神天縱', 광서光緖는 '사문재자斯文在玆', 마지막 황제인 선통宣統은 '중화위육中和位育'을 썼는데, 모두 쿵쯔의 위대함을 경모하고 후대에 남긴 업적을 기리는 말들이다. 한가운데 있는 '도흡대동道洽大同'은 1916년 교육부장관 판위안롄范源濂이 청대의 편액을 내리고 대신 올린 당시의 총통 리위안훙黎元洪의 글씨다. 결국 역대 통치

1. 다청뎬大成殿.

2. 다청먼大成門 앞에 있는 쿵쯔 상.

3. 강희제가 쓴 편액 '만세사표".

4. 편액 '도흡대동".

자들은 쿵쯔의 사당에 참배하고 쿵쯔를 기리는 글귀를 하나씩 남김으로써 자신들의 통치와 치세의 지향을 분명히 했던 것이다.

쿵먀오 옆에는 궈쯔졘이 있다. 명청대에는 전국에 부학府學을 비롯한 많은 교육기관을 건립해 인재를 육성했는데, 수도인 베이징에는 궈쯔졘을 두었다. 당시 지식인들로서는 궈쯔졘에서 공부하고 과거에 급제한 뒤, 자신의 이름을 바로 옆에 있는 쿵먀오의 '제명비'에 올리는 것을 가장 큰 영예로 여겼다. 궈쯔졘 학생은 '감생監生'이라 불렸으며, 그밖에도 각 지방에서 추천을 받아 입학한 '공생貢生'과 고위 관료나 귀족 자제들로 구성된 관생官生, 민간에서 각종 시험을 거쳐 선발된 민생民生 등이 있었다.

궈쯔졘을 들어서면 우선 화려하게 장식된 유리 패방이 눈에 들어온다. 유리 패방은 대부분 종교 사원에 많이 속해 있는데, 이곳의 유리 패방은 베이징에서는 유일하게 사원에 속하지 않은 것이다. 패방에는 앞뒤로 건륭제가 쓴 글자가 새겨져 있는데 앞에 해당하는 남쪽에서 바라보면, '환교교택圜橋教澤', 뒤에 해당하는 북쪽에서 바라보면, '학해절관學海節觀'이라고 되어 있다.

패방을 지나면 궈쯔졘의 중심 건물인 '비융辟雍'이 나오는데, 이곳은 과거 청나라 때 황제들이 '강학講學'을 하던 곳이다. 한漢나라 때 경학가인 정쉬안鄭玄은 '비융'을 다음과 같이 해석했다. "벽은 밝다는 것이고 옹은 화합한다는 것이다. 그러므로 천하를 밝고 화합하게 한다는 뜻이다辟爲明, 雍爲和, 所以明和天下也." 곧 하늘의 뜻을 받들어 정사를 펼치는 황제는 천하를 두루 밝고 화합할 수 있도록 열심히 공부하고 노력해야 한다는 의미를 담고 있다. 그런 까닭에 비융을 비롯한 궈쯔졘의 건물들은 나라의 근간을 세우는 데 필요한 학문의 중심지로 중시되었다.

한편 비융은 둥근 물길로 둘러싸여 있는 것이 이채로운데, 앞서 패방 편액의 내용과 이 물길은 같은 내력이 있다. 한漢 명제明帝 영평永平 2년(서기 59)에 황제가 군신을 이끌고 비융에서 여러 유자儒者들과 함께 강학을 진행하는데, 많은 사람들이 다리와 문을 둘러싸고圜橋 강학을 들었다. 그런데 사람들이 워낙 많이 몰리다 보니, 안전사고의 위험이 있어 질서를 유지할 필요가 있었다. 이에 비융 주위를 파고 물을 채워 넣어 사람들로부터 비융을 격리시켰다. 그러므로 앞서 유리 패방에 씌어 있는 '환교교택圜橋教澤'이라는 말은 다리를 둘러싸고 듣는 가르침의 은택이 만세까지 미친다는 뜻이고, '학해절관學海節觀'은 배움의 바다에서 관중을 절제한다는 뜻이 된다. 건륭제가 주위의 만류를 마다하고 비융을 건설한 뒤 유리 패방에 이와 같은 글귀를 새겨 넣은 것은 그만큼 역대 황제들이 통치 이데올로기로서 유가 사상을 중시했다는 것을 말해준다. 그래서 유리 패방과 비융의 지붕에 황제만이 사용할 수 있는 황금색 기와를 올릴 수 있었던 것이다. 이것으로 당시 궈쯔젠이 차지하고 있던 위상이 어떠했는지를 단적으로 알 수 있다.

하지만 현재 쿵먀오와 궈쯔젠은 옛 영화를 잃어버리고 퇴락해 가고 있다. 사시사철 관광객들로 붐비는 베이징이지만, 이곳만큼은 사람들의 발길이 닿지 않아 고적함마저 느껴진다. 한여름의 열기가 사위어 가고 이미 서늘해진 바람에 오히려 햇볕이 따사롭게 느껴지는 가을 오후에는 쿵먀오와 궈쯔젠에서 깊어 가는 가을의 정취를 맛보는 것도 하나의 별취別趣라 할 수 있다.

圜橋教澤
1

辟雍
2

1. 궈쯔젠의 유리 패방.

2. 궈쯔젠의 중심 건물인 비융辟雍. 청나라 때 황제들의 강학 공간.

3. 비융 안에는 황제가 강의를 들을 때 앉았던 보좌가 있다.

스차하이의
북극곰

북국의 풍광
천리 이내는 얼음으로 얼어붙어 있고
만리 길에는 눈발이 미친 듯 휘날린다.
장성 안팎 돌아보니
아득하기만 한데
황허의 상하류 얼어붙어
도도한 흐름 끊겼도다.

北國風光, 千里氷封, 萬里雪飄.
望長城內外, 惟余莽莽;
大河上下, 頓失滔滔.

— 마오쩌둥毛澤東의 〈심원춘·눈沁園春·雪〉에서

탕후루와 패왕별희

외지인에게 베이징의 겨울은 혹독한 시련의 계절이다. 인근에 북풍을 막아 줄 진산이 없는지라, 사나운 바람은 질정 없이 불어대고, 길가에는 뿌연 먼지가 날려 제대로 눈을 뜰 수조차 없다.

> 북경의 흙빛은 잿빛 같고 수레와 인마에 갈리어 길 위에 깔린 것이 다 가로街路의 것과 같다. 그러므로 바람이 약간 일면 먼지가 하늘을 덮고 행인이 눈을 뜨지 못했는데, 큰 길 가운데로 붉은 칠을 한 바자통(울타리 옆에 놓아 물을 담아두던 통)을 곳곳에 늘어놓고 물을 길에 부으며, 때때로 넓은 길에 물을 뿌려 먼지를 재웠다. 길가의 잡물을 벌인 저자에는 다 닭의 깃을 대 끝에 묶어 둑(임금이 타고 가던 군대의 대장 앞에 세우던 기의 한 종류로, 큰 삼지창에 삭모槊毛를 많이 달았다) 모양같이 만든 비를 가지고 저물도록 먼지를 쓰니 이상한 땅이다(홍대용, 《산해관 잠긴 문을 한 손으로 밀치도다》).[16]

게다가 베이징의 겨울 공기는 극도로 건조해서 익숙하지 않은 이들은 겨울 내내 감기를 달고 살아야 한다. 도심의 공기는 매캐한 연탄 냄새로 뒤덮이고, 거리에는 군고구마 장수들이 노릇하게 익은 고구마 속살로 지나가는 행인의 입맛을 다시게 만든다. 중국은 땅덩어리가 워낙 넓고 크기 때문에, 옛날부터 남과 북의 차이에 대해 여러 가지 측면에서 비교하는 말들이 많이 있었다. 겨울만 놓고 보자면, 북방은 전형적인 대륙성 기후로 낮은 온도에 살을 에는 바람과 건조한 공기 탓에 밖을 나서면 정신이 바짝 들고 쨍하는 느낌이 드는 추위인 데 반해, 남방은 기온은 그렇게 낮지 않지만 습도가 높아 시간이 지날수록 으슬으슬 뼈마디가 시려 오는 것이 때로 참을 수 없는 고통을 느낄 때도 있다.

그야말로 혹한이었다. 공중에는 잿빛 흙먼지가 뿌옇게 떠 있고, 바람은 그 먼지 위로 질주하는 듯, 먼지를 쓸어 버리지 않아 별들이 층층이 보이지 않고 큰 별만 희미하게 떨고 있었다. 땅 위에는 바람이 없었으나 사방에서 냉기를 뿜어내고 있었고, 차바퀴 자국에는 벌써 얼어서 갈라진 틈이 길게 여러 갈래 나 있었다. 흙은 회백색으로 얼음과 같이 차가웠고 단단하게 굳어 있었다(라오서, 《뤄퉈샹쯔》 중에서).[17]

그리고 북방은 워낙 추운 날씨 탓에 거의 모든 건물에 난방이 되어 있지만, 남방은 온도가 그다지 낮지 않은 관계로 일반 주택의 경우 난방이 되어 있는 건물이 드물다. 그렇기 때문에 어떤 측면에서는 온도 자체는 낮지만, 지내기에는 북방이 훨씬 더 쾌적하게 느껴질 수도 있다. 남방의 경우 낮에는 해가 들지 않는 실내보다 바깥이 오히려 따뜻하게 느껴질 때도 있는데, 그래서인지 남방 사람들은 집안에서도 두터운 스웨터를 입고 장갑까지 끼고 사는 경우가 많다.

이러한 기후 차이는 음주 문화에도 영향을 주어 추운 북방 사람들은 독한 백주白酒를 마시고, 남방 사람들은 낮은 도수의 황주黃酒를 마신다. 알콜 도수가 높은 백주는 북방의 추운 날씨를 이겨 내는 데 유리하지만, 기온이 높은 남방 지역의 사람이 마시면 안 그래도 더운 날씨를 이겨 내기 힘든 것이다. 그래서 남방 사람들은 황주를 따끈하게 데워 마시는 것으로 몸을 덥인다.

루전魯鎭의 술집 구조는 다른 고장과 다르다. 'ㄱ' 자 모양의 큰 술청이 길을 향해 열려 있고, 술청 안쪽에는 언제든지 술을 데울 수 있도록 더운 물이 준비되어 있다. 낮이나 저녁 무렵 일을 마친 노동자들이 언제나 동전 네 닢을 내고—이것은 이십 몇 년 전의 일이고, 지금은 한 잔에 열 닢 가까이로 올랐을 게다— 대포 한 잔을 청하여 술청 밖에 기대선 채 따끈하게 데운 술을 들이키며 쉬곤 했다. 한 닢 정도를 더 쓰면 소금물로 삶은 죽순이나 회향두 한 접시 정도를 주문하여 안주로 할 수도 있다. 열 닢이 넘는 돈이라면 고기요리까지 한 접시 살 수 있었지만, 이곳에 오는 손님들은 대부분 짧은 옷을 입은 막벌이꾼이라 그런 호사스러운 짓은 누릴 수가 없었다(루쉰, 〈쿵이지〉 중에서).[18]

반면에 베이징의 겨울은 훠궈火鍋의 계절이다. 제철을 만난 훠궈火鍋 가게 안은 북적이는 사람들이 뿜어내는 열기와 펄펄 끓는 훠궈에서 피어오른 더운 김으로 아연 활기를 띠고, 독한 백주 한 잔은 얼어 있는 몸을 안온하게 감싸주며 은근하게 오르는 취기는 사람들 마음을 달뜨게 한다.

추운 겨울 베이징의 거리에 나서면, '탕후루糖葫蘆'를 파는 사람들이 여기저기 눈에 띈다. 탕후루는 베이징 사람들의 겨울 간식의 하나로, 산사나무의 열매에 물엿을 묻힌 뒤 굳혀(겨울에는 오히려 얼린다는 표현이 더 맞을 것이고, 최근에는 물엿 대신 설탕 시럽을 사용한다) 만든다. 하지만 최근에는 꼭 산사나무 열매뿐 아니라 딸기나 심지어 바나나,

파인애플, 참다래와 같은 과일을 사용해 만들기도 한다. 탕후루의 역사는 꽤 오래되었으니, 전하는 말로는 남송 시대 광종(연호는 소희紹熙, 1190~1194)의 애첩인 황귀비黃貴妃가 병에 걸려 음식을 먹지 못하자 이에 대한 처방으로 산사나무 열매와 설탕을 함께 달여 식전에 5~10개씩 먹게 했는데, 이것이 민간으로 전해지면서 널리 퍼지게 되었다고 한다.

그런데 원조 탕후루라 할 수 있는 산사나무 열매는 사실 별로 맛이 없다. 과육이 수분이 많아 과육은 약간은 텁텁한 맛이 나기 때문에 처음 탕후루를 맛보는 사람은 이게 무슨 맛인가 싶기도 하다. 그런 까닭에 오히려 겨울에 먹는 탕후루의 백미는 딸기 탕후루가 아닌가 하는 생각이 들기도 한다. 추운 겨울 날씨에 꽁꽁 얼어붙은 설탕 시럽을 한 입 깨물면 시원한 딸기 과육이 입안 가득 들어온다. 달콤한 설탕 시럽

베이징의 명물 둥라이순東來順의 솬양러우涮羊肉.

과 함께 딸기를 와사삭 깨물어 먹는 청량감은 무엇과도 바꿀 수 없는 즐거움이다.

이 대목에서 불현듯 천카이거 감독이 만든 영화 〈패왕별희霸王別姬〉가 생각난다. 극 중에서 주인공 데이蝶衣(장궈룽張國榮 분)는 어렸을 때 경극학교에서 혹독한 수련을 받는다. 하루종일 맞으며 연습에 연습을 거듭하던 어느 날 데이는 너무 힘들어 친구와 함께 잠시 밖으로 탈출을 감행한다. 하지만 결국 갈 데가 없어 다시 돌아오고, 사부에게 엄청나게 맞는다. 그때 같이 탈출했던 친구는 맞는 게 두려워 평소에 그렇게 먹고 싶었던 탕후루를 다 먹어치우고 목을 매고 만다. 누군가는 아침에 도를 들으면 저녁에 죽을 수 있겠다고 말했지만, 홍진에 묻혀 사는 범인들이야 탕후루 같은 사소한 것에도 죽을 수 있는 것일까? 그리고 그때 그 어린 놈들이 거리를 배회하다 어딘가에서 〈패왕별희〉

갖가지 과일로 만든 탕후루.

를 구경하다 감동한 나머지 눈물을 줄줄 흘리며 한마디 내뱉는다. "아, 저 사람들 정말 잘한다! 얼마나 맞아야…… 얼마나 맞아야…… 나는 언제쯤에나 저렇게 해 낼 수 있을까?他們怎麼成的角兒啊! 得挨多少打呀! 得挨多少打呀! 我什候時候才能成角兒啊!"

한편 북쪽에서 불어온 차가운 삭풍은 스차하이와 베이하이와 같은 베이징 도심의 호수들을 꽁꽁 얼게 하는데, 얼음을 지치는 이들에게 겨울은 오히려 기다려지는 계절이다. 추운 날씨에도 아랑곳하지 않고 꽁꽁 얼어붙은 호수에 나와 썰매나 스케이트를 타는 사람들의 얼굴은 차가운 공기로 발갛게 상기된 채 함박 웃음이 떠나지 않는다.

스차하이는 인근 주민들에게 또 다른 즐거움을 안겨 주는데 그것은 우리가 흔히 '북극곰 수영'이라고 부르는 '얼음물 수영凍泳'이다. 스차하이 주변에 사는 사람들은 아무리 추운 날이라도 스차하이의 일정 구역의 얼음을 제거해 만든 '수영장'에서 수영을 즐긴다. 여기에는 남녀노소가 없으니, 변변한 탈의실도 없지만, 절묘하게 타월 한 장으로 몸을 가려가며 수영복으로 갈아입은 '북극곰'들은 차가운 물 속에서 유유히 헤엄을 치는데, 어찌 보면 연신 탄성을 쏟아 내는 관객들의 시선을 은근히 즐기는 것은 아닌가 하는 생각이 들기도 한다. 그러고 보면 베이징의 겨울이 아무리 춥다 해도 이곳을 살아가는 사람들에게는 그저 심상한 일상의 반복일 뿐이다.

1. 스차하이의 겨울. 얼어붙은 호수 위에서 사람들이 얼음을 지치고, 그 뒤로 구러우鼓樓와 중러우鐘樓가 보인다.
2. 입식문화로 인해 중국인들은 의자처럼 생긴 썰매를 탄다.
3. 자전거의 왕국답게 중국에는 자전거 썰매도 눈에 띈다.
4. '동영' 을 즐기는 사람. 주변에서 스케이트와 썰매를 타는 사람들이 어이 없다는 표정으로 바라보고 있다.
5. 얼음구멍을 파고 낚시를 드리운 강태공들.

연행사燕行使가 본 가톨릭 성당

전형적인 대륙성 기후인 베이징의 겨울은 앞서 말한 바 있는 훠궈와 같이 따뜻한 음식을 찾게 만든다. 겨울의 베이징 길거리 음식을 대표하는 것은 달달한 베이징의 군밤 '탕차오리쯔糖炒栗子'로, 이 말은 '밤栗子'을 '달달하게糖' '볶은炒' 것이라는 뜻이다. 탕차오리쯔를 만드는 밤은 일반적인 밤보다 크기가 작은데, 먼저 콩알만한 작은 자갈이나 굵은 모래를 무쇠솥에 담아 설탕을 넣고 먼저 볶다가 밤을 넣고 함께 볶으면 윤기가 자르르 흐르는 달콤하고 고소한 군밤이 된다. 볶는 과정에서 녹은 설탕의 단물이 껍질이 터진 알밤 속에 흡수되어 군밤의 맛을 더해줄 뿐만 아니라 껍질도 쉽게 까진다. 이것은 본래 톈진天津 특산으로 알려져 있으나, 일반적으로는 베이징 인근의 화이러우懷柔라는 곳에서 나는 밤이 유명하다.

베이징 인근의 화이러우에서 나는 밤으로 만든 탕차오리쯔.

이제 시간을 거슬러 올라가 1765년 겨울의 어느 날이었다. 거리에는 눈발이 어지러이 날리고 바람에 먼지가 하늘을 뒤덮어 눈을 뜰 수 없을 지경이었다. 당시 베이징에는 청의 문물 제도를 적극적으로 배우고 도입하자고 주장했던 북학파의 대표적 인물 홍대용이 머물고 있었다. 조선시대에는 국경을 폐쇄하고 사신만 중국에 오갈 수 있었기에, 합법적으로 가볼 기회는 사신이나 그 수행원이 되는 것밖에 없었다. 그래서 사신들은 그렇게 어렵게 얻은 기회를 활용해 자기의 자제(아들이나 제자)를 개인 수행원으로 데리고 가서 견문을 넓혀 주었는데, 편의상 이들을 군인 신분의 수행원으로 분류해 '자제군관'이라 불렀다. 홍대용은 그때 당시 서장관이던 숙부가 연행사의 일원으로 베이징에 올 때 바로 이 '자제군관'의 자격으로 따라온 것이었다.

청나라 때 연행사로 베이징에 왔던 조선의 지식인들은 청나라의 문물에 대해 강한 호기심을 갖고 있었다. 당시 중국의 문물과 제도 가운데 가장 그들의 주의를 끌었던 것은 기독교와 그것을 전파하기 위해 중국에 머물고 있던 가톨릭 신부들의 과학 지식이었다. 조선의 지식인들과 이들 선교사들의 만남은 현재 남아 있는 연행록을 통해 그 자취를 더듬어볼 수 있는데, 그들이 주로 찾았던 곳은 베이징 성 남쪽에 있어 '남당南堂'이라 불렸던 가톨릭성당이었다.

남당은 예수회 선교사인 이탈리아인 마테오 리치Matteo Ricci(중국명은 리마두利瑪竇, 1552~1610)[19]가 세운 교회로 원래는 작은 경당經堂이었는데, 1650년에 아담 샬Johann Adam Schall von Bell(중국 명은 탕뤄왕湯若望, 1591~1666)[20]이 대규모로 신축했다. 남당은 지금의 쉬안우먼宣武門 앞에 있는데, 당시 연행사가 머물던 숙소와 그리 멀지 않았기에 연행사로 왔던 조선의 지식인들이 자주 들러 선교사들과 대화를 나누었다. 베이징에서 머물면서 많은 인사들과 교류를 하고 다양한 체험을 했던 홍대용도 남당을 자주 찾았다.

> 천주당은 서양국 사람이 머무는 곳으로, 서양국은 서쪽 바다 가운데 있는 나라이고 중국에서 수만 리 밖이다. 옛날에는 중국을 통하는 일이 없었는데, 대명 만력 연간에 이마두利瑪竇라는 사람이 비로소 중국에 들어오니, 이마두는 천하에 이상한 사람이었다. 스스로 말하기를, 20여 세에 천하를 구경하고자 하는 뜻이 있어 나라를 떠나 천하를 두루 보고, 땅 밑으로 돌아 중국에 들어왔다고 하였다. ……이마두가 죽은 후에 그 나라 사람이 이어서 중국에 통하여 끊어지지 않았고, 근래에는 작품爵品을 주고 후한 녹봉을 주어 책력

쉬안우먼宣武門 쪽에서 바라본 남당南堂.

만드는 것을 완전히 맡겼다. 그 사람들이 한번 나오면 돌아가는 일이 없어서 각각 집을 지어 따로 거처를 정하고 중국 사람들과 섞이지 않았는데, 동서남북 네 집이 있어 이름을 천주당이라 하였다. …… 그중 서천주당(남천주당의 잘못)의 집과 기물이 더 이상하였다.[21]

당시 남당에는 각각 흠천감정欽天監正과 부정副正이라는 직책을 맡고 있던 독일인 선교사 할러슈타인Augusto von Hallerstein(중국 명은 류쑹링劉松齡, 1703~1774)과 고가이슬Antoine Gogeisl(중국 명은 바오유관鮑友管, 1701~1771)[22]이 있었는데, 당시 할러슈타인은 62세였고, 고가이슬은 64세였다. 그들은 이전에 남당을 방문했던 조선 사람들이 천주

남당南堂. 연암 박지원은 "지붕 머리가 종처럼 생겨 여염집 지붕 위로 우뚝 솟아 보인다"고 했다.

당과 그 안에 있는 그림들을 더럽히는 등 눈에 거슬리는 행동을 한 것 때문에, 평소에 조선 사신들의 면담 요청을 거절했다. 이에 홍대용은 청심환과 먹, 종이 등의 선물을 보낸 끝에 어렵사리 그들을 만날 수 있었던 것이다. 홍대용은 바람과 먼지로 눈을 뜨기 어려워 이를 막아내기 위해 풍안경風眼鏡을 쓰고 갔다.

남당에 도착한 홍대용은 할러슈타인, 고가이슬과 역사적인 대면을 하는데, 사실상 홍대용은 유럽인을 처음 보았을 터이다.

> 유송령은 나이가 예순 둘이고, 포우관은 나이가 예순 넷이었다. 유송령은 양람亮藍(암청색) 정자를 붙였으니 종2품 벼슬이었고, 포우관은 암백暗白(회색) 정자를 붙였으니 6품 벼슬이었다. 이러므로 송령이 나이가 적으나 우관의 위에 앉았다. 두 사람이 다 머리를 깎았고 온몸에 호복胡服을 하였다. 중국 사람과 분별이 있고 나이가 많아 수염과 머리가 세었으나 얼굴은 젊은이의 기색이며, 두 눈이 깊고 맹렬하여 노란 눈동자의 이상한 정신이 사람을 쏘는 듯하였다.[23]

서로 궁금한 바를 몇 가지 묻고 나서 천주당 내부를 구경하고자 하는 홍대용을 할러슈타인이 직접 안내했다. 그때 홍대용은 처음으로 예수의 상을 보게 된다.

> 북쪽 벽 위 한가운데 한 사람의 화상을 그렸는데, 여자의 상으로, 머리를 풀어 좌우로 드리우고 눈을 찡그려 먼 데를 바라보니, 무한한 생각과 근심하는 기상이다. 이것이 곧 천주天主라 하는 사람이다. 형체와 의복이 다 공중에 서 있는 모양이고, 선 곳은 깊은 감실

같아, 처음 볼 때는 소상인 줄만 알았는데 가까이 간 후에 그림인 줄을 알았다. 안정眼睛(눈동자)이 사람을 보는 듯하니, 천하에 이상한 화격畵格(화법)이었다.[24]

먹의 농담과 여백으로 원근을 처리하는 문인화를 매양 보아 왔던 홍대용으로서는 정교하고 사실적인 서양의 종교화가 마치 입체적인 조각상처럼 보였던 모양이다. 재미있는 것은 머리를 풀어헤친 예수의 모습을 보고 그가 여자일 것이라 생각한 것이다. 한편 홍대용은 이곳에서 파이프 오르간을 처음 보게 된다.

남쪽으로 벽을 의지하여 높은 누각을 만들고 난간 안으로 기이한 악기가 놓여 있는데, 서양국 사람이 만든 것으로 천주에게 제사할 때 연주하는 풍류였다. 올라가 보기를 청하자, 유송령이 처음에는 매우 지난至難(지극히 어려워함)해하다가 여러 번 청한 후에야 열쇠를 가져오라고 하여 서쪽의 한 문을 열었다. 그 안으로 들어가니 두어 길 채색한 사다리를 놓았는데, 이 사다리를 올라 또 한 층을 오르니 곧 누 아래에 이르는 것이다. 나아가 그 풍류 제작을 자세히 보니, 큰 나무로 틀을 만들었는데 사면이 막혀 은연히 궤櫃 모양이고, 장광長廣이 한 발 남짓하고 높이는 한 길이다. 그 안은 보지 못하였으나 다만 틀 밖으로 5, 60개의 쇠통을 장단이 층층하도록 정제히 세웠는데, 모두 백철白鐵로 만든 통이고 젓대(대금) 모양이었다. 짧은 통관統管이 틀 안에 들어 있으니 그 대소를 보지 못하나, 긴 통은 틀 위로 두어 자가 높고, 몸 둘레는 두어 움큼이다. 대개 길이와 몸 둘레를 차차 줄였는데, 이는 음률의 청탁고저淸濁高低를 맞추어 만든 것이다.

……

내가 유송령에게 그 소리 듣기를 청하였는데, 유송령이 말하기를, 음악을 아는 사람이 마침 병이 들었으니 할 수 없다고 하며 철통을 세운 틀 앞으로 나아갔다. 틀 밖으로 조그만 말뚝 같은 두어 치의 네모진 나무가 줄줄이 구멍에 꽂혀 있는데, 유송령이 그 말뚝을 차례로 눌렀다. 위층의 동쪽 첫 말뚝을 누르니, 홀연히 한결같은 저笛 소리가 누 위에 가득하였다. 웅장한 가운데 극히 정완하며, 심원한 가운데 극히 유량하니, 이는 옛 풍류의 황종黃鍾 소리를 본뜬 것인가 싶었다. 말뚝을 놓으니 그 소리가 손을 따라 그치고, 그다음 말뚝을 누르니 처음 소리에 비하면 적이 작고 높았다. ……내가 막 그 말뚝을 두어 번 오르내려 누른 후에 우리나라 풍류를 흉내 내어 잡으니 거의 곡조를 이룰 듯하여 유송령이 듣고 희미하게 웃었다.[25]

이 글에서 홍대용은 처음 보는 파이프 오르간의 모습과 그 소리를 눈앞에 잡힐 듯이 묘사하고 있다. 파이프 오르간의 웅장한 외관과 들쭉날쭉한 파이프들, 그리고 건반을 눌러 나오는 소리에 대한 분석까지. 놀라운 것은 홍대용이 몇 번 건반을 눌러 보고는 금방 음을 잡고 우리나라 곡조를 흉내 냈다는 것이다. 이것으로 홍대용은 호기심이 많았을 뿐 아니라 탐구심도 대단했다는 것을 알 수 있다. 홍대용은 남당에서 두 명의 독일인 신부와 기독교의 교리에 대해서도 많은 문답을 나누었다.

홍대용의 뒤를 이어 남당을 찾아 기록을 남긴 이는 연암 박지원이다. 영조의 부마였던 팔촌형 박명원朴明源이 건륭제의 고희를 축하하기 위한 특별사행의 정사로 임명되자 박명원의 권유에 따라 박지원은 정사의 개인 수행원인 자제군관의 자격으로 베이징에 가게 된다. 베이징에 도착한 뒤 박지원 일행은 다시 당시 황제가 머물던 러허熱河로 향한다. 우여곡절 끝에 임무를 완수하고 다시 베이징으로 돌아온 박지원은 곧바로 남당을 찾아 평소 궁금하던 것들을 직접 확인한다. 일찍이 박지원은 친구인 홍대용에게서 파이프 오르간에 대해 이야기를 듣고 실제로 보고 싶어했지만, 박지원이 갔을 때는 이미 없어져 확인할 길이 없었다. 하지만 홍대용을 놀라게 했던 양화洋畵는 박지원도 볼 수 있었는데, 박지원은 다음과 같은 평을 남겼다.

> 지금 천주당 가운데 바람벽과 천장에 그려져 있는 구름과 인물들은 보통 생각으로는 헤아려 낼 수 없었고, 또한 보통 언어 문자로는 형용을 할 수 없었다. 내 눈으로 이것을 보려고 하는데 번개처럼 번쩍이면서 먼저 내 눈을 뽑는 듯 하는 그 무엇이 있었다. 나는 그들이 내 가슴속을 꿰뚫고 들여다보는 것이 싫었다.[26]

박지원은 무릇 그림이란 '뜻을 그리는 것寫意'이라 하여, "그림에 능한 자는 붓대를 대강 몇 차례 놀려 산에는 주름이 없기도 하고, 물에는 파도가 없기도 하고, 나무에는 가지가 없기도" 한 법이라 주장하면서 두푸杜甫의 시를 인용한다.

> 마루 위에 단풍나무 어쩐 일이며,
> 강과 산에 안개 이니 괴이쩍구나.
> 堂上不合生楓樹,
> 怪底江山起煙霧.

"마루 위는 나무가 날 데가 아니니, '어쩐 일이며' 란 말은 이치에 틀린 일"이고, "안개는 응당 강과 산에서 일어나겠지마는 만약 병풍에서 안개가 일어난다면 매우 괴이쩍은 일일 것이다."[27] 곧 그림이란 기세를 그려내 그 안에 담겨 있는 작자의 뜻을 전하면 그만이니, 사실과 진배없이 똑같이 묘사하는 것은 오히려 그림의 품격을 떨어뜨리게 된다는 것이다. 다시 박지원의 그림에 대한 묘사가 이어진다.

> 그림에는 한 여자가 무릎에 대여섯 살 된 어린애를 앉혀 두었다. 어린애는 병든 얼굴로 흘겨보는데, 그 여자는 고개를 돌리고는 차마 바로 못 보고 있는가 하면 옆에는 시중꾼 대여섯 명이 병난 아이를 굽어보는데 참혹해서 머리를 돌리는 자도 있었다. ……
> 좌우 바람벽 위에는 구름이 덩이덩이 쌓여 한여름 대낮 풍경 같기도 하고, 비가 갓 갠 바다 위 같기도 하고, 산골에 날이 새는 듯, 구름은 끝없이 뭉게뭉게 피어오르고, 수없는 구름 봉우리가 햇발에 비치어 무지개가 돌고, 멀리 바라보는 데는 까마득하고도 깊숙하여 끝 간 곳이 없는데,……
> 천장을 바라다본즉 수없는 어린애들이 오색구름 속에서 뛰노는데, 허공에 주룽주룽 매달려 살결은 만지면 따뜻할 듯하고 팔목이며 종아리는 살이 포동포동 쪘다.[28]

그림이 얼마나 사실적으로 그려졌는지, 바라보던 박지원 일행은 "눈이 휘둥그레지도록 놀라 어쩔 줄 모르고 손을 벌리고 떨어지면 받을 듯이 고개를 젖혔다." 홍대용이 그림을 간략하게 분위기를 위주로 묘사했는 데 반해, 박지원은 세세한 부분까지 손에 잡히도록 생생하게 묘사하고 있다. 하지만 현재 홍대용과 박지원을 놀라게 했던 그림들은 남아 있지 않다. 베이징의 동서남북에 있던 천주당이 1900년 의화단의 난 때 모두 불타버렸기 때문이다. 다행히도 남당은 1904년 재건되어 지금까지 보존되어 있다.

남당말고도 현재 베이징에 남아 있는 성당으로는 '북당北堂'과 '동당東堂'이 있다. 특히 '북당'은 1784년 조선시대 최고의 학자로 꼽히는 정약용의 형인 정약전의 매부 이승훈李承薰이 교리 연구 차 베이징에 왔다가 서양선교사에게서 수학책을 얻어보기 위해 찾은 곳으로 유명하다. 이때 이승훈은 귀국에 앞서 예수회 신부인 그라몽梁棟材으로부터 세례를 받고 한국 최초의 영세領洗 신자가 되었다.

선이 단순하고 고졸한 멋을 풍기는 남당에 비해 북당은 화려하고 섬세한 장식으로 화사한 느낌을 준다. 원래 북당은 현재의 위치가 아니라 중난하이中南海 근처에 있었다. 강희제가 병으로 고생할 때 한 예수회 선교사가 올린 서양 의약을 복용하고 바로 쾌차하자, 황제는 1703년 황궁 근처에 천주당을 세워주고 친필로 '만유진원萬有眞源'이라는 편액까지 하사했던 것이다. 그러다 서태후가 중하이中海 근처에 있는 '시위안西苑'을 확장할 때 북당의 종루에서 서원이 들여다보인다 하여 이전을 명했다. 그런데 당시 북당은 프랑스의 라자로 선교단에 넘어가 있었기 때문에 프랑스 공사와 협상 끝에 지금의 위치에 북경에서 가장 웅장한 천주당을 세우게 되었다.

1900년에 의화단의 난이 일어났을 때에는 난을 피해 이곳에 모인 천주교 신자들 400여 명이 집단으로 학살당하는 일이 벌어지기도 했다. 그에 앞서 북당에 있던 다비드 신부는 1870년 파리코뮌 당시 정부군에 포위된 파리의 민중들이 굶어죽지 않으려고 동물원의 동물들을 도살할 때 당국의 허가를 받고 사자 가죽 한 장을 얻었다. 다비드는 이 사자 가죽을 베이징에 체류할 때도 갖고 있었는데, 의화단의 난이 발생하고 나서 북당을 보호하기 위해 파견된 프랑스 군인들은 30년 전 파리가 포위되었을 때 보았던 그 사자 가죽을 다시 볼 수 있었다고 한다.[29]

동당은 베이징의 명동이라 불리는 '왕푸징王府井' 의 번화한 거리에 있다. 1655년에 세워진 동당은 얼핏 주위 풍광과 부조화를 이루고 있는 듯이 보인다. 하지만 나름대로 단아한 조형미를 뽐내며 오가는 사람들의 시선을 받고 서 있는데, 도심에 있는 관계로 동당 앞은 항상 많은 사람들로 붐비고 있다.

동당 앞의 광장은 평소에는 베이징의 부유하는 청춘들이 주체할 길 없는 젊음의 열정을 발산하는 마당으로, 또는 결혼을 앞둔 신랑 신부의 결혼 사진 촬영지로 활용되고 있다. 따사로운 가을 햇볕이 꼬리를 길게 늘이면 베이징의 가을은 깊어만 가고, 성당 앞 마당이나 광장에서 발 쉼을 하노라면 바삐 가던 시간도 잠시 숨을 고른다.

시간은 날더러 기다리라 하는데, 내 청춘은 저만치 뒤에서 날 바라보고 있네.

1. 북당.

2. 왕푸징王府井에 있는 동당東堂.

3. 동당의 야경.

4. 동당에서 결혼 사진 촬영.

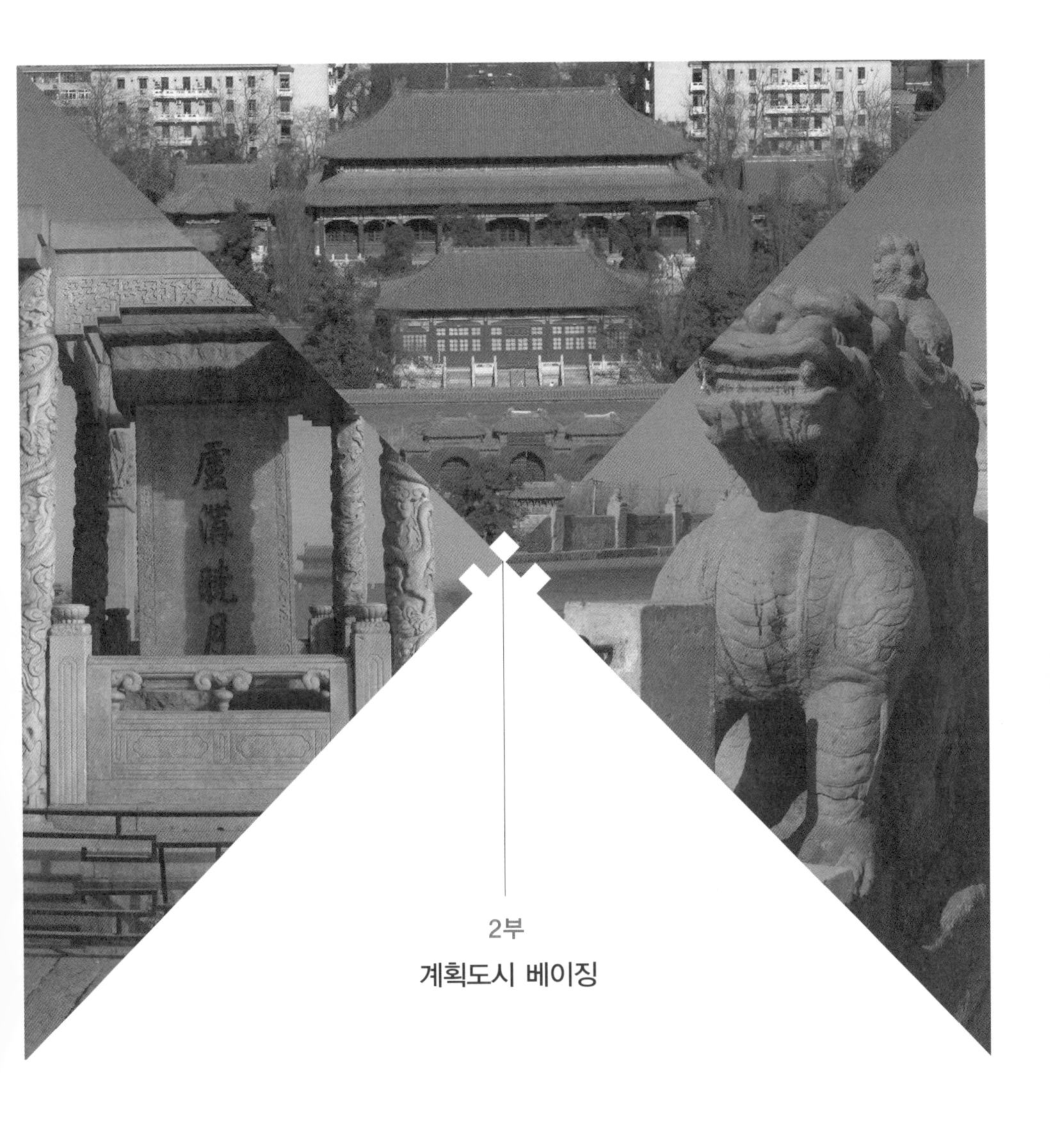

2부

계획도시 베이징

세계 지도Mappa Mundi

계획도시 베이징

현재의 베이징 성의 추형은 원대에 이루어졌지만, 기본적인 틀은 명대에 완성되었다. 잘 알려진 대로 명대 초기에는 수도가 지금의 난징南京이었다. 베이징이 명나라의 수도가 된 것은 명 태조 주위안장朱元璋의 넷째 아들인 영락제 때부터였다. 자신의 조카를 황제의 자리에서 끌어내리고 황제의 자리에 오른 영락제는 곧 자신의 근거지인 베이징으로 천도를 결정하고, 새로운 수도의 건설을 자신의 군사軍師인 류보원劉伯溫과 야오광샤오姚廣孝에게 맡겼다.

황제의 명령을 받은 두 사람은 일단 베이징의 중심부로 가서 동서로 5리, 남북으로 7리 정도 되는 선을 그어 도성의 경계로 삼았다. 나머지 구체적인 부분은 각자 안을 내기로 하고 숙고에 들어갔다. 그들은 서로 일등 공을 세우기 위해 각별히 공을 들여 밑그림을 그렸는데, 아무리 생각해도 묘안이 떠오르지 않았다. 약속한 기일 하루 전날, 류보원은 집을 나서 산보를 하다가 갑자기 붉은 색 옷을 입은 아이紅孩子

하나가 그의 앞을 걸어가는 것을 보았다. 류보원이 빨리 가면 그 아이도 빨리 가고, 그가 천천히 가면 그 아이도 천천히 걸었다. 류보원은 괴이쩍게 생각하면서 그 아이를 따라갔다. 그때 야오광샤오도 같은 일을 당하고 있었다. 그러다 두 사람은 어딘가에서 맞닥뜨렸다. 먼저 류보원이 말했다. 여기서 우리가 각자 그림을 그려보도록 하자. 이에 두 사람은 서로 등을 지고 그림을 그리기 시작했다. 이때 두 사람의 눈앞에 그 붉은 옷을 입은 아이 모습이 동시에 나타났는데, 두 사람은 말없이 그림을 그렸다. 그림을 다 그리고 나서 보니 두 사람이 그린 그림은 완벽하게 똑같았다. 그것은 머리가 셋이고 팔이 여섯인 '너자哪吒'의 형상이었다.

'너자'는 우리말 음이 '나타'로《봉신연의》와《서유기》와 같은 소설에 등장해 유명해진 신이다.《서유기》에서는 탁탑천왕托塔天王 리징李靖의 셋째 아들로 나오는데, 평소에는 어린아이의 모습을 하고 있다가 변신하면 머리가 셋이고 팔이 여섯인 괴물로 화해 적과 싸운다.《서유기》에서는 천궁天宮을 어지럽히는 손오공을 잡으러 갔다가 오히려 손오공에게 대패하고 돌아간다.

> 나타 태자가 화가 치밀어 큰 소리로 "변해라!" 하고 외치니, 곧장 머리 셋에 팔이 여섯 달린 무시무시한 모습으로 변했다. 손에는 요괴의 머리를 베는 참요검과 요괴를 베는 감요도, 요괴를 묶는 박요색, 요괴를 항복시키는 방망이인 항요저, 둥근 철퇴 같은 수구아, 불꽃 같은 날이 달린 수레바퀴처럼 둥근 무기인 화륜아, 이 여섯 가지 무기를 들고 이리저리 휘두르며 정면으로 달려들었다. …… 대단한 제천대성! 그도 큰 소리로 "변해라!" 하고 외치니 머리 셋에 팔이 여

섯 달린 모습으로 변했고, 여의봉을 한 번 흔드니 그 또한 세 개로 변했다……(《서유기》 중에서).

그림이 다 그려지자 두 사람은 서로 공을 다투기 위해 그림을 들고 황제 앞에 나섰다. 이때 류보원은 황제에게 자신의 그림을 다음과 같이 설명했다. "정중앙에 있는 문은 '정양먼正陽門'이라 하는데, 너자의 뇌에 해당하고, 옹성은 동서로 문이 열려 있으니, 너자의 귀에 해당합니다. 정양먼 안에 있는 두 개의 우물은 너자의 눈이옵고, 정양먼 동쪽의 충원먼崇文門과 동볜먼東便門, 그리고 도성의 동쪽에 있는 차오양먼朝陽門과 둥즈먼東直門은 너자의 오른쪽 네 팔입니다. 마찬가지로 정양먼의 서쪽에 있는 쉬안우먼宣武門과 시볜먼西便門, 그리고 도성의 서쪽에 있는 푸청먼阜成門과 시즈먼西直門은 너자의 왼쪽 네 팔입니다. 도성의 북쪽에 있는 안딩먼安定門과 더성먼德勝門은 너자의 두 다리에 해당하옵고, 황성皇城은 너자의 오장五臟에 해당합니다."

하지만 황제는 두 사람의 그림이 똑같은지라 누구의 공이 더 큰지 결정을 하지 못하고, 다만 도성을 동서로 반을 나누어 동성東城은 류보원이 그린 것처럼 짓고, 서성西城은 야오광샤오가 그린 것처럼 지으라고 명했다. 하지만 야오광샤오가 그림을 그릴 때 바람에 종이가 날려 그림의 서북쪽 모서리 선이 약간 삐뚤어졌기 때문에, 서성의 해당 부분인 더성먼에서 시즈먼 사이 부분이 삐딱하게 기울고 말았다고 한다. 물론 이것은 어디까지나 전설에 지나지 않고, 실제로는 서북쪽 모퉁이에 하천이 있고 그 일대에 원대의 한림원과 민가가 밀집해 있어 이곳을 에둘러 성을 쌓다 보니 약 30여 도의 경사로 기울게 된 것이다.

여기에서 류보원이 황제에게 설명한 너자는 앞서 《서유기》에 나오는 너자와 약간 다른 모습이다. 곧 원래 팔이 여섯인 너자가 여덟 개의 팔을 가진 것으로 묘사된 것이다. 물론 베이징 성을 삼두육비三頭六臂로 설명한 전설도 있다. 세칭 '전삼문前三門'이라 불리는 도성의 남쪽 세 문인 '정양먼正陽門', '충원먼崇文門', '쉬안우먼宣武門'이 '세 개의 머리三頭'이고, 도성의 동쪽과 서쪽에 각각 세 개씩 나 있는 문을 '여섯 개의 팔六臂'로 비유한 것이다. 이상은 물론 전설상의 이야기다.

이밖에 베이징을 한 마리 용으로 비유한 것도 했다. 정양먼이 용 머리이고, 옹성은 그 바깥 윤곽이며, 옹성 내부의 두 우물은 용의 눈이

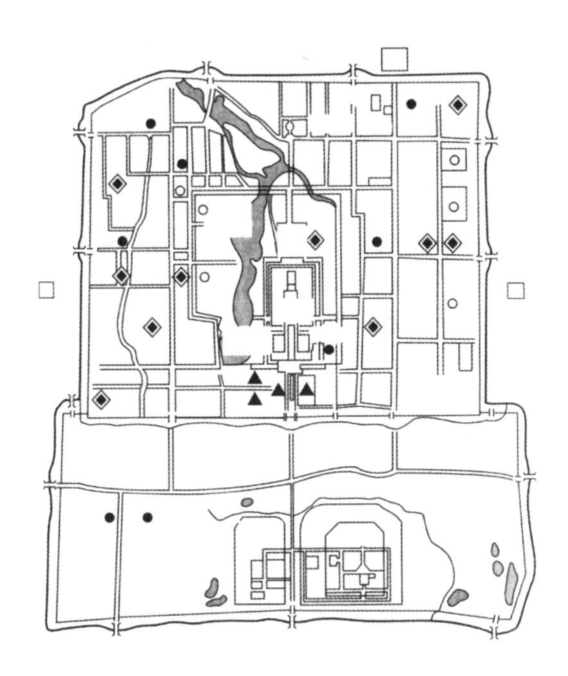

명·청대 베이징 성.

고, 관제묘關帝廟와 관음묘觀音廟 안에 있는 당간지주는 용의 수염에 해당한다는 것이다. 이렇듯 많은 사람들이 베이징을 특정한 사물에 빗대어 그에 대한 유비類比를 끌어다 견강부회한 것은 베이징이 그만큼 치밀한 기획 하에 건설된 도시라는 사실을 뒷받침해 주고 있다.

미국의 저명한 도시계획학자 에드먼드 베이컨Edmund N. Bacon의 《도시계획》이라는 책에는 다음과 같이 쓰여 있다.

> 지구의 표면 위에 있는 인류의 가장 위대한 설계는, 아마도 베이징성일 것이다. 이 중국 도시는 제왕의 주거지로 설계된 것이지만, 여기에는 우주의 중심이 표현되어 있다. 도시 전체에 예의 규범과 종교의식이 녹아들어 있다. ……베이징의 평면 설계는 위대한 걸작이다. 오늘날의 도시계획에도 풍부한 아이디어를 제공해 주는 보고이다.[1]

도성 건설의 아이디얼 타입

고대 중국에서는 새로 지은 도시를 그곳에 봉해진 이의 지위에 따라 그 호칭과 규모를 구분했다. 이를테면, 대부의 봉지는 '읍邑'이라 했고, 제후의 봉지는 '도都'라 했으며, 천자의 성을 '경京'이라 불렀다. 전통적인 중국인들의 생각에 의하면, 하늘의 아들인 '천자'가 사는 곳이 수도였기에, '경'은 곧 그 나라의 수도였다. 또 '경'에는 인공적으로 쌓아올린 '높은 언덕高丘'이라는 뜻이 있는데, 이 말은 '경'이 사람들이 자연스럽게 모여 살다 조성된 취락이 아니라 애당초부터 어떤 의도를 갖고 설계된 계획도시였다는 것을 말해준다. 수도인 '경사京師'는 천자가 사는 곳으로, 우주와 세계의 중심인 동시에, 통치 이데올로기가 구체적으로 체현되어 있는 이상형Idea Typus이었던 것이다.

그래서 중국 역대 왕조의 수도는 이러한 통치 이데올로기를 구현하기 위한 계획도시로 건설되었다. 아울러 중국인들이 수도를 건설할 때 전범으로 삼았던 것은 중국인들이 이상적인 사회로 떠받들었던 이른바 '삼대三代' 가운데 하나인 주周나라의 관제를 설명한 《주례周禮》 〈동관冬官〉 〈고공기考工記〉에 나오는 도성 건설의 원리였다. 잘 알려진 대로 《주례》는 중국 고대 주나라의 관제를 '천지춘하추동天地春夏秋冬', 이렇게 육관六官으로 나누어 설명한 것이다. 이 가운데 동관冬官은 일찍 없어졌는데, 전한前漢 성제成帝(기원전 32~기원전 7) 때 이것을 대신해서 〈고공기〉가 편입되었다.

〈고공기〉는 중국에서 가장 오래된 공예기술서工藝技術書로 알려져 있으며, 도성都城과 궁전, 관개灌漑의 구축 그리고 차량과 무기, 농구, 옥기玉器 등의 제작에 관한 기록이 포함되어 있다. 이 가운데 도성 계획에 대한 원리는 이후 역대 왕조가 수도를 건설하는 데 반드시 참고해야 하는 하나의 전범이 되었다.

〈고공기〉에 의하면 한 나라 도성의 기본 틀은 다음과 같다.

왕의 도성은 사방 길이가 9리이며, 각 변에 세 개씩의 문이 있고, 성 안에는 동서 방향과 남북 방향의 간선도로가 각각 아홉 개씩 있으며, 각각의 가로 폭은 아홉 대의 수레가 나란히 통과할 수 있는 크기다. 중앙에는 왕궁이 있고, 왕궁에서 바라보고 왼쪽에는 종묘, 서쪽에는 사직단이 있으며, 전방에는 실무를 집행하는 조정이 있고 후방에는 시장이 있다. 시장과 조정은 일 무畝, 곧 사방 백 보의 넓이로 한다(匠人營國, 方九里, 旁三門. 國中九經九緯, 經涂九軌. 左祖右社, 面朝後市. 市朝一夫).

〈고공기〉에 나타난 중국의 도성 건축의 원칙은 첫째, 중앙궁궐中央宮闕 둘째, 좌묘우사左廟右社 셋째, 전조후시前朝後市 넷째, 좌우민전左右民廛으로 구분해 설명할 수 있다.

베이징 역시 이러한 전범에 따라 건설된 계획도시로서의 면모를 잘

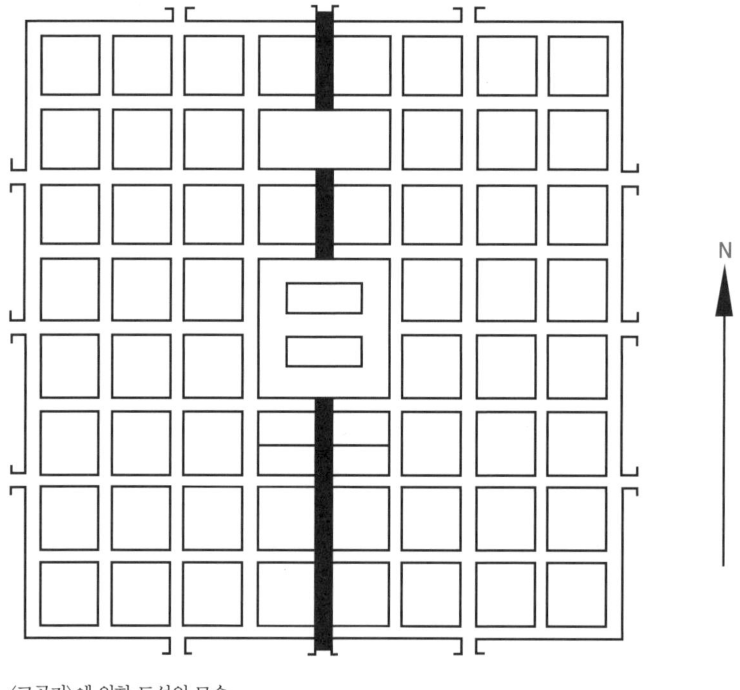

〈고공기〉에 의한 도성의 모습.

갖추고 있다. 중앙에는 구궁故宮이 있고, 그것을 중심으로 전조후시前朝後市로 현재의 톈안먼天安門 광장에 해당되는 곳에 조정의 실무를 돌보는 관아가 즐비하게 늘어서 있었다. 톈안먼의 동쪽, 지금의 역사박물관이 있는 방향으로 종인부宗人府와 이부吏部, 호부戶部, 예부禮部, 병부兵部, 공부工部, 홍려시鴻臚寺, 흠천감欽天監의 건물이 있었고, 서쪽의 지금의 인민대회당이 있는 방향으로는 형부刑部와 대리시大理寺, 태상시太常寺, 도찰원都察院 등의 관청 건물들이 있었다.

당시 사람들은 이러한 배치를 놓고 동쪽은 살아 있는 것生을, 서쪽은 죽어 있는 것死을 취급하는 관청이라고 불렀다. 황궁의 뒤에는 저자市가 있었다. 또 좌묘우사左廟右社로 황궁의 왼쪽에는 황제의 조상을 모시는 태묘太廟가 있고, 오른쪽에는 토지와 곡물의 신에게 제사지내는 사직단社稷壇이 있었다. 마지막은 좌우민전左右民廛인데 황궁 주변에는 많은 숫자의 민가와 상점 및 왕자들의 집인 왕부王府 등이 있었다. 앞서 말한 대로 베이징은 처음부터 이 모든 것들을 고려해 건설한 거대한 계획도시였던 것이다.

재미있는 것은 새로운 왕조가 들어서면 바로 전 왕조의 기운을 누르기 위해 상징적인 의미가 있는 어떤 사업을 벌였다는 사실이다. 명 왕조는 원대 황궁의 자리에 징산景山을 쌓아 올려 원나라의 기운을 누르는 '진산鎭山'으로 삼았고, 청이 중원을 지배하게 되자 그 진산 위에 다섯 개의 정자를 만들어 청 황제의 위세로 명 왕조의 풍수를 진압하려 했다.

베이징의 중축선

앞서 〈고공기〉에서 제시된 도성의 이상형 그림에서 특징적인 것은 남북으로 이어져 있는 중축선이다. 계획도시로서 베이징은 구궁을 중심으로 남북으로 이어진 중축선과 함께 톈안먼 앞을 동서로 가로지르는 창안다제長安大街가 십자 모양으로 교차되어 있다. 이것이 베이징의 가장 기본 축을 이루고 있는데, 모든 건물과 길은 이것을 기준으로 삼고 있다고 해도 과언이 아니다. 한 나라의 수도로서 베이징의 중축선이 중시된 것은 바로 이곳이 천자가 사는 곳이기 때문이었다. 봉건시대의 황제는 남면을 하며 조신朝臣들로부터 우러름을 받고 신민臣民을 통치한다는 상징적인 의미가 있었다.

> 전통적으로 중국에서 통치자는 남쪽을 바라보고 서서 정오의 가득 찬 태양광선을 받는다. 그리하여 그는 남성의, 빛나는 양陽의 원리를 흡수한다. 또한 이로부터 신체의 앞은 양陽임을 알 수 있다. 반면에 통치자의 등과 후방 지역은 음陰, 여성, 어둠, 그리고 속俗이다.[2]

구궁을 중심으로 북으로는 징산景山을 거쳐 디안먼地安門과 구러우鼓樓, 중러우鐘樓까지 일직선으로 이어져 있으며, 그 길이 끝나는 곳에는 북극성에 해당하는 베이천챠오北辰橋가 있다. 남으로는 톈안먼 광장을 거쳐 정양먼을 나서면 첸먼다제前門大街가 융딩먼永定門까지 남으로 곧게 뻗어 있으며, 융딩먼 옆에 하늘에 제사지내는 톈탄天壇이 자리 잡고 있다. 이 중축선 상에 있는 주요 건물들을 남쪽에서 북쪽으로 나열하면 다음과 같다.

융딩먼永定門, 정양먼正陽門, 다밍먼大明門*(또는 다칭먼大淸門, 중화먼中華門, 마오 주석 기념당,** 인민혁명기념비,** 국기게양대,** 톈안먼天安門, 돤먼端門, 우먼午門, 타이허먼太和門, 타이허뎬太和殿, 중화뎬中和殿, 바오허뎬保和殿, 쳰칭먼乾淸門, 쳰칭궁乾淸宮, 쟈오타이뎬交泰殿, 쿤닝궁坤寧宮, 선우먼神武門, 베이상먼北上門,* 징산먼景山門, 완춘팅萬春亭, 서우황뎬壽皇殿, 디안먼地安門,* 구러우鼓樓, 중러우鐘樓(이 가운데 * 표시가 붙은 것은 현재는 남아 있지 않은 것이고 ** 가 붙은 것은 현대에 새로 지은 것이다).

물론 이 가운데 가장 중심에 놓인 것은 황제가 집무하는 타이허뎬

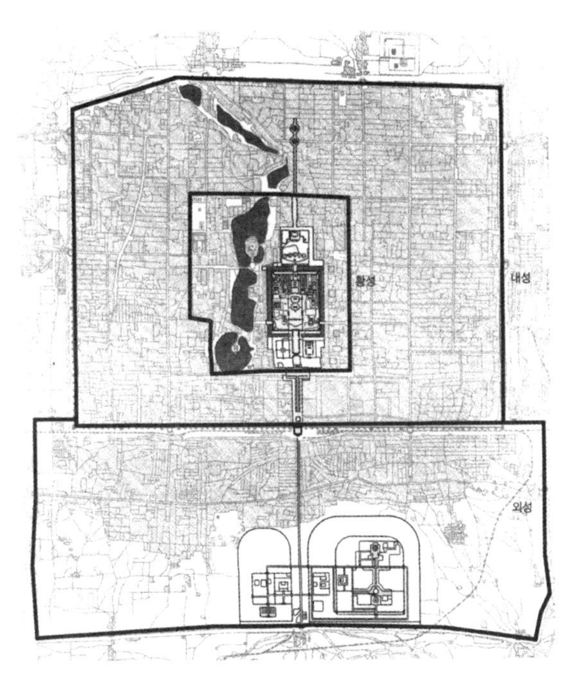

베이징의 중축선(그림 출처, 전봉희, 《중국북경가가풍경》, 서울; 공간사, 2003. 37쪽.)

이다. 그리고 그곳으로 들어가기 위해서는 수많은 문을 거쳐야 한다. 그런 의미에서 흔히 하는 말로 '구중궁궐九重宮闕'이란 바로 이렇듯 겹겹이 놓여 있는 문을 통과해야만 도달할 수 있는 곳을 뜻하는 것일 게다.

이러한 중축선은 어쩌다 보니 이런 형국이 만들어진 게 아니라 이미 도성을 설계할 당시부터 기획된 것이었다. 그리고 이것은 1950년대 베이징 지역에서 토목공사를 하는 도중 발견한 두 가지 유물로 증명이 되었다. 곧 디안먼 지하에서는 돌로 만든 쥐石鼠가 나왔고, 정양먼 지하에서는 말石馬이 나왔던 것이다. 쥐와 말은 12간지로 볼 때 자子와 오午에 해당하니, 곧 북쪽의 디안먼에서 남쪽의 톈안먼으로 이어

징산에서 북쪽으로 바라본 중축선.

지는 중축선이 곧 도시의 자오선이었음을 의미하는 것이다. 또 1970년대 초에는 중국과학원 고고연구소와 베이징 시 문물관리처가 합동으로 발굴을 진행했는데, 이때 징산 북쪽 담 밖에서 폭 18미터의 남북 대로가 발굴되었다.[3]

이러한 남북 중축선을 횡으로 가로지르는 것이 톈안먼 광장 앞의 십리, 아니 백리 창안다제長安大街이다. 톈안먼 앞을 동서로 가로질러 곧게 뻗어 있는 창안다제는 베이징의 가로 중 가장 중요한 간선도로 역할을 한다. 예전에는 창안다제의 동쪽과 서쪽에 각각 창안쭤먼長安左門과 창안여우먼長安右門[4]이 있어 이 두 개의 문을 잇는 가로를 창안제長安街라 불렀으며 거리는 약 십리 정도 되었기에 '십리 창안제十里長安街'라 일컬었다. 그러나 현재의 창안다제는 베이징의 동쪽에서 서쪽 끝까지 곧게 뻗어 있어 흔히 '백리 창안제百里長安街'라 부른다. 물론 이 구간 전체를 창안다제라 부르는 것은 아니고, 구간 별로 '푸싱먼다제復興門大街', '젠궈먼다제建國門大街' 등과 같이 지역의 특성에 맞게 이름을 달리하고 있다.

세계에는 수많은 도시가 있다. 이들 도시는 단순히 사람들이 모여 살기에 유리한 지리적 이점을 갖추고 있다거나, 그렇지 않으면 교통의 요지라 물물 교역의 중심지가 될 수 있다는 등 나름의 다양한 형성 배경을 갖고 있다. 한때 중국의 도읍지였던 많은 도시들이 《주례》 〈고공기〉와 같은 고대의 경전에 바탕한 정치 철학과 이데올로기의 현현으로서 설계되었다. 베이징 역시 베이징을 중화세계의 중심으로 만들고자 하는 의도에 의해 설계되고 건설되었다. 이러한 목적을 달성하기 위해 엄청난 노력과 돈이 투입되었는데, 본래 평지 위에 건설되어 변변한 진산鎭山이 없는 베이징에 그러한 역할을 담당할 징산景山이라는 인공의 산을 만들었다거나, 중국 남부 지방의 절경을 재현하기 위해 이허위안頤和園을 비롯한 황실의 원림園林을 조성했다거나 하는 등등이 바로 그것이다. 천하에 존재하는 모든 사물을 담아 내고 있는 베이징은 그런 의미에서 세계의 축도이자 중심이 되며, 그 안에서 거주하는 천자 역시 그에 걸맞은 권위와 위세를 부여받게 된다.[5] 베이징은 세계의 모든 것이 존재하는 일종의 '세계 지도Mappa Mundi'인 것이다.

톈안먼 앞의 창안다제.

마르코 폴로의 다리

융딩허永定河와 루거우챠오盧溝橋

봄은 우리들 마음을 달뜨게 한다. 얼음이 풀린 작은 시내가 졸졸 소리를 내기 시작하면 숲에서는 가장 먼저 산수유가 노란 꽃을 피우고 계곡은 그 향기에 까무룩히 잠긴다. 봄은 새내기의 계절이다. 신입생이 들어오는 봄은 그들을 맞이하는 모꼬지로 시작된다. 한때 서울 인근 대학생들의 모꼬지 장소로 가장 인기가 있던 곳은 북한강변의 몇몇 마을이었다. 대성리를 필두로 새터나 강촌 등지는 모꼬지의 메카로 불릴 정도로 성시를 이뤘던 적이 있었다. 하지만 모꼬지 자체는 그리 추억할 만한 것은 못 됐던 듯하다. 과음 뒤에 으레껏 이어지는 싸움들 그리고 토악질, 다음날 아침의 숙취로 깨질 듯 아픈 머리와 쓰린 속은 늘 모꼬지 자체를 회의적으로 만든 주범이었다. 그럼에도 모꼬지가 평생 마음 한 구석에 자리 잡고 있는 것은 밤 늦은 시간 강가에서 막걸리를 마시며, 흘러가는 강물처럼 한도 끝도 없이 이어지는 이야기를 나누다 문득 바라본 밤하늘의 별빛 때문이었다. 칸트는 자신의 마음을 벅차 오르도록 기쁘게 하는 것이 두 가지 있으니, 하나는 별이 반짝이는 하늘이요, 다른 하나는 내 마음 속의 도덕률이라 했거니와, 칸트처럼 그리 도덕적인 삶을 살아오지 않아서인지, 지금도 잊히지 않는 것은 무슨 도덕률이 아니라 별빛이 쏟아져내려 반짝이는 강물과 그 강물이 흘러가는 소리다.

베이징에는 그런 기억을 떠올리게 하는 강이 있을까? 지도를 보면 구불구불한 실금처럼 몇 개의 하천이 표시되어 있다. 하지만 이것들 대부분은 베이징의 용수를 공급하거나 운하로 연결되는 인공 하천이다. 기록을 보면 베이징은 아주 오래전에는 바다에 잠겨 있었다고 한다. 그리고 물이 빠지고 나서도 한동안은 물이 넘치는 수향水鄕이었다. 그러나 지금은 물이 넘실거리는 강이라고 할 만한 곳은 없다. 다만 베이징 서남쪽에 있는 융딩허永定河가 나름대로 유명했다. 융딩허는 수량이 들쭉날쭉한데, 어떤 때는 말라붙었다가도 어떤 때는 풍부한 수량을 자랑한다. 예전의 융딩허는 수량이 지금보다 많았는데, 물빛도 탁하고 물살이 화살처럼 빨랐다고 한다. 그래서 검다는 뜻으로 '루거우허盧溝河'나, '헤이수이허黑水河', 물살이 세차다는 뜻으로 '퉈수이沱水', '훈허渾河'라는 명칭으로도 불렸다. 또 자주 범람해 물길이 자꾸 바뀌었으므로 '우딩허無定河'라 불리기도 했고, '쌍간허桑乾河'라는 이름으로도 불렸다. 청의 강희제康熙帝는 자주 범람하고 물길이 일정하지 않은 이 강의 물길을 제압하겠다는 의미로 강 이름을 '영원히 바로잡는다'는 뜻에서, '융딩永定'으로 바꿨다.

이 융딩허에 세워진 다리가 바로 루거우챠오蘆溝橋이다. 이 다리가 처음 세워진 게 금나라 대정大定 29년(1189)이니 1천 년 가까운 오랜 세월을 견뎌 온 셈이다. 루거우챠오는 총 10개의 교각 위에 11개의 아치형 교공橋孔이 놓인 독특한 양식을 취하고 있다. 각각의 교각 안에는 삼각형의 철심이 박혀 있어 홍수 등으로 인한 급격한 유속의 변화나 해빙기에 떠내려오는 얼음 덩어리의 충격에도 끄떡없이 버텨 낼 수 있다. 마르코 폴로(1254~1324)는 이 다리가 세워진 지 약 백 년쯤 뒤에 와서 보고는 이 다리의 아름다움을 찬탄하며 '세계에서 가장 아름다운 다리' 라고 했다. 그런 까닭에 루거우챠오는 서구에서는 '마르코 폴로 다리Marco Polo Bridge' 로 알려져 있다.

> 여러분에게 말하지만 그 길이는 거의 3백 보이고 폭은 8보이어서, 10명의 기사들이 나란히 서서 갈 수 있다. 그것은 잘 다듬어진 회색

융딩허에 세워진 루거우챠오盧溝橋.

대리석으로 기초가 잘 세워져 있다. 다리 양쪽에는 대리석으로 된 난간과 기둥들이 다음과 같은 모양으로 세워져 있다. 다리 시작 부분에 대리석 기둥이 세워져 있고, 그 기둥 아래에는 대리석으로 된 사자 한 마리가 있으며 기둥 위에 또 한 마리의 사자가 있는데, 매우 아름답고 크며 아주 잘 만들어져 있다. 그리고 이 기둥에서 1.5보 정도 떨어져서 마찬가지로 두 마리의 사자가 붙어 있는 기둥 하나가 세워져 있다. 하나의 기둥에서 다른 기둥까지의 공간은 회색 대리석으로 된 돌판으로 막았는데, 그것은 사람들이 물에 빠지지 않게 하기 위해서이다.[6]

루거우차오의 사자

한편 마르코 폴로도 강조했던 다리 난간에 있는 수많은 사자 석상들이야말로 루거우차오의 명물이다. 다리의 양쪽 난간에는 1.4미터 높이의 망주望柱가 281개 세워져 있는데, 이 망주 위에는 조막만한 사자가 한 마리씩 조각되어 있고, 각각의 사자 석상에는 역시 각기 다른 모습의 작은 사자가 한 마리씩 더 조각되어 있다. 이 사자 석상들은 모두 모습이 제각각으로 같은 게 하나도 없으며, 워낙 작고 정교하게 조각되어 쉽게 찾을 수 없을 정도이다. 그래서 옛날부터 루거우차오에 새겨져 있는 사자가 몇 마리인가를 두고 많은 사람들이 논란을 벌여 왔다. 가장 최근의 주장으로는 1961년 어느 고고학자 한 사람이 다리 위의 사자를 일일이 세어 총 485마리라는 결론을 내렸는데, 그로부터 20여 년 뒤에 다시 498마리라는 주장이 나오기도 했다.

중국어에는 말머리만 던져 놓고 뒷부분은 관용적으로 많이 쓰이는 다른 이야기를 끌어다 결론을 삼는 '헐후어歇後語'라는 것이 있다. 이를테면, 어떤 사람이 "돌을 들어 자기 발을 찍는다搬起石頭打自己的脚"라는 말을 했다면, 이 말 속에 담긴 뜻은 "스스로 고생을 사서 한다自討苦吃"는 것이 된다. 이런 헐후어는 수없이 많은데, "오리가 길을 가다鴨子走路", 곧 "생각이나 입장이 오리가 걷듯이 왔다 갔다 한다左右搖擺"는 것과 같이 일상적인 것을 끌어다 쓰기도 하고, "유비가 제갈공명을 만나다劉遇孔明", "물고기가 물을 만난 격이다如魚得"와 같이 잘 알려진 옛날 이야기를 끌어다 쓰기도 한다. 베이징 사람들 사이에 유명한 헐후어 중에 "루거우챠오의 사자盧溝橋的獅子"라는 것이 있는데, 이것은 "셀 수 없을 정도로 많다數不清"는 것을 의미한다.

루거우챠오의 사자. 485마리 또는 498마리라는 주장이 있다.

루거우챠오의 새벽달盧溝曉月

앞서 말한 대로 마르코 폴로도 이 다리를 거쳐 베이징으로 들어갔거니와 교통이 불편하던 시절에는 이 다리가 베이징으로 들어가는 일종의 관문이었다. 사람들은 베이징 도성으로부터 약 반나절 거리인 이곳에 도착하면 하루를 묵고 다음날 새벽에 길을 떠났다. 아직 잠이 덜 깬 상태에서 길을 나선 나그네들이 새벽녘에 다리 위를 지날 때면 무심한 달빛이 쏟아져 내리고 대지가 온통 은색으로 빛났을 터이다. 여기서 "루거우챠오 위에 걸린 달이 서리와 같다盧溝橋上月如霜"는 말이 나왔으니, 베이징의 유명한 여덟 가지 경치를 일컫는 "옌징팔경燕京八景" 가운데 하나인 "루거우챠오의 새벽달盧溝曉月"은 바로 여기서 유래한다. 현재 루거우챠오에는 건륭제가 직접 썼다는 "노구효월盧溝曉月"이라는 비문이 세워져 있다.

아울러 루거우챠오를 오갔던 많은 시인묵객들이 루거우챠오를 노래한 시를 많이 남겼는데, 이것으로 당시의 모습을 더듬어 볼 수도 있다.

쯔진청의 새벽 햇살 아득하기만 한데
성근 수풀 사이 서리 내려 아직 남아 있네.
하늘은 아직 장하궁의 새벽을 덮고 있는데
밝은 달빛 망초를 비추니 수자리 누대만 썰렁하네.
어슷비슷 솟은 궁궐 안에는 황제와 황후가 잠들어 있고,
비스듬한 루거우챠오 위로 필마가 지나며 쳐다보네.
마을의 닭 울음소리 초가는 차가운데.
멀리 바라보매 북극은 구름 끝에 걸려 있네

禁城曙色望漫漫 霜落疏林刻漏殘

天沒長河宮樹曉 月明芒草戍樓寒

參差厥角雙龍迫 迤邐盧溝匹馬看

萬戶鷄鳴茅舍冷 遙瞻北極在雲端

위의 시는 명대의 장위안팡張元芳이라는 시인이 지은 것으로 당시 다리 인근의 쓸쓸한 풍경을 손에 잡힐 듯 그려내고 있다.

건륭제가 직접 쓴 노구효월盧溝曉月 비.

루거우챠오 사건과 중일전쟁

루거우챠오가 베이징으로 들어가는 길목에 놓여 있다는 것은 다른 한편으로 이 다리가 갖고 있는 전략적 의미를 말해 준다. 베이징 성으로 들어가는 경로는 몇 가지가 있다. 베이징의 북쪽에는 옌산燕山 산맥이 병풍처럼 늘어서 있어 베이징의 방벽 구실을 하는데, 동북쪽의 구베이커우古北口와 서북쪽 바다링 장성八達嶺長城의 쥐융관居庸關은 북쪽에서 베이징으로 들어가는 주요한 관문 노릇을 해 왔다. 베이징 성의 남쪽에서는 징항운하京杭運河를 통해 퉁저우通州를 거친 뒤 내성의 차오양먼朝陽門으로 강남 지역의 물산이 드나들었고, 남쪽에서 육로로 베이징 성을 드나들던 사람과 재화는 루거우챠오를 거쳐 외성의 서쪽에 있는 광안먼廣安門으로 드나들었다. 곧 루거우챠오를 지나면 바로 광안먼으로 이어지는 길로 접어들게 되기에 루거우챠오는 베이징을 손에 넣기 위한 교두보 역할을 했던 것이다.

이러한 지정학적 위치 때문에 루거우챠오는 현대에 이르러 정치, 군사적인 격변의 현장이 되었다. 1930년대가 되면 아시아의 다른 나라보다 앞서 근대화를 이룬 일본제국주의 군대가 본격적으로 대륙 침략을 노리게 된다. 일찍이 일본은 청일전쟁과 러일전쟁의 승리를 통해 동북아 지역에 대한 권익을 확보하였으나, 본격적인 대륙 침략을 유보하며 때를 기다리고 있었다. 그러나 1930년대에 들어서면서 중국의 국권 회복운동이 거세게 일고, 소련이 1928년부터 추진한 제1차 5개년계획이 구체적으로 진척됨에 따라 당시 만주에 진출한 일본제국주의 세력의 첨병이었던 관동군은 만주 전역을 집어삼킬 계획을 모의하게 된다. 이들은 침략의 구실을 만들기 위해 1931년 9월 18일 펑톈奉天(지금의 선양沈陽) 외곽의 류탸오거우柳條溝에서 스스로 만철滿鐵 철도를 폭파하고 이를 중국 측 소행이라 트집잡아 북만주 일대에서 군사행동을 개시하였다. 이것이 곧 '만주사변', 또는 '9·18사변'이다. 일본군은 1932년까지 만주 전역을 점령하고 같은 해 3월 1일에는 괴뢰국가인 만주국의 성립을 선포하여 만주를 일본의 대륙 침략을 위한 전초기지로 삼았다. 당연하게도 중국 측은 이에 강력히 항의해 국제연맹에 제소했으나, 일본은 조사를 거부하고 국제연맹을 탈퇴하였다. 이를 계기로 일본 정국 역시 급변하게 되는데, 그때까지 유지되었던 정당 내각을 해산하고 파시즘 체제로 전환하여 본격적인 전쟁 체제로 접어들게 된다.

만주사변 이후 호시탐탐 중원으로의 진출을 노리던 일본은 그 핑계거리를 만들기에 고심한다. 그러던 중 1937년 6월부터 일본군은 베이징 남쪽의 펑타이豊臺에 주둔하면서 도발적인 군사 훈련을 자주 실시하였다. 같은 해 7월 6일에도 훈련을 실시했는데, 그다음 날인 7월 7일 밤 일본군은 루거우챠오에서 사병 하나가 실종되었다는 이유로 밤 10시 40분, 인근의 완핑성宛平城[7]에 들어와 수색할 것을 요구했다. 당시 당직을 서고 있던 중국 측 29군단 37사단 219연대장인 지싱원吉星文은 심야라는 이유로 이를 거절했다. 하지만 양측의 교섭은 그대로 진행되었는데, 새벽 4시가 되자 돌연 일본군 측이 일방적으로 완핑성에 포격을 가했다. 일본으로서는 성동격서聲東擊西의 양동작전으로 중국군의 경계를 느슨하게 만들어 놓은 뒤 전격적으로 기습 작전을 펼친 것이다.

중국에서는 이 사건을 '7·7사변'이라 부르는데, 그것은 이 사건의 발단이 된 날이 7월 7일이었기 때문이다. 이로부터 중국과 일본의 전

1. 루거우챠오의 노면. 가운데 울퉁불퉁한 부분이 옛날 길이다.

2. 루거우챠오 쪽에서 바라본 완핑 성宛平城.

3. 중국인민항일전쟁기념관.

4. '루거우챠오의 깨어난 사자盧溝獅醒'.

투가 치열하게 전개되고 일본은 베이징과 톈진天津 지역에 병력을 증파해 드디어 7월 29일 베이징을 함락시키고 7월 30일에는 톈진을 점령했다. 이로써 1931년 '만주사변' 이후 동북 지역에서 군사 세력을 확장해 오던 일본은 대륙 침략의 야욕을 만천하에 드러냈으며, 본격적인 '중일전쟁'이 시작되었다. 이런 역사적 배경 때문에 현재 루거우차오에는 '중국인민항일전쟁기념관'이 세워졌고, 대표적인 항일 유적지 가운데 하나로 꼽혀 많은 사람들이 찾아오는 기념비적인 장소가 되었다.

한편 개혁개방 이후인 1987년에 각계 인사와 해외 화교를 포함한 약 40여 만 명이 베이징의 명소 가운데 '베이징 16경北京十六景'을 뽑은 적이 있는데, 이때 루거우차오 역시 그 가운데 하나로 꼽혔다. 한 가지 재미있는 사실은 이때는 근대 이전에 꼽았던 '옌징팔경'의 '루거우차오의 새벽달盧溝曉月'이 아니라 '루거우차오의 깨어난 사자盧溝獅醒'라는 이름을 붙였다는 것이다. 이 깨어난 사자 상은 새로 지은 '중국인민항일전쟁기념관' 앞에 세워져 있는데, 거대한 사자가 갈기를 휘날리며 포효하는 모습이 불행했던 과거를 잊고 새롭게 일떠서는 중국의 현재 모습을 형상화한 것이라 할 수 있다.

징항운하京杭運河의 종점

베이징으로 가는 길

아침에 집을 나서 공항버스를 타고 1시간 남짓 달려 인천공항에 도착한다. 언제나 많은 사람들로 북적이는 공항 곳곳에는 언제나 야릇한 설렘과 동경, 그리고 약간의 회한과 함께 때로 절절한 그리움이 스며 있다. 떠나는 사람, 그리고 돌아오는 사람들은 저마다의 사연을 안고 분주한 발길을 옮긴다. 공항은 해외로 나가기 위해 어쩔 수 없이 거쳐야 하는 곳이지만, 그곳에 오래 머물고 싶어하는 사람은 아무도 없다. 인천공항에서 비행기를 타면 두 시간이 채 못 돼 도착하는 곳. 태평양을 가로지르고 유라시아 대륙을 건너가는 장거리 비행에 비해 우리에게 베이징으로의 여행은 부산이나 제주 등 나라 안의 다른 지방보다 조금 먼 곳으로 떠나는 것 이상의 감흥을 주지 못한다. 하지만 베이징이 항상 이렇게 가까웠던 것만은 아니다. 1992년 중국과의 수교 이전에는 중국은 우리가 갈 수 없는 땅이었고, 풍문으로 들리는 여러 가지 단편적인 사실들로만 짜맞춘 퍼즐에 불과했을 뿐이었다.

한국과 중국 간의 수교가 처음 이루어졌던 1990년대 초반만 해도 베이징으로 가는 정기 항공 직항로가 개통되지 않았었다. 대한항공과 아시아나항공이 서울–상하이上海와 서울–톈진天津 간 전세기를 주 1회 운항하고는 있었지만, 그나마 자리 잡기가 쉽지 않았거니와 상하이와 톈진을 에둘러 가야 했기에 공연히 시간과 비용을 낭비하기 일쑤였다. 때로 이런 번거로움과 좌석 문제로 일본과 홍콩을 경유해 가기도 했는데, 이로 말미암은 경제적인 낭비는 이루 말할 수 없을 정도였다.

언뜻 생각할 때에는 베이징에서 먼 상하이로 가서 국내선을 타고

"톈진 가실 분 없나요?" 베이징 남역에서.

베이징으로 가는 것보다 베이징과 지리적으로 가까운 톈진을 거쳐 가는 것이 그나마 편리할 것 같은데, 실제로는 막상 그렇지도 않았다. 당시 서울에서 4시간 남짓 걸려 도착한 톈진 공항은 톈진 시내에서도 자동차로 1시간 정도 떨어진 장구이좡張貴莊이라는 시골에 있었다. 문제는 여기서 베이징까지 가는 직행셔틀버스가 없었다는 것이다.

아니 아예 없지는 않았다. 베이징의 우의상점友誼商店 옆에 있는 건국호텔建國飯店의 중국 여행사에서 톈진에서 서울로 가는 아시아나 항공 비행기 시간에 맞춰 운행하고 있는 버스가 있었기 때문이다. 하지만 현실적으로 이 버스를 타는 것은 불가능했는데, 그것은 다음과 같은 이유 때문이었다. 서울 발 톈진 행 비행기는 11시 30분에 도착하는데, 입국 수속 등을 마치면 12시 30분 이후에나 공항을 빠져나오게 된다. 하지만 베이징에서 톈진으로 여객을 싣고 온 버스는 12시 이전에 톈진에 도착했다가, 태우고 온 손님들을 내려놓고는 베이징으로 가는 손님들을 기다리지 않고 그냥 가 버렸다. 버스가 이런 식으로 가 버리는 이유는 첫째, 출발할 때 이미 왕복 차비를 다 받고 왔기 때문이고 둘째, 톈진 공항 당국이 톈진의 택시 사업자들을 보호하기 위해 베이징-톈진 공항 간 셔틀버스의 톈진 공항에서의 영업 행위를 금지했기 때문이었다. 요컨대 자국의, 또는 자기 지역 내의 유관 사업자들의 이익을 외지에서 온 관광객의 편의보다 우선적으로 챙긴 것이다. 이것은 물론 오래전 이야기이긴 하다.

우리가 익숙하게 살던 곳을 떠나 외지를 여행하다 보면, 내가 이제껏 살던 곳과 다른 환경에 낯선 느낌을 받게 되고, 때로 그로 인해 당혹감에 사로잡힐 때도 있다. 중국을 여행하다 보면 이 나라는 남을 위한 배려나 서비스라는 개념이 전혀 없거나 참으로 부족하다는 느낌을 받게 된다. 아마 중국 여행을 해 본 사람들은 누구나 백화점 등지에서 물건을 사면서 거스름돈을 아무렇지도 않게 휙 던져 주는 일을 한 번쯤은 겪었을 것이다. "손님은 왕이다"라는 말을 굳이 갖다 붙이지 않더라도 상호간에 기본적인 예의는 있어야 할 것인데, 거스름돈 던져 주는 것은 아무리 이 나라가 사회주의 국가였고, 우리와는 다른 관습하에 오랫동안 살아왔기 때문일 거라고 애써 이해하려 해도 당하는 그 순간만큼은 매번 기분이 상하지 않을 수 없다. 그런 와중에 길거리를 오가다 보면 이런 구호를 쉽게 접할 수 있다.

인민을 위해 복무한다爲人民服務.

복무한다는 것은 분명 우리가 말하는 상대방에 대한 배려이고, 남을 위해 내가 봉사한다는 뜻일 터인데, 그렇다면 위의 구호가 의미하는 바는 무엇일까? 나중에야 알게 되는 사실이지만, 여기에서 말하는 인민이란 철저히 자기들끼리의 인민을 의미할 뿐 우리 같은 외지 사람들은 안중에 없는 경우가 많다.

각설하고, 변화의 속도가 우리가 상상하는 이상으로 빠른 중국에서 이런 상황은 이미 먼 옛날 이야기가 되어 버렸는지도 모른다. 하지만 변하지 않은 것은 그곳이 중국이고 그들은 우리와 다른 중국 사람이라는 것이다. 베이징까지 직항이 뚫려 아무렇지도 않게 오가는 지금의 관점에서 본다면, 불과 10여 년 전의 풍경은 격세지감을 불러일으키기에 충분하다. 하지만 그보다 훨씬 전에는 또 어땠을까?

연행燕行 길의 마지막 관문, 바리챠오八里橋

개인적으로 국경을 넘어 다른 나라를 여행한다는 것이 거의 불가능했던 조선시대에는 외교 사절로 중국에 오가는 '연행燕行'이라는 것이 있었다. 명나라 때까지는 중국 황제를 배알한다는 뜻으로 '조천朝天'이라 했지만, 청나라 때에는 베이징을 옌징燕京이라 부르던 습관에서 '연행'이라는 말로 바꾸어 중국과 대등한 외교를 벌이고 있다는 일종의 자신감을 우회적으로 나타냈다.[8] 조선시대의 지식인들은 이러한 연행을 통해 중국을 여행하고 나름의 견문을 넓힐 수 있었다. 당시 연행을 수행했던 조선의 문인들은 중국에 다녀온 뒤 기행문을 남겼는데, 이것은 당대를 대표하는 지식인의 시선으로 중국을 객관적으로 바라보려 했던 시도로서 현재까지 중요한 역사 자료가 되고 있다.

이런 연행록은 현재까지도 제법 많이 남아 있는데, 1832년에 씌어진 김경선金景善의 《연원직지燕轅直指》에 의하면 가장 널리 읽혀 온 연행의 교과서로 이른바 '삼가三家'의 연행록을 들고 있다. 여기서 '삼가'란 노가재老稼齋 김창업金昌業(1658~ 1721)[9]의 《노가재연행일기》와 담헌湛軒 홍대용洪大容(1731~1783)[10]의 《을병연행록》, 연암燕巖 박지원朴趾源(1737~1805)[11]의 《열하일기》를 말한다.[12]

근대 이전에 중국을 여행하던 시절을 돌이켜 보자면, 이들이 쓴 연행록을 참고하는 것이 온당한 일이 될 것이다. 당연한 얘기지만 당시는 하늘길이나 바다길이 뚫려 있지 않았기 때문에, 중국에 가려면 누구나 할 것 없이 모두 육로를 이용해야 했다. 우여곡절을 겪어 가며 베이징에 도착한 연행사 일행들이 처음 마주했던 것은 당시 베이징의 관문이었던 퉁저우通州의 포구였다. 홍대용은 이곳의 풍광을 다음과 같이 묘사했다.

20리를 가서 남쪽으로 통주 성을 바라보니 성첩과 여염이 매우 번성하였고 성 밖으로 무수한 돛대가 수풀이 서 있는 듯하였다. 《김가재일기金稼齋日記》에 통주의 범장帆檣이 장관이라고 일컬었는데, 길이 다르기 때문에 가까이 가 보지 못하여 답답하였다. 물을 건너기에 그 이름을 물으니, 왕가가 말하기를 통하通河라고 하였다. 물이 두 가닥으로 갈려 있었고, 수십 척 배를 가로로 이어 다리를 만들었다. 배 양 끝에 큰 나무로 말뚝을 박고 고리로 서로 얽어 요동치지 않게 하였다. 그 위엔 바조(대나 갈대, 수수깡, 싸리 따위로 발처럼 엮어 울타리를 만드는 데 쓰는 바자) 같은 것을 깔고 흙을 덮었는데, 튼튼하기가 돌다리에 못지 않았다. 그러므로 짐을 실은 수레라도 염려 없이 다녔다.
팔리교에 이르렀는데, 이 다리는 통주에서 황성으로 통하는 큰길이다. 다리를 고친 지가 오래지 않았고, 10여 칸 너비에 5백여 보 길이다. 길 남쪽 난간에 각각 물상을 기이하게 새겼는데, 희고 윤택해서 바라보면 예사 돌이 아닌 것 같았다. 다리 서쪽에 마을이 있는데 이름을 팔리포八里浦라 하였다. 통주에서 8리가 되는 곳이라서 이렇게 이른 것이다(고유명사는 번역서에 나온 대로 한자음으로 그대로 두었음. -지은이 주).[13]

또 서유문의 《무오연행록》에서는 다음과 같이 묘사하였다.

통주로 길을 잡으면 팔리교로 말미암아 행하니, 팔리교는 곧 백하의 돌로 놓은 다리요, 시방 지나는 곳은 팔리교와 나란히 있는 곳이라. 겨울이 되면 배로 다리를 놓아 행인을 통하고, 얼음이 풀리면 배로 건넌다 하더라. 백하白河를 지나 9리를 행하여 홀연히 수레바퀴가 돌에 부닥쳐 굉굉轟轟한 소리 우뢰 같거늘, 장막을 들어보니, 길에 다 얇은 돌을 깔았는지라, 그 제도가 돌을 네모지게 다듬어 여섯씩 아울러 놓았으니 돌 하나의 넓이는 다섯 자를 넘을 것이요, 두 편 가에 좁은 돌로 변탕(대패로 목재의 가장자리를 곧게 밀어내거나 모서리를 턱지게 깎아 내는 것)을 쳤으니, 예닐곱 수레를 아울러 갈지라. 통주通州 성내城內부터 황성皇城까지 이어 놓았으니 황성 사문四門 밖 50리를 이같이 다 하였으며…… 촌락이 끊어진 곳이 없는지라.[14]

바로 이 '바리챠오八里橋'가 수도 베이징으로 들어가는 관문이었던 셈인데, '융퉁챠오永通橋'라고도 불렀다.

같은 장소를 지나며 박지원은 또 다음과 같이 그려냈다.

영통교까지 이르렀다. '팔리교八里橋'라고도 하는데, 길이가 수백 발 나마 되고 넓이가 십여 발이나 되며 홍예 높이가 십여 길로 양쪽에는 난간을 늘여 세우고 난간 기둥들 머리에는 수백 개 짐승 모양을 만들어 앉혔는데, 그 조각한 솜씨는 바로 도장 꼭지처럼 되었다. 다리 아래에 있는 배들이 바로 조양문 밖까지 닿게 되었고, 여기서는 다시 작은 배로 물 문을 열고 태평창太平倉까지 실어 나른다고 한다.[15]

이 다리를 지나면 베이징 도성에 들어가는 것이니, 오랜 객고에 시

달린 길손은 이제 목적지에 거의 다 왔다는 안도감에 긴 한숨을 내쉬게 마련이다. 하지만 현재 바리차오는 예전과 같은 성황을 찾아볼 길 없이 한적한 교외에 아무도 눈길을 주지 않는 범용한 다리로 남아 있다. 가끔 옛 명성을 듣고 일부러 찾아오는 이들이 없지는 않으나, 명성에 비해 초라한 모습에 실망하고 돌아선다. 퉁후이허通惠河 역시 시멘트로 재정비되어 옛 모습을 찾을 길 없이 그저 구정물이 흐르는 개천으로 변했고, 다리는 확장이 되어 원래 다리의 양옆에 시멘트로 새 다리를 연결해 어쩡쩡한 모습을 취하고 있다. 최근에는 다리 바로 옆에 베이징 교외 지역을 연결하는 전철인 팔통선八通線 바리차오 역八里橋站이 생겨 명맥을 이어가고 있다.

대운하의 물길을 따라

조선시대에 연행길에 올랐던 이들이건 또는 긴 시간 항해를 통해 중국에 왔던 유럽인들이건 근대 이전 철도나 비행기 여행이 보편화되기 전에는 주로 베이징 동쪽의 퉁저우通州를 거쳐 도성에 들어왔다. 특히 배를 타고 들어올 경우에는 반드시 징항운하京杭運河를 거쳐야 했다. 베이징과 항저우杭州를 잇는 징항운하는 중국의 남쪽과 북쪽을 잇는 중요한 수로로 대운하라고도 불렸다.

잘 알려진 대로 대운하는 수隋나라 양제煬帝가 완성한 것으로 만리장성과 함께 중국이 자랑하는 대규모 토목공사의 하나다. 본래 중국은 지역적으로 동서보다는 남북 간에 서로 다른 점이 많아 고대부터 근현대에 이르기까지 남과 북의 차이에 대한 수많은 논의가 만들어져

1. 하류 쪽에서 바라본 바리챠오와 통후이허通惠河.

2. 융퉁챠오 표지석.

3. 다리 난간에 놓여져 있는 석수들.

4. 바리챠오 다리 아래에는 바사叭嗄라는 짐승의 조각이 있다.

5. 바리챠오. 가운데 돌출한 시멘트 부분 사이에 있는 것이 옛날 다리이고, 양옆에 있는 것이 최근에 새로 놓은 것이다.

6. 새롭게 단장한 통후이허. 옛 자취를 찾을 길 없다.

4
5
6

왔다. 사실 장강 이남이 중국에 속하게 된 것은 위진남북조 이후라 할 수 있다. 한대漢代까지만 해도 장강 이남은 '남만南蠻'의 땅으로 이곳을 터전으로 삼았던 초楚나 오吳, 월越 등의 여러 왕들 역시 스스로를 낮추어 오랑캐임을 자인하고 있었다.

이렇듯 황하 이남과 장강 이북으로 한정되어 있던 중원이 확장된 계기는 후한 말에서 위·오·촉의 삼국시대를 거쳐 위진 시기에 이르러 본격화된 북쪽 오랑캐들의 침입이었다. 이른바 다섯 오랑캐 부족인 오호五胡의 침입으로 한족들은 어쩔 수 없이 중원 지역에서 밀려나 양쯔 강 유역을 중심으로 한 남방 지역에 새로운 중국을 건설하게 되었던 것이다. 이후로 정치적인 중심지는 한나라 때의 창안長安과 뤄양洛陽으로부터 송대의 카이펑開封을 거쳐 원대 이후 현재까지 줄곧 베이징으로 옮겨 왔고, 남방 지역은 북쪽에서 이주한 한족 문인들에 의해 우수한 중원의 문화가 전수되어 그 면목을 일신했다.

하지만 강역이 확장되자 양자의 차이 역시 극명하게 드러나게 되었으니, 중국은 여러 지역이 하나로 통합되기에는 지리적, 자연적 환경의 차이가 너무 커서 결국 남과 북은 서로 다른 길을 걸을 수밖에 없었다. 중요한 것은 위진남북조 3백여 년의 세월을 겪으면서 전통적인 '화이華夷' 관념이 무너지고 역전까지 됐다는 것이다. 당대 이전까지만 해도 북쪽의 중원華이 남쪽의 오랑캐夷 지역보다 모든 면에서 앞서 있었다. 하지만 송나라 이후에는 이것이 역전되어 남쪽이 북쪽보다 흥성하게 되는데, 특히 경제력 측면에서 볼 때 이러한 차이가 두드러지게 나타났다. 고대의 전적인 《상서尙書》 〈우공 편禹貢篇〉을 보면 천하의 토지를 상상上上에서 하하下下까지 9등급으로 나누고 있다. 당시 중원 지역의 토지는 대부분 상등급이었지만, 남방의 것은 모두 하등

급에 속했다. 하지만 위진남북조 이후로는 이러한 상황이 역전되어 남방의 경지가 상급지가 되어, 당대 중기 이후 미곡의 본산지는 남 중국이 되고 북 중국은 남 중국으로부터 양식을 보급받지 않으면 그 인구를 제대로 먹여 살릴 수 없을 지경이 되었다.[16]

위진남북조 이후 정치의 중심지는 앞서 이야기한 대로 북쪽에 있었지만, 바로 그런 이유 때문에 남방의 미곡을 수도로 수송할 수단을 강구하는 일이 무엇보다 시급했다. 그래서 당시에는 운하를 양식을 운반하는 길이라는 뜻에서 '양도糧道'라 불렀다. 수 양제가 대운하를 건설했던 것은 이러한 실제적인 필요 때문이었다. 혹자는 수 양제가 대운하를 개착한 것이 꼭 그런 이유 때문만은 아니고 놀기 좋아했던 양제가 위락을 위해 벌인 사업이었다고 주장하기도 한다. 하지만 그 목적이 어디에 있었든, 수 양제는 자신이 벌인 사업에 모든 것을 걸었고, 끝내 완성시켰다. 이를 두고 후대 사람들은 평하기를 상고시대의 우禹 임금의 치수와 진시황秦始皇의 만리장성과 함께 그의 운하 개착을 같은 반열에 놓고 있다.

당나라 때 시인 피르슈皮日休는 수 양제의 공과에 대해 다음과 같이 노래했다.

수나라 망한 것이 이 운하 때문일지라도
이제까지 천리나 그 물길 따라 파도를 헤쳐 나가고 있으니
만약 물 위의 궁전이니 용의 배니 하는 것이 없었다면
우임금과 공을 같이 논해도 적고 많음을 따질 수 없으리.

盡管隋亡爲此河
至今千里賴通波

若無水殿龍舟事
共禹論功不少多

대운하는 크게 융지취永濟渠(황허黃河 북안北岸~줘 군涿郡), 광퉁취廣通渠(창안長安~퉁관潼關), 퉁지취通濟渠(뤄양洛陽 시위안西苑~화이허淮河), 한거우邗溝(일명 산양두山陽瀆, 화이허淮河~창장長江), 장난허江南河(징커우京口~위항余杭)로 이루어져 있다.

이 가운데 한거우, 곧 산양두山陽瀆와 장난허는 이미 있던 운하를 개수한 것이고, 퉁지취는 부분적으로, 융지취는 그 전부를 개수한 것이었다. 수 양제는 운하를 완성하고 얼마 안 있어 나라도 자신의 목숨도 잃었지만, 운하는 이후 역대 왕조의 남북 수로 교통에 막대한 기여를

양저우揚州의 옛 운하. 지금은 새롭게 정비되어 옛 모습을 잃고 있다.

해 왔다. 원나라 때 현재의 베이징인 다두大都가 수도가 되자 대운하의 중요성이 더 한층 부각되어 산둥성의 쓰수이四水에서 다칭강大淸江으로 통하는 지저우허濟州河 및 거기서 웨이허에 연결되는 후이퉁허會通河를 새롭게 개착하였다. 이렇게 해서 장강 유역에서 운하를 통해 톈진天津에 이르고, 다시 바이허白河를 이용하여 수도인 다두에 이르는 수로가 완성되었다. 현대에 이르러는 1958년에 대규모의 복구와 확장 공사가 진행돼 기왕의 운하의 깊이와 폭을 확장하고 만곡부灣曲部를 직선화해 본래 1,700여 킬로미터에 이르던 길이가 1,515킬로미터로 줄어들었다.

중국어에 '남수북조南水北調' 라는 말이 있다. 이것은 남쪽의 물을 북쪽으로 옮긴다는 뜻으로, 역대로 남북의 물길을 온전하게 보존하는

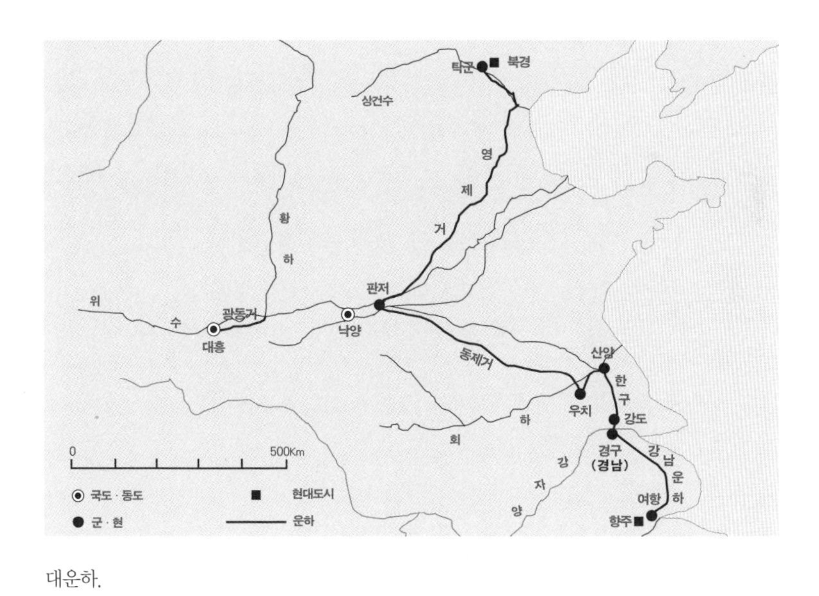

대운하.

것이 국가적인 대사였음을 잘 드러내 주고 있다. 중국이 이런 식으로 남북의 물줄기를 중요시한 것은 중국의 대부분의 자연 하천이 서에서 동으로 흐르기 때문에 동서로의 수운은 발달한 반면, 남북으로의 물자 수송이 원활하지 못했기 때문이었다. 이러한 상황은 현재까지도 변하지 않아 운하는 남북을 잇는 대동맥 역할을 해 왔다. 앞서 말한 대로 근대 이전 철도나 비행기와 같은 교통 수단이 없었을 때는 어쩔 수 없이 운하를 통해 베이징에 들어왔다. 근대 이전만 해도 배가 직접 퉁저우通州를 거쳐 스차하이什刹海까지 들어와 부근의 창고에 싣고 온 물건을 부렸다고 한다. 그래서 지금까지도 스차하이 인근의 지명에는 그런 창고와 관련된 이름이 많이 남아 있다. 베이징은 한 나라의 수도로서 온 나라의 물산이 모여드는 집결지였고, 그 통로 노릇을 한 징항 운하의 종점이었던 것이다.

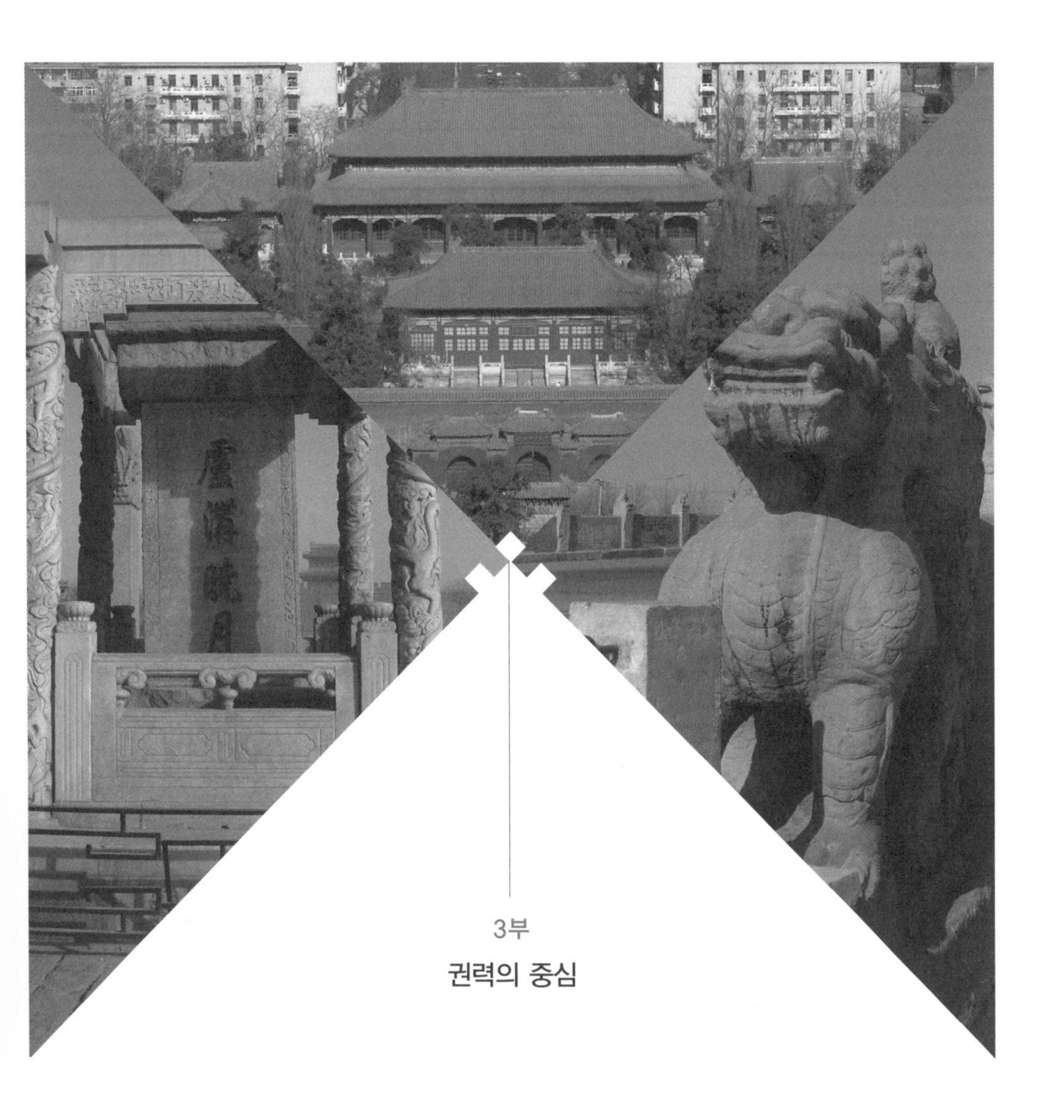

3부

권력의 중심

구궁의
황금 기와 물결

쯔진청紫禁城의 기본 얼개

현재 베이징의 기본적인 틀은 명대에 세워졌다. 명 태조 주위안장의 명을 받고 원의 수도 다두大都를 점령한 쉬다徐達는 다두를 평정했다는 의미로 이름을 '베이핑北平'이라 바꾸고, 원의 황궁을 비롯한 도시 전체를 철저하게 파괴했다. 이것은 명 왕조의 수도가 이미 잉톈푸應天府(지금의 난징)로 정해졌기에, 원의 잔존 세력이 다른 마음을 품지 못하게 하려고 그랬던 것인데, 이러한 파괴가 나중에 영락제가 수도를 베이징으로 옮기고 새로운 도성을 건설하는 데 오히려 도움을 주었던 것은 역사의 아이러니라 할 수 있다. 일종의 새로운 건설을 위한 창조적 파괴라고나 할까?

명대의 베이징 성은 원대의 다두 성에 기반을 두고 건설되었지만, 엄밀하게 말하자면 원나라 때보다 조금 남쪽으로 이동한 형국이다. 명대에 축조된 베이징 성은 삼중의 구조로 이루어졌다. 가장 바깥의 대성大城과 중간의 황성皇城 그리고 궁성宮城이 그것이다. 외성인 대성에는 대량의 민가와 상점 및 왕자들의 집인 왕부王府 그리고 조정의 각종 기구가 있었다. 황성에는 앞서 살펴본 대로 《주례》 〈고공기〉의 원리대로 궁궐 안에 있는 동산이나 후원을 일컫는 어원御苑 및 황실을 위해 복무하는 각 내부감內府監과 국局, 창廠, 방房 등의 기구가 있었다. 그중에서도 핵심은 황제와 황실의 구성원들이 거주하고 황제가 사무를 보는 궁성이라 할 수 있다. 그 가운데 핵심은 물론 황제가 머무는 궁성이다. 그런 까닭에 궁성은 철저한 계획도시인 베이징 성의 정중앙에 위치하고 있으며, 모든 것이 이 궁성을 중심으로 배치되어 있는 것이다. 궁성은 일반적으로 '구궁故宮'으로 불리는데, 흔히 '쯔진청紫禁城'이라는 이름으로 잘 알려져 있다. 또 쯔진청이라는 이름에서 '자紫'와 '금禁' 두 글자에는 모두 그 나름의 뜻이 담겨져 있다.

'자紫'라는 글자는 본래 '자미원紫微垣'에서 나왔는데, 《송사宋史》 〈천문지天文志〉에는 다음과 같은 말이 기록되어 있다. "자미원은 동쪽으로 여덟 개의 별이 늘어서 있고, 서쪽으로 일곱 개의 별이 늘어서 있다. 북두의 북쪽에서, 좌우로 둘러싸고 있으면서 돕고 보호하는 형상을 하고 있다. 또는 황제의 자리나 천자가 상주하는 곳을 일컫는다紫微垣東蕃八星, 西蕃七星, 在北斗北, 左右環列, 翊衛之象也. 一曰大帝之坐, 天子之常居也." 곧 자미원은 하나의 별을 지칭하는 것이 아니라 북극성을 중심으로 큰 곰과 작은 곰, 용, 카시오페아 등 실제로는 17개의 별들로 이루어진 별자리를 말한다. 잘 알려져 있듯이, 북극성은 영원히 이동하지 않는 별로, 우주의 중심으로 여겨졌기 때문에, 하늘의 아들天子이자 인간 세계의 지존이라 할 황제를 의미했다. 이 별들의 색깔이 '미자微紫' 곧 자색을 띠었기에, 자색은 곧 황제의 색이고 황제가 사는 곳은 '자궁紫宮', 또는 '자미궁紫微宮'으로 불렸던 것이다. 그래서 황궁의 담장 역시 붉은 빛이 감도는 자색으로 칠했다. '금禁' 이라는 글자는 황제가 거주하는 곳이기 때문에 일반 백성들의 접근이 엄격히 금지된다는 의미에서 붙은 것이다. 그러므로 '쯔진청紫禁城' 이라는 말에는 '황제가 살고 있는 일종의 성역' 이라는 의미가 담겨져 있다.

한편 쯔진청은 구체적으로 전조후침前朝後寢의 6개 대전으로 이루어져 있는데, 전조는 황제가 공적인 정사를 돌보고 국가의 중요 의식을 거행하는 곳이고, 후침은 황제와 후비가 거주하는 사적인 생활 공간이다. 전조인 삼대전三大殿은 펑톈뎬奉天殿, 화가이뎬華蓋殿, 진선뎬謹身殿을 가리키는데, 이것은 각각 명 후기에는 황지뎬皇極殿, 중지뎬中極殿, 젠지뎬建極殿으로 개명했고, 청대에는 다시 타이허뎬太和殿, 중허뎬中和殿, 바오허뎬保和殿으로 이름을 바꾸었다. 명 후기의 명칭에 '극極' 자가 들어간 것은 이곳이 지상의 북극성에 해당한다는 것을 보여준다. 그리고 청대 이름에 '화和' 자가 들어간 것은《주역周易》의 건괘乾卦에 "크게 화합을 보전하고 합해서 이에 이롭고 바르게 하니라保合大和, 乃利貞"라는 말에서 따온 것이다. 모두 오래도록 천하가 태평하고 황제의 권위가 영원하기를 기원하는 의미에서 지은 이름들인 셈이다.

후침은 황제가 거주하는 첸칭궁乾清宮과 황제와 황후가 날을 잡아 합방하는 자오타이뎬交泰殿, 황후가 거주하는 쿤닝궁坤寧宮으로 이루어져 있다. 후침은 청대에도 명칭이 바뀌지 않았다. 또 황궁에는 동과 서의 궁이 있었는데, 동궁에는 태자가 거주했고, 서궁에는 황후가 거주했다. 공식적인 업무를 집행하는 전조와 달리 후침은 황궁에 거주하는 사람들의 일상이 펼쳐지는 공간으로 권력을 두고 벌어지는 황실 내부의 암투와 골육상잔 등이 끊이지 않았고, 한번 궁 안에 발을 들여놓으면 좋건 싫건 평생 궁 밖으로 나갈 수 없었던 여인들의 한숨과 눈물로 점철된 공간이었다.

그런데 쯔진청 안에는 나무가 한 그루도 없다. 전하는 말로는 자객이나 외적이 밖으로부터 나무를 타고 넘어오는 것을 방비하기 위해서라고도 하고 황제의 위엄을 세우기 위해서라고도 하는데, 뭐가 됐든 나무 한 그루 없는 쯔진청은 삭막하고 근엄한 모습으로 보는 이를 압도한다. 아울러 쯔진청에는 밤에 불을 밝히는 가로등도 하나 없는데, 이것은 명말에 정권을 농단했던 환관 웨이중셴魏忠賢이 다른 사람의 이목을 피해 밤마다 궁 밖에서 모의를 하기 위해 그리한 것이라고 한다.

베이징은 넓은 평원 지역에 자리 잡고 있어 주변에 높은 산이 없다. 그런데 구궁의 북쪽 문을 나서면 해발 108미터의 야트막한 언덕처럼 보이는 낮은 산이 하나 있다. 원래 명대에 건설된 베이징 성은 원대의

베이하이北海의 백탑白塔에서 바라본 징산景山.

다두 성보다 약간 남쪽에 터를 잡았는데, 이 때문에 다두 성의 후궁인 '옌춘거延春閣'가 쯔진청의 북쪽 성벽에 놓이게 되었다. 명대 베이징 성의 설계자는 이 점을 이용해 새로운 베이징 성 주변에 조성된 해자垓子인 '후청허護城河'를 팔 때 나온 진흙을 옌춘거의 옛터에 쌓아 인공 산을 조성하였다. 이렇게 했던 까닭은 원래 진산鎭山이 없는 베이징의 풍수를 고려한 것이기도 하지만, 전대 왕조의 기운을 누른다는 의미도 담겨 있었다.

이 산이 곧 징산景山으로, 이 명칭은 《시경》〈은무殷武〉 편에 나온다. "저 징산에 올라보니 소나무 잣나무 밋밋하게 자랐도다陟彼景山, 松柏丸丸." 여기에서 징산은 당시 은나라 수도 인근에 있던 산을 가리킨다. 이밖에도 '경景'에는 '황제가 즐기는 경치御景'라는 의미와 '황제의 덕을 사모하여 우러른다景仰'는 뜻이 담겨 있기도 하다. 징산은 명대에는 '메이산煤山'이라 불리기도 했는데, 당시 베이징 성이 대대적으로 건설되면서 황궁이 적에게 포위되는 등의 유사시에 대비해 이곳에 석탄을 쌓아두었기 때문이었다.

청나라 건륭년간에는 황제의 명에 따라 동쪽에서 서쪽으로 '관먀오觀妙', '저우상周賞', '완춘萬春', '푸란富覽', '지팡輯芳'이라는 다섯 개의 정자가 세워졌다. 이 다섯 개의 정자 모두에는 동으로 만든 불상이 모셔져 있는데, 각각 신맛과 단맛, 쓴맛, 매운맛, 짠맛의 다섯 가지 맛을 주관한다고 한다. 하지만 1900년 의화단의 난이 일어났을 때, 베이징에 쳐들어 온 8국연합군들이 완춘팅을 제외한 네 정자를 불태우면서 불상들도 없어졌다. 현재 완춘팅을 제외한 나머지 정자는 최근에 중수한 것이다. 다섯 개의 정자 가운데 가장 높은 위치에 있는 완춘팅萬春亭에 오르면 베이징 시내를 사방으로 조망할 수 있는데, 남쪽에 있는 구궁 역시 한눈에 들어온다. 이곳에 서서 구궁을 바라보면 구궁의 황금빛 기와가 파도처럼 물결치는 모습이 일대 장관을 연출한다.

여기서 한 가지 덧붙일 것은 황제를 가리키는 색이 '황색黃色'이라는 사실이다. 이것은 중국의 전통적인 오행 사상과 관련이 있는데, 지리地理의 관점에서 볼 때 천하의 중앙은 '토土'이며, 색은 '황색'이다. 그래서 황금색은 아무나 쓸 수 없는 색이며, 황궁이나 황실과 연관 있는 건물의 기와는 모두 황금색이다.

이렇듯 황제를 위해 계획되고 만들어진 쯔진청은 황제의 권위를 상징하는 하나의 기호이자 상징물이다. 그래서 혹자는 쯔진청의 구성을 일종의 만다라이자 프랙탈Fractal로 보기도 한다. 만다라는 신성한 단壇(성역)에 부처와 보살을 배치한 그림으로 우주의 진리를 표현한 것

완춘팅에서 바라본 구궁.

이다. 원래는 '본질manda을 소유la한 것' 이라는 의미였으나, 밀교에서는 깨달음의 경지를 도형화한 것을 일컬었다. 그래서 '윤원구족輪圓具足' 으로 번역하는데, 이것은 낱낱의 살輻이 속바퀴轂에 모여 둥근 수레바퀴圓輪를 이루듯이, 모든 법을 원만히 다 갖추어 모자람이 없다는 뜻으로 쓰인다.

> 쯔진청은 봉건적 예를 기준으로 한 서열의 시각적 구현이다. 그것은 실제로는 하나의 거대한 사합원이고, 그 안에 다시 수없이 많은 사합원을 포함한다. 그 작은 사합원들은 각자의 중축선을 따로 가지고 있으며, 동시에 쯔진청의 중심축을 대칭으로 한다. 무질서한 세계가 신성하고 장엄한 예 시스템에 의지하여 정연한 질서를 수립하듯이.[1]

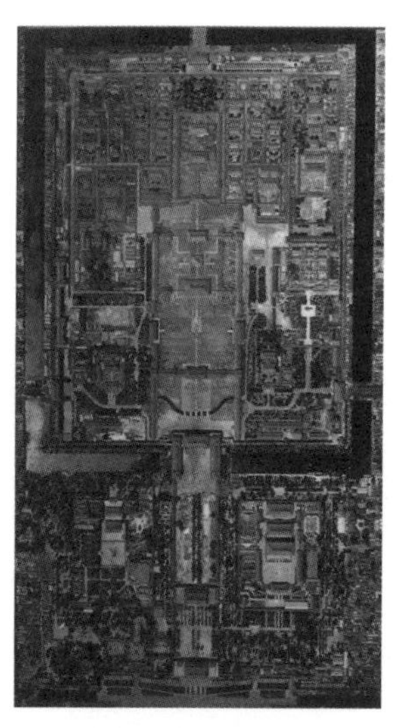

하늘에서 내려다본 쯔진청.

과연 하늘에서 바라본 쯔진청은 그 자체가 하나의 사합원의 형태를 띠고 있는데, 이것은 다시 무수하게 많은 작은 사합원들의 총합이기도 하다. 그런 의미에서 쯔진청을 "부분이 전체를 닮는 자기유사성self-similarity과 소수小數 차원을 특징으로 갖는 형상"을 일컫는 일종의 '프랙탈' 로 볼 수도 있는 것이다.

톈안먼天安門에서 우먼午門까지

쯔진청은 전체 면적 72만 평방미터에 남북의 전체 길이가 960미터, 동서 길이 750미터에 이르는 장방형 건축물로 건물 내 방 수만 해도 9,999(실제로는 8,886)칸에 이르는 어마어마한 규모를 자랑하고 있다. 단순히 남쪽에서 들어와 북쪽으로 나가는 데만 해도 몇십 분이 소요될 정도로 큰 규모이기 때문에, 쯔진청을 전문적으로 연구하면서 오랜 시간 답사하지 않는다면, 어쩌다 한번 오게 되는 일반적인 관광객의 입장에서 전체적인 모습을 파악한다는 것은 거의 불가능에 가깝다. 하지만 복잡하게 생각하면 한없이 복잡해질 수 있지만, 반대로 단순하게 생각하자면 극도로 단순해질 수도 있는 게 세상사 아니겠는가?

쯔진청도 단순하게 보면, 크게 가운데를 가로지르는 중축선과 동, 서 노선 셋으로 구분할 수 있다. 이 세 노선 역시 하루에 다 돌아보기에는 무리가 있다. 물리적인 시간 외에 체력의 한계도 있기 때문에 시간이 지날수록 집중력이 떨어져 나중에는 그저 건성으로 지나치게 된다. 그러므로 쯔진청을 구경할 때는 마음을 느긋하게 먹고, 약 두 시간 이내의 시간 동안 자기가 볼 것을 정하고 그것만 집중적으로 보고 나오는 게 낫다. 땅 덩어리가 큰 중국에서는 이와 같은 일을 많이 겪게 된다. 긴 이동거리와 엄청난 규모의 유적지를 돌다보면 오히려 구경은 뒷전이고, 우리네 인생의 짧음과 덧없음에 탄식하게 되는 것이다.

구궁의 중축선은 구궁의 중심일 뿐만 아니라 전체 베이징 성의 중심이기도 하고, 나아가 중국이라는 나라 전체의 중심이기도 할 터이다. 황성의 남문인 톈안먼을 들어서면 쯔진청으로 들어가는 하나의 관문을 통과한 셈인데, 사실상 톈안먼을 들어서더라도 앞서 말한 전조前朝의 첫 번째 건물인 타이허뎬太和殿이 곧바로 나오는 것은 아니다. 그것은 톈안먼이 전조의 남문이 아니라 그것을 감싸고 있는 쯔진청 전체의 남문이기 때문이다. 전조의 남문은 톈안먼을 지난 뒤 다시 마주하게 되는 돤먼端門 다음에 있는 우먼午門이다.

우먼은 전조의 정문이기에 12간지로 방향을 정하는 24방위 가운데 정남방을 가리키는 '오午' 자를 쓴 것이다. 현재 쯔진청은 '구궁박물원故宮博物院'으로 바뀌었는데, 엄밀하게 말하자면 앞서 말한 '전조후침'에 해당하는 구역이 이에 해당한다. 그러므로 톈안먼과 돤먼은 박물관 구역에 속하지 않는다. 바꿔 말하면 톈안먼에서 우먼까지는 아직 구궁에 들어서지 않은 셈이 된다. 톈안먼에 대해서는 뒤에 좀더 상세히 다룰 것이기 때문에 여기서는 그냥 넘어가고 돤먼에 대해서만 간략하게 언급하겠다.

돤먼은 돤리먼端禮門이라고도 부르는데, 명 영락 18년(1420)에 세워졌다. 돤먼은 좀더 유명한 톈안먼과 우먼 사이에 끼어 있어 사람들이 별로 주의하지 않고 지나치곤 하는데, 그 나름대로의 역할과 의의가 있는 곳이다. 돤먼은 명·청 양대의 의례를 올리는 곳이었는데, 황제가 순유를 떠나거나 사냥, 제사 등과 같은 활동을 하기에 앞서 좋은 시작開端과 원만한 끝終端을 볼 수 있기를 기원하기 위해 돤먼을 올랐다 한다. 또 이곳에는 황제의 의장용품을 보관하기도 했으며, 황궁 내의 궁전과 성문 이름이 시대에 따라 몇 차례씩 바뀌었음에도 돤먼만큼은 문이 세워진 이래로 한 번도 이름이 바뀌지 않은 것 역시 특기할 만하다.

돤먼을 지나면 '우먼'이 나온다.

1. 쯔진청.

2. 전조의 남문인 우먼.

식경이 지나니 동이 텄다고 했다. 문을 나가 두루 보니 뜰의 동서 행랑 사이는 백여 보이고, 오문과 단문 사이는 2백여 보였다. 바닥에는 모두 벽장(벽돌)을 깔았으며, 다 옆으로 세웠는데, 이러므로 깨진 벽돌이 없고 다만 닳을 뿐이다. 가운데 어로 좌우로 군악 기구를 벌여 놓았는데, 대개 그 수가 30쌍이고 그중 북이 여남은 쌍으로 다 은을 칠한 틀에 얹혀 있었다(홍대용, 《산해관 잠긴 문을 한 손으로 밀치도다》, 97쪽).

우먼은 그 장대한 규모가 사뭇 보는 이를 압도하는 기세가 있다. 높이 38미터에 아래는 자색을 칠한 높은 성대城臺가 있고, 그 위로 다섯 개의 누각이 있으니, 속칭 '우펑러우五鳳樓'라 한다. 그중에서도 가운데 있는 누각은 가로가 9칸(60미터), 세로가 5칸(25미터)에 이르니 그 위세가 이곳이 황제의 궁궐로 들어가는 들머리라는 것을 무언중에 말해 주는 듯하다.

우펑러우는 전체적인 형상이 '요凹' 자가 뒤집혀 있는 모습으로 그 모양이 마치 큰 기러기가 날개를 펴고 날아가는 형태라 해서, '옌츠러우雁翅樓'라고도 불렸다. 곧 건물이 좌우로 돤먼과 우먼 사이의 광장을 날개로 감싸안고 있는 듯한 포국이기 때문에, 그 안에 서면 마치 건물 사이에 포위되어 있는 느낌이 들게 마련이다. 그래서 어지간한 사람은 까닭 없는 위압감에 심리적으로 위축이 되게 마련인데, 실제로 황제가 출입할 때는 코끼리마저 좌우에 도열시켰다고 하니 황제의 위세를 드러내기에 더할 나위 없이 좋은 구도였으리라.

우먼 앞 광장은 2만여 명의 사람을 수용할 수 있을 정도로 넓은데, 명절이면 이곳에 모인 백성들에게 황제가 친히 춘병春餠을 나눠 주며 명절을 축하했다고 한다. 아울러 이곳에서는 전쟁에 나가는 군대의 출병과 개선 의식이 치러졌으며, 황제의 뜻을 거스른 조정의 고관들이 정장廷杖이라는 벌을 받는 장소로도 쓰였다. 정장이라는 것은 당나라 때부터 시작되어 명청대까지 이어져 온 제도로, 대신들이 황제의 뜻을 거슬렀을 때 이를 다스리기 위한 방편으로 삼은 것이다. 황제가 화가 나서 내리는 형벌인지라, 가혹하기 이를 데 없어 실제로 정장을 받다 매에 못 이겨 죽은 이들이 열에 하나 둘 정도 있었다 한다. 고대의 소설이나 희곡의 내용 가운데 "우먼으로 쫓겨 가 참수를 당한다推出午門斬首"는 말이 있는데, 이를 두고 한 말이다. 하지만 명청대 이후에는 도성의 성문 안에서는 사형을 금했기 때문에 더 이상 그런 일은 벌어지지 않았다.

전조前朝의 핵심, 삼대전三大殿

우먼을 들어서면 다시 문이 하나 나오는데, 이것이 '타이허먼太和門'이다. 우먼과 타이허먼 사이 벽돌이 깔려 있는 넓은 마당에는 한백옥을 정교히 다듬어 만든 다리가 있다. 그 밑으로는 작은 물길이 자연스러운 곡선을 이루며 흐르고 있으니, 이를 일러 '진수이허金水河'라 한다. 그 모습이 마치 옥으로 만든 허리띠를 풀어 놓은 것과 같다 해서 '위다이허玉帶河'라고도 불리는 이 수로는 적으로부터 성을 방어하기 위해 성의 둘레에 파 놓은 '후청허護城河'와 달리 큰물이 졌을 때는 배수를 위해, 궁궐 안에서 불이 났을 때는 소방용수로 쓰기 위해 인공적으로 조성한 것이다.

타이허먼에 들어서야 비로소 구궁의 핵심인 타이허뎬을 만나게 된다.

대청문 안은 천안문이요, 단문 안은 오문이요, 오문 안은 태화문이요, 태화문 안은 곧 태화전이라. 태화문으로부터 대청문까지 곧 긴 줄로 친 듯하니 큰 조회 때에 다섯 문을 다 열면 안팎이 활연하여 조금도 막힌 곳이 없는지라(서유문, 《무오연행록》 제3권).[2]

타이허뎬은 쯔진청의 정전으로, 그런 의미에서 황제의 권력의 핵심이자 천자의 상징이라 할 수 있다. 곧 베이징 성의 중심이 쯔진청이고, 쯔진청의 중심은 타이허뎬이며, 타이허뎬의 중심은 황제가 앉아 있는 옥좌인 셈이다. 이곳에서는 황제의 즉위식이나 황후의 책봉을 비롯해, 대규모의 출정식이나 외국의 사신 접대, 과거 시험의 전시殿試 합격자 발표 등 황제가 주관하는 국가 중요 행사가 거행되었다. 또 매년 원단元旦과 동지冬至, 황제의 생일인 만수萬壽 등 국가의 3대 명절에는 황제가 수백 명의 신하들로부터 하례를 받는 장엄한 의식이 펼쳐졌다.

타이허뎬의 주변에는 금도금을 한 소방용 물동이가 놓여 있는데, 이것 역시 1900년 의화단의 난 때, 8국연합군의 손에 수난을 당했다. 멋대로 구궁에 들어온 군인들이 물동이의 표면에서 금을 벗겨 간 것이다. 물동이에는 지금도 그때의 흔적이 남아 있다.

타이허뎬을 지나면 중허뎬中和殿이 나온다. 중허뎬은 약 28미터 길이의 정사각형 건물로 규모는 작지만 간결하고 단정한 아름다움을 자랑하는 건물이다. '중허中和'라는 말은 《주역》에서 나온 것으로, 일을 처리할 때 어느 편에도 치우치지 않고 공정하게 대한다는 뜻이다. 황제는 정무를 처리하기 전에 이곳에서 쉬면서 내각, 예부 대신 및 시위들의 예를 받은 뒤, 이곳에 보관되어 있는 가마를 타고 타이허뎬에 이르렀다. 말하자면 황제가 정사를 돌보기 전에 이곳에서 마음을 가다듬고 중용의 도를 지킬 것을 마음 속으로 다짐했던 것이다.

중허뎬을 지나면, 삼대전 가운데 마지막인 '바오허뎬保和殿'이다. 바오허뎬의 건축 양식은 타이허뎬과 같은 전면 9칸, 측면 5칸으로 천자의 지위九五之尊를 상징하고 있다. 규모는 타이허뎬보다 작은데, 정월 초하루와 보름에 전국 각지의 번왕藩王과 공신들을 초대해 큰 잔치를 벌인 곳이었다. 그런데 바오허뎬과 연관해 두 가지 유명한 것이 있다.

첫 번째는 바로 이곳에서 황제 앞에서 마지막 과거 시험을 치르는 '전시殿試'가 행해졌다는 것이다. 향시鄕試와 부시府試를 통해 수재秀才와 거인擧人을 거친 이들이 황제가 직접 지켜보는 가운데 마지막 관문인 전시를 통과하게 되면 진사進士가 되는데,[3] 이때 1등에서 3등까지인 장원狀元과 방안榜眼, 탐화探花 세 사람은 평소에는 황제만이 드나들 수 있는 우먼午門의 중앙 통로를 통해 궁 밖으로 나가게 된다. 모든 것이 황제의 권력 하에 있었던 봉건시대에 글공부하는 선비에게 이보다 큰 영광은 없었던 셈이다.

둘째는 바오허뎬 뒤에 있는 거대한 대리석 조각인 '다스댜오大石雕'이다. 이것은 소용돌이치는 구름 위를 날아다니는 아홉 마리의 용을 형상화한 것인데, 놀라운 것은 이것이 하나의 대리석 석재로 이루어졌다는 것이다. 총 250톤이 넘는 이 돌을 이곳에서 50킬로미터 떨어진 곳에서 옮겨오기 위해 겨울에 길가에 넓고 깊은 도랑을 파고 물을 부어 빙판을 만든 뒤 1만여 명의 인부와 1천여 마리의 말이 동원되어 끌고 왔다고 한다.

1. 진수이허金水河.
2. 명대에는 펑톈뎬奉天殿이라 불렸던 타이허뎬太和殿.
3. 타이허뎬 주변의 물동이. 금칠이 벗겨진 자국이 완연하다.

4. 중허뎬中和殿.
5. 다스댜오大石雕.
6. 우잉뎬武英殿.

후침으로 가기 전에 삼대전三大殿과 연관해 부기할 곳은 타이허뎬의 좌우로 마치 날개를 펼친 듯 자리 잡고 있는 두 건물이다. 그것은 동쪽에 있는 '원화뎬文華殿'과 서쪽에 있는 '우잉뎬武英殿'으로, 문무가 함께 황제를 보필한다는 의미를 담고 있다. 원화뎬 옆에는 '원위안거文淵閣'라는 건물이 있는데, 여기에는 《사고전서四庫全書》가 보관되어 있었다. 《사고전서》는 청대 건륭제乾隆帝의 칙명에 의해 천하의 모든 책들을 경經·사史·자子·집集의 4부로 분류해 편집한 도서 총집이다. 여기에 수록된 책은 총 3,458종, 7만 9582권(각 벌의 서적 수는 동일하지 않음)에 이르렀는데, 1781년에 첫 한 벌이 완성되었다. 그 후 북방에 4벌과 남방에 3벌 등 모두 7벌이 만들어졌는데 이 모두가 정연한 필치로 필사한 것이었다.

북방에 보관한 것으로는 구궁 내의 '원위안거文淵閣'와, 황실의 여름 행궁이었던 러허熱河(지금의 청더承德)의 '원진거文津閣', 그리고 베이징 위안밍위안圓明園 내의 '원위안거文源閣', 선양沈陽 구궁의 '원쑤거文溯閣'가 있었는데 일반 사람들에게 공개하지 않았다. 중국 남부 지방에 있던 것은 양저우揚州 다관탕大觀堂 행궁行宮의 '원후이거文匯閣'와 전장鎭江 진산쓰金山寺 행궁의 '원쭝거文宗閣', 항저우杭州 시후西湖 근처에 있는 성인쓰聖因寺 행궁의 '원란거文瀾閣'가 그것이다. 이것들은 '강절삼각江浙三閣'이라 불리기도 했는데, 일반에게 공개해 열람할 수 있도록 했다.

하지만 《사고전서》 역시 험난했던 중국 근현대사의 동란기에 수난을 겪어 현재 남아 있는 것은 몇 개 되지 않는다. 우선 중국 남방에 있던 3벌은 모두 태평천국의 난으로 훼멸되었는데, 항저우의 원란거에 보관되어 있던 것만 반 정도 남아 있다가, 이후에 보완을 거쳐 제 모습을 찾은 뒤 지금은 항저우에 있는 저장 성 도서관浙江省圖書館에 보관되어 있다. 북방에 있던 것은 1856년 제2차 아편전쟁으로 불리는 '애로우호 사건'[4] 때 영불연합군에 의해 위안밍위안이 파괴되면서 원위안거文源閣 본이 불타 없어졌고, 원쑤거文溯閣 본은 란저우蘭州의 간쑤 성 도서관甘肅省圖書館에 보관 중이며, 원진거文津閣 본은 베이징도서관北京圖書館에 보관 중인데, 가장 완전한 것으로 꼽히고 있다. 쯔진청의 원위안거文淵閣에 보관되어 있던 것은 1949년 국민당 정부가 타이완으로 쫓겨갈 때 가지고 가 현재 타이베이台北 국립고궁박물원國立故宮博物院에 소장되어 있다. 그러므로 현재 쯔진청의 원위안거에는 《사고전서》가 더 이상 남아 있지 않다.

원래 원위안거는 저장 성 닝보寧波에 있는 '톈이거天一閣'를 본떠 지은 것이다. 톈이거는 명 가정嘉靖 40년(1561)에 병부우시랑兵部右侍郎이었던 판친范欽이 천하의 선본들을 한데 모아 보관하기 위해 세운 장서각이다. '톈이天一'라는 말은 《주역》의 "천일이 물을 만들고, 지육이 땅을 이룬다天一生水, 地六成地"라는 말에서 나왔다. 책을 보관하는 건물에 불이 나면, 건물보다도 그 안에 보관되어 있는 소중한 문화 유산의 소실이 훨씬 더 문제가 된다. 따라서 불을 이기는 물을 만든다는 '천일天一' 이야말로 장서각에 더없이 좋은 이름이 된다. 나아가 오행에서 화火를 이기는 수水에 해당되는 색이 검은색이기 때문에, 톈이거의 지붕 역시 검은색이었다. 원위안거 역시 이를 따라 검은색 기와로 지붕을 올렸는데, 이것은 쯔진청 내 모든 건물의 지붕이 황제의 색인 황금색 일색이었던 것과 대비를 이룬다. 한편 원화뎬의 정반대 편에 있는 우잉뎬은 명말 반란을 일으켜 베이징을 함락시켰던 리쯔청李自成이 황제의 자리에 오른 곳으로 유명하다.

후침後寢의 삼궁三宮

보화전을 지나면 제법 넓은 뜰이 있는데, 바로 이곳이 전조와 후침을 가르는 완충지대 역할을 하는 곳이다. 후침은 구궁의 안뜰이라는 뜻으로 '내정內廷'이라고도 불렸는데, 앞서 말한 대로 황제와 황후의 일상생활이 이루어지던 주거공간이다. 이곳 역시 세 개의 주요 건물로 이루어져 있는데, 황제가 거주하는 '첸칭궁乾淸宮'과, 황후가 거주하는 '쿤닝궁坤寧宮', 두 사람이 만나 합방하는 '쟈오타이뎬交泰殿'이 그것이다.

'첸칭궁乾淸宮'은 내정의 정전이라 할 만하다. 황제의 침실과 일반 집무실로 사용되었으며, 전면이 9칸 측면이 5칸으로 이루어진 건물이다. 내부에는 정중앙에 황제가 앉는 보좌가 있는데, 금박을 하고 루비와 에메랄드로 상감했으며 팔걸이와 등받이는 모두 금룡으로 휘감았다. 그 뒤편으로는 순치제順治帝(재위 1644~1661)가 쓴 '정대광명正大光明'이라는 편액이 걸려 있다. 옹정제雍正帝(재위 1723~1735) 이후로는 이 편액 뒤에 황제가 내정한 계승자 이름을 써서 보관해 두었다가 황제가 사망하면 꺼내 보고 황제 계승자를 선포했다. 이것을 '태자밀건법太子密建法'이라고 하는데, 여기에는 그럴만한 내력이 있다.

이민족으로서 중원에 들어와 한족을 통치했던 만주족은 역대 왕조에 비해 비교적 후계자를 잘 뽑았다는 평을 듣고 있다. 그것은 한족 왕조가 적장자 상속을 채택했던 반면에, 만주족은 태자를 미리 정하지 않고 시간을 두고 보다가 황제의 아들 가운데 능력 있는 이를 선발해 황제로 옹립했기 때문이다. 그래서인지 청 왕조의 열두 명의 황제 가운데 장자로서 상속한 이는 한 사람도 없다. 여러 황제 가운데

1. 첸칭궁乾淸宮.

2. 정대광명正大光明 편액.

문제 있는 이가 전혀 없었던 것은 아니지만, 그럼에도 이민족 출신인 청이 정복 왕조로서 나름대로 오랜 기간 지속되고 나아가 이전 왕조를 능가하는 치적을 올릴 수 있었던 것은 바로 이런 상속 제도 때문이었다.

하지만 청나라 초기의 황위 계승이 순탄했던 것만은 아니었다. 청 왕조의 기반을 이루고 있던 것은 팔기제八旗制라고 하는 만주족만의 독특한 군대 및 호구 편제였다. 이것은 만주족 사회의 여덟 부족을 각각 기의 빛깔에 따라 정황正黃, 정백正白, 정홍正紅, 정람正藍과 양황鑲黃, 양백鑲白, 양홍鑲紅, 양람鑲藍의 팔기로 나눈 것이다. 청의 태조인 누르하치는 각각의 기의 기주를 자신의 아들 가운데서 임명하고 칸의 지위를 계승할 자격을 주었다. 이것은 나름대로 황태자를 미리 임명함으로써 생기는 정신적 해이를 방지하고 왕자들 사이에 건강한 긴장 상태를 조성하는 데 도움이 되기도 했지만, 다른 한편으로 각각의 기주들 사이에 끝없는 암투가 벌어지고, 기에 속한 기인들은 자신이 속한 기주에게만 충성을 하게 되는 단점도 있었다.

문제는 강희제康熙帝(재위 1662~1722) 때 일어났다. 강희제는 중국 역사상 가장 재위 기간이 길었던 황제로, 무려 61년간 황제의 자리에 있으면서 황후와 후비들에게서 35명의 아들과 20명의 딸을 두었다. 이렇게 많은 아들 때문에 강희제는 재위 내내 골머리를 앓아야 했는데, 처음에는 정식 황후의 소생인 인렁胤礽을 황태자로 책봉했다. 하지만 1703년 황태자 인렁의 외삼촌이자 정신적 지주였던 쒀어투索額圖가 체포되고 그 일당이 축출되는 사건이 벌어지면서 일이 묘하게 틀어지게 되었다. 정신적으로 의지하고 있던 외삼촌을 잃은 황태자가 황제의 눈에 나는 행동을 연이어 하자, 강희제는 1708년에 태자를 폐위하고 넷째 아들인 인전胤禛으로 하여금 그를 감시하고 구금하도록 했다.

이렇게 되자 잠복해 있던 황자들 사이의 갈등이 표출되기 시작해 사태는 걷잡을 수 없을 정도로 혼란에 빠지게 되었다. 황태자의 지위를 놓고 벌어진 아들 사이의 싸움에 놀란 강희제는 자신이 인령에게 준 벌이 죄에 비해 너무 크며, 그가 그렇게 된 것도 귀신이 씌웠기 때문이라 믿고 폐위시켰던 황태자를 다시 복위시켰다. 하지만 1712년에 황태자에 대한 좋지 못한 소문이 돌자 그를 다시 유폐시켰다. 그 후 10년간 남은 재위 기간 동안 강희제는 누구도 후계자로 임명하지

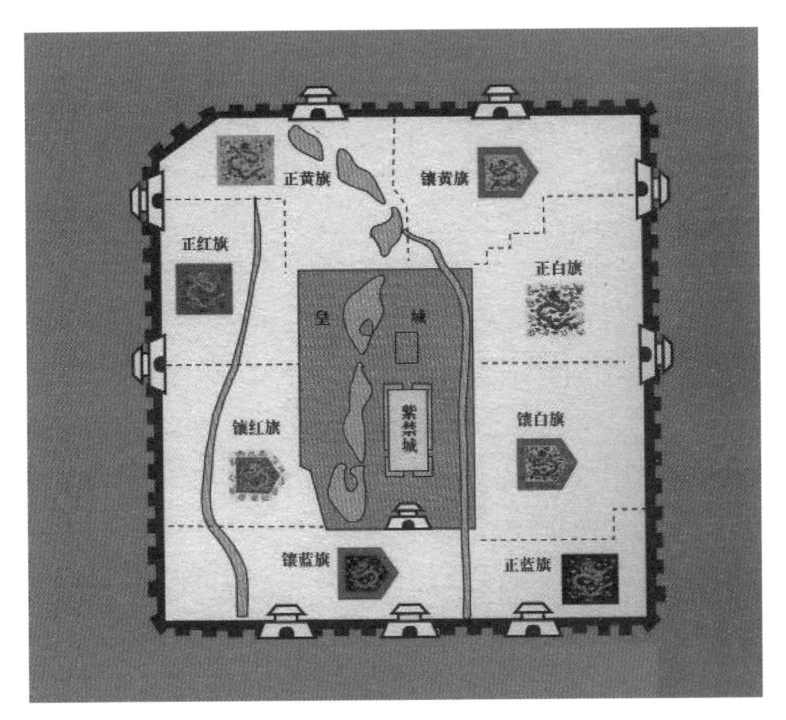

정도성 안의 팔기 배치도.

않았고, 이를 언급하는 신료는 엄벌에 처했다. 조정에는 이에 대한 소문이 무성해졌고, 강희제의 다른 아들들 주변에는 파벌이 생기게 되었다.

1717년 강희제는 신하들에게 다음과 같이 말했다. "이제 나는 병들어 신경질적이 되고 건망증이 심하다. 옳고 그름을 구분하지 못하고 나의 임무를 혼란스럽게 남겨 두었다는 두려움에 빠져 있다. 나는 국가를 위해 내 정신을 소진하고, 세계를 위해 나의 신념을 산산히 부수었다." 황제가 신하에게 한 말치고는 상당히 감상적이라 할 수 있는데, 그만큼 황제는 나라 안팎의 일과 자신의 후계자를 둘러싼 상황으로 심신이 피폐했던 것이다. 하지만 그 뒤로도 강희제는 5년을 더 살았는데, 1722년 11월 8일 위안밍위안圓明園에 머물던 황제는 찬바람을 맞고 열이 나면서 식은땀을 흘리더니, 그로부터 6일 뒤인 14일 밤에 갑자기 죽었다.

임종하기 며칠 전 강희제는 일곱 명의 아들과 베이징 성과 위안밍위안의 경비를 책임지던 보군통령步軍統領 룽커둬隆科多만 입회한 자리에서 넷째 아들인 인전을 후계자로 선포했다. 공교로운 것은 룽커둬가 인전의 손위 처남이라는 사실이다. 아무튼 룽커둬는 황제가 죽자 유해를 가마에 싣고 한밤중에 베이징으로 돌아와 쯔진청의 모든 궁문을 닫아걸고, 다른 황자들은 궁 안에 들어오지 못하게 했다. 그리고 11월 21일에 인전이 44세의 나이로 황제의 자리에 오르니, 그가 바로 옹정제다.

모든 것이 너무 서두르고 비밀에 싸인 채 진행되다 보니, 옹정의 즉위 과정에 대해 무수한 소문이 돌았다. 원래 강희제가 지명한 것은 열네 번째 황자였다고 한다. 그런데 인전이 '정대광명'의 편액 뒤에서 아버지의 유언을 훔쳐 '십사十四'라는 글자에서 '십十'의 획을 교묘하게 '우于'로 고쳐 네 번째 아들이라는 뜻으로 바꿨다는 것이다. 하지만 소문은 소문이고, 역사학자들은 황위 계승 과정에 별 문제가 없었을 것이라 단언하고 있다. 여러 억측에도 불구하고 선왕인 강희가 옹정을 신임했다는 증거가 여러 군데서 발견되고, 무엇보다 강희가 옹정보다는 그의 아들, 곧 손자인 홍리弘曆의 사람됨을 보고 그에게 황제의 자리를 물려주려고 그 아버지인 옹정에게 황위를 물려주었다는 것이다.

이야기가 길어진 감이 있지만, 어쩌겠는가? 원래 권력, 그것도 만인지상의 황제의 자리를 놓고 벌어지는 암투야 동서고금이 그랬던 것이니 중국이라고 다를 것은 없었을 터이다. 아무튼 옹정은 자신의 황위 등극을 둘러싼 이런 소문들에 대해 극도로 민감한 반응을 보였다. 그리고 어떤 죄의식에 의한 것이었든, 또는 원래 그 사람됨이 그래서였든, 옹정은 자신이 수행할 조정의 업무에 대해 매우 헌신적인 태도를 보였다. 새벽 4시에 일어나 7시까지 역사서를 읽은 뒤 아침 식사를 하고 오후까지 자신의 정치 고문들과 함께 회의를 갖다가 종종 자정을 넘긴 시간까지 서류를 읽고 조언을 했다. 그의 유일한 오락은 불교 예식에 헌신적인 자세로 참여하는 것과 베이징 서북부에 있는 황실 정원에서 휴식을 취하는 것이었다.

옹정제는 살아생전 황위를 놓고 형제들과 싸움을 벌였던 과거를 반성하고, 부왕인 강희제가 임종 시까지 갈팡질팡하다 임종 때가 돼서야 황태자를 지명함으로써 빚어진 여러 혼란에 대해 깊이 숙고한 뒤 나름대로 이에 대한 대비책을 세웠다. 그것은 황제가 살아생전에는 황태자를 공표하지 않고 그 이름을 휼갑鐍匣에 넣어 봉한 뒤 쳰칭궁의

'정대광명' 편액 뒤에 보관했다 황제가 서거한 뒤 꺼내 공개한, 이른바 '태자밀건법'이었다. 결과적으로 이 제도를 통해 청 왕조는 다른 왕조에 비해 그래도 어리석은 천자가 덜 배출되었다고 한다.

황제에 대한 이야기는 그만하고, 황후에 대한 이야기로 쯔진청에 대한 소개를 마무리하고자 한다. 전통적인 관념으로는 황제가 하늘이라면 황후는 땅에 해당한다. 그래서 황제가 거주하는 곳은 하늘을 의미하는 '건乾' 자가 들어간 '첸칭궁乾清宮'이고, 황후가 거주하는 곳은 땅을 의미하는 '곤坤' 자가 들어간 '쿤닝궁坤寧宮'이다. 그 사이에 있는 것은 두 사람이 만나는 장소인 '쟈오타이뎬交泰殿'인데, 황제와 황후는 아무 때나 합방을 할 수 없었고, 반드시 날을 받아 길일에만 함께 이곳에서 밤을 보냈다.

황후의 침궁인 '쿤닝궁'은 명대까지는 실제로 황후가 거주했으나, 청초에 선양沈陽에 있는 황궁을 모방해 다시 지어진 뒤로는 황후의 침실이 아니라 여러 신에게 제사(조제朝祭, 석제夕祭, 춘추대제春秋大祭 등) 지내는 사당으로 쓰였다. 한편 황제의 비빈들은 이곳을 중심으로 양옆으로 분포된 동륙궁東六宮과 서륙궁西六宮에 기거했는데, 이 때문에 '삼궁육원三宮六院'이라는 말이 나오게 되었다.

쯔진청은 하늘의 뜻을 전하는 대리인인 천자가 거주하는 공간으로, 베이징뿐 아니라 전 중국의 중심이 되는 곳이었다. 천자는 무소불위의 권력으로 군림했지만, 다른 한편으로는 그러한 권력을 둘러싸고 끝없는 암투가 벌어지는 가운데 한순간도 마음을 놓을 수 없는 긴장 속에서 살았다. 또한 궁중 속의 여인들은 온갖 사치를 다하면서 인간이 누릴 수 있는 부귀영화를 한 손에 쥐고 살았는지 모르지만, 한편으로는 황제의 환심을 사기 위한 암투와 골육상잔이 끊이지 않았고, 다른 한편으로 구궁에 한번 발을 들여놓게 되면 죽을 때까지 바깥세상으로부터 절연된 상태에서 살아야 했으니, 개인적으로는 비빈으로 간택되어 궁궐로 들어간다는 것이 과연 기뻐해야 할 일인지 슬퍼해야 할 일인지 판단하기 어려운 일이었는지 모른다. 그리하여 자객의 틈입을 염려하여 주변에 나무 한 그루 심어 놓지 않은 구궁의 가을은 깊어만 가는데, 구중심처에 살고 있는 사람들의 은원恩怨 역시 바닥을 알 길 없는 심연 속으로 침잠해 들어갔던 것이다.

구궁 안의 높은 담장.

금단의
땅

황제들의 성역, 타이예츠太液池

아직 한기가 채 가시지 않은 차가운 바람 속에서도 영락없이 느껴지는 훈기는 봄이 그리 멀지 않았음을 예견케 한다. 멀리 베이징 서쪽 교외 시산西山에서 꽃향기가 날려오고, 퉁저우通州의 운하에서 얼음 풀리는 소리가 귓가를 간질이면 봄은 이미 저만큼 다가온 것이다. 건조한 베이징의 공기가 물을 머금는 것도 봄이다. 베이징의 건조한 공기는 악명이 높은데, 익숙치 않은 사람은 자고 나면 컬컬해지는 목을 풀기 위해 잠자리에서 일어나자마자 뜨거운 차를 찾게 된다. 공기가 건조하다 보니 먼지도 잘 일어, 베이징에 살다 보면 한바탕 먼지와의 전쟁을 치러야 한다. 하루 종일 쓸고 닦아도 돌아보면 언제 그랬냐는 듯이 먼지가 뽀얗게 앉아 있다. 혹여 밖에서 먼지가 들어올세라 아무리 창문을 꼭꼭 닫아걸어도 먼지는 소리 없이 쌓여만 간다. 아무래도 먼지는 틈새로 들어오는 게 아니라 유리창을 투과해 스며드는 게 아닌가 하는 착각을 일으킬 정도다. 봄비라도 한바탕 쓸고 지나가면 그

제야 베이징의 먼지는 숨을 죽이지만, 건조한 공기는 밝고 화사한 햇살 아래 여전히 탱탱한 긴장감을 품고 있어 손가락으로 톡 치면 쨍하고 금속성 소리를 낼 듯하다.

도시의 공기는 사람을 자유롭게 한다는 말이 있지만, 봄의 따사로운 공기는 사람의 마음을 달뜨게 한다. 베이징 서쪽 교외 시산西山의 먀오펑산妙峰山에서 꽃 소식이 들려올 때면, 겨우내 움츠린 어깨를 펴고 어디론가 훌쩍 떠나고 싶어진다.

사람들은 베이징을 삭막한 도시라 하지만, 녹지율은 서울보다 높은 편이다. 도심에는 시민들이 찾아갈 만한 공원도 많고, 쉼터가 되어 주는 호수도 제법 있다. 베이징 사람들은 베이징 중심부에 있는 호수에

베이징 북쪽 베이하이北海의 백탑白塔에서 바라본 시가.

모두 바다라는 명칭을 붙였다. 이를테면, 현재 중국 정부의 요인들이 살고 있는 집단 주거 지역인 중난하이中南海와 그 북쪽에 있는 베이하이北海, 그리고 쳰하이前海와 허우하이後海 등이 그러하다. 예전에는 중난하이와 베이하이를 하나로 묶어서 '타이예츠太液池'라고 불렀고, 쳰하이와 허우하이는 '스차하이什刹海'라 불렀다.

'타이예츠'는 금나라 때부터 역대 왕조의 황궁의 중심지로 누대에 걸쳐 공들여 가꾸고 건물을 세워 베이징에 있는 여러 황실 공원들 가운데서도 가장 빼어난 아름다움을 자랑한다. 놀라운 것은 오랜 세월을 거쳐 오면서 수많은 전란과 왕조의 부침을 겪었음에도 별다른 손상을 입지 않고 예전 모습을 그대로 간직하고 있다는 사실이다. 따라

도심에 있는 스차하이什刹海에서 낚시를 즐기는 베이징 사람들.

서 '타이예츠'는 명청대뿐 아니라 그에 앞선 요나라와 금나라, 원나라 등 이곳을 근거지로 삼아 번성했던 여러 왕조의 유물과 건축 양식을 한꺼번에 감상할 수 있는 거의 유일한 곳이다.

하지만 이곳은 황궁에 속했기 때문에, 예전에는 일반인들이 드나들 수 없는 통금 구역이었다. 어찌 이곳뿐이었으랴. 지금은 누구라도 베이징 시내 곳곳을 마음대로 돌아다닐 수 있지만, 사실 봉건왕조시대에 베이징에 살았던 백성들은 마음대로 숨쉬고 돌아다닐 만한 곳이 그리 많지 않았다. 예전의 베이징은 황궁을 중심으로 동성東城과 서성西城으로 나뉘어 있었다. 양쪽 지역에 거주하는 사람들이 서로 왕래할 때는 황성을 돌아서 다니든가 또는 첸먼前門 주변이나 허우먼後門(곧 디안먼地安門)을 지나다녀야 했다. 양쪽 지역을 이어 주는 둥창안다제東長安大街와 시창안다제西長安大街 및 그 사이에 있는 톈안먼 일대는 통행이 금지된 곳이었다. 물론 베이하이 공원 앞쪽의 대교大橋 일대도 지나다닐 수 없었다.

수도인 베이징의 주인은 오직 한 사람이었고, 활개를 펴고 마음껏 도시의 공기를 자유롭게 호흡한 사람도 오직 한 사람, 황제뿐이었던 시절의 얘기다. 그렇다면 청대에 백성들이 갈 수 있는 곳은 어디였을까? 하나는 스차하이什剎海였고, 다른 하나는 베이징 서남쪽에 있는 타오란팅陶然亭이었다. 교외로 나가더라도 황실의 정원이었던 이허위안頤和園과 심지어 샹산香山까지도 일반 백성은 접근할 수 없었다. 신해혁명이 성공하고 봉건왕조인 청이 멸망하자 금단의 구역도 모두 일반인들에게 개방되어 공원이 되었다. 그래서 예전에는 일반 백성들이 감히 범접을 할 수 없었던 '베이하이' 역시 현재는 공원으로 개방되어 수많은 베이징 시민들의 사랑을 받고 있다. 하지만 '중난하이'는 신중국(1949년 국민당과 공산당의 내전이 끝나고 수립된 중화인민공화국을 중국 사람들은 '신중국'이라 부른다) 수립 이후에도 계속 공산당 지도부의 집단 거주지로 사용되었기 때문에 1980년 이전에는 일반에게 전혀 공개되지 않았다. 물론 현재도 이 지역에는 중국의 핵심부 인사들이 살고 있지만, 일부 구역은 공개되어 관광객을 맞고 있다.

츙다오의 봄 경치瓊島春陰

베이징을 수도로 삼은 첫 번째 왕조인 요나라는 지금의 베이하이 자리에 궁을 세웠고, 역시 베이징을 수도로 삼았던 금나라 조정은 이곳에 호수를 파고 인공적으로 섬을 만들어 츙화다오瓊華島라 부르고 그 위에 정자를 세웠다. 원나라 때에는 호수를 타이예츠太液池라 부르고 츙화다오를 완서우산萬壽山이라 불렀다. 원나라의 쿠빌라이 칸은 츙화다오를 세 차례나 확장하고 아예 그곳에 황궁을 짓고 도시의 중심으로 삼아 도시를 건설했다. 청나라 때는 산 정상에 백탑을 세운 뒤 바이타산白塔山이라 불렀고, 현재는 예전의 츙화다오라는 명칭을 줄여 그냥 츙다오瓊島라 부른다.

츙다오의 동쪽은 건물이 많지 않은 대신 수목이 무성하다. 봄이 되면 나무들에 물이 오르고 연두색 신록이 짙어가면서 그 푸르름이 뚝뚝 듣는 듯하다. 사람의 발길이 별로 닿지 않는 고요한 호수 위에는 연잎이 떠있는데, 바람이 일으키는 잔물결은 이곳이 속세가 아닌 양 시름을 잊게 한다. 그래서 사람들은 이곳의 아름다움을 '베이징의 유명한 여덟 가지 경치燕京八景' 가운데 하나로 손꼽았다. 현재 이곳에는 당년에 건륭 황제가 친필로 하사했다는 '충다오의 봄 경치瓊島春陰' 비가 서 있다.

'경도춘음' 비에는 이곳의 경치를 읊은 시가 새겨져 있는데, 그 내용은 다음과 같다.

> 충화다오의 무성한 그늘 높게 드리우고
> 봄날의 옅은 그늘 봄빛이 완연한데
> 구름은 봉루에 걸리고 소나무 그림자 가리우니
> 서기는 산 속에 어리고 대나무는 흔들거리네.
> 금원을 낮게 굽어보니 이끼는 물이 올라
> 멀리 교외의 들판엔 파릇한 보리 싹
> 다시금 구름 드리운 구중 심처 바라보니
> 호시절 구소의 노래 소리 들려오네.
>
> 瓊華瑤島鬱嵯峨, 春日輕陰景色多.
> 雲護鳳樓松掩映, 瑞凝山掌竹婆娑.
> 低臨禁苑滋苔蘚, 遠帶郊畿蔭麥禾.
> 更向五雲最深處, 好風時送九韶歌.

중국의 도시에는 어디라 할 것 없이 도심에 공원이 잘 조성되어 있어 중국의 도시는 공원의 도시라 해도 지나친 말이 아니다. 이 점에서는 베이징 역시 예외가 아닌데, 베이징 지도를 보면 곳곳에 산재해 있는 많은 공원과 녹지가 눈에 띈다. 베이징을 돌아다니다 보면 아침저녁으로 때를 가리지 않고 이런 공원에서 음악에 맞춰 함께 춤을 추거나, 태극권이나 칼춤을 연습하는 사람들을 보게 된다. 재미있는 것은 함께 춤을 추는 사람들이 꼭 아는 사람이 아니라는 것이다. 우리 같으면 모르는 남녀가 백주 대낮에 서로 손을 잡고 뺑뺑이를 돌다 보면 가정 파탄 날 일이 많겠지만, 베이징에서는 아무도 그렇게 보지 않고 그저 심상한 일상의 하나로 치부할 뿐이다.

금단의 땅에서 공원으로 새롭게 태어난 베이하이 역시 베이징 시민들의 발길이 끊이지 않는 명소로 이곳에 가면 느긋한 마음으로 그들의 평범한 일상을 같이 호흡할 수 있다.

퇀청團城의 정이품송

현재 베이하이 공원으로 들어가는 문은 몇 개가 있는데, 그 가운데 정문에 해당되는 것은 남문이다. 그런데 남문 바로 옆에는 또 하나의 문이 있으니, 이곳이 퇀청團城이다. 퇀청은 베이하이 공원에 딸려 있는 부속 건물인 셈인데, 높이 4.6미터의 성벽으로 이루어진 구역이다. 본래는 베이하이에 속해 있는 섬이었다고 하는데, 현재 섬의 면모는 찾아볼 길이 없다.

퇀청의 주요 건물은 청광뎬承光殿으로, 규모는 작지만 그 나름대로 단아한 아름다움을 지니고 있다. 그런데 정작 청광뎬이 유명하게 된 것은 건물 자체보다도 이 건물 안에 보관되어 있는 옥불玉佛 때문이다. 이것은 청나라 말엽에 밍콴明寬이라는 중이 미얀마에서 들여와 서태후에게 바친 것이라 한다. 이 옥불은 영험이 있다는 소문이 나서 많은 사람들이 참배를 하고 있는데, 중국의 불상과는 전통적인 다른 분위기를 느낄 수 있다. 린위탕은 이것을 두고, “서양인들에게는 ‘모나

리자의 미소를 짓는' 옥불"[5]이라고 했거니와, 실제로 옥불의 입가에 어린 미소는 그런 찬사에 값한다 하겠다.

청광뎬 앞에는 작은 전각 안에 특이한 모습의 커다란 항아리가 놓여져 있는데, 이것이 유명한 위웡玉甕, 곧 옥 항아리다. 이 옥 항아리의 별명은 '독산대옥해瀆山大玉海'라 하는데, 무게가 3,500여 근에 달한다. 이것은 원래 원의 세조 쿠빌라이에게 바쳐진 것이었는데, 한 연회에서 아끼던 공신에게 하사했던 것이 민간으로 흘러들어 갔다가 나중에 청대에 이르러 건륭 황제가 이것을 보고 천금을 들여 사들인 뒤, 이곳에 보관했다고 한다.

청광뎬 주위에는 몇 그루의 나무가 심어져 있어 더운 여름날 땀을 식혀 주는 그늘을 드리우고 있다. 이 가운데 한 그루는 건륭 황제가 이곳에 왔을 때, 시원한 그늘을 제공해 주었다 하여 그 공로로 제후에 봉해졌다. 이름하여 '차음후遮陰侯', 곧 '햇빛을 차단하는 그늘을 만들어준 제후'가 바로 이것이다. 이것은 마치 우리 역사에서 세조가 속리산 법주사로 행차할 때 타고 있던 가마가 이 소나무 아랫 가지에 걸릴까 염려하여 "연輦(임금이 타는 수레)이 걸린다"고 말하자 소나무가 스스로 가지를 번쩍 들어올려 어가御駕를 무사히 통과할 수 있게 해 세조가 이 소나무에 정2품 벼슬을 내렸다는 '정이품송'의 고사와 비슷하다.

1. 베이하이北海의 츙다오瓊島.

2. 경도춘음瓊島春陰 비.

3. 베이하이 공원에서 춤을 추고 있는 사람들.

4. 아직 찬기운이 가시지 않은 초봄의 베이하이 공원에서 커다란 붓을 물에 적셔 길 바닥에 글씨 연습을 하는 사람.

5. 퇀청團城.

6. 청광뎬의 옥불.

7. 위웡玉甕.

4
5
6
7

차음후遮陰侯.

권력의 핵심부, 중난하이中南海

타이예츠는 '진아오위둥챠오金鰲玉蝀橋'를 사이에 두고, 북쪽의 베이하이北海와 남쪽의 중난하이中南海로 나뉜다. 예전에는 모두 일반 백성들의 접근이 불가한 성역이었는데, 현재 공원으로 개방된 베이하이와 달리 중난하이는 여전히 높은 담장으로 둘러싸인 채 사람들의 발걸음을 거부하고 있다.

> 여기에서부터 큰 물이 보이되 넓이가 50~60보는 넘으니, 이는 곧 태액이라. 좌우에 석축이 극히 정제하고, 물 가운데 큰 돌다리를 건너 놓았으되 옥 같은 흰 돌로 온갖 만물의 형상을 새겨 좌우 난간에

중국 권력의 핵심부로 현재 중난하이는 일반에게 공개되지 않고 있다. 베이하이에서 바라본 중난하이의 모습. 가운데의 다리가 베이하이와 중난하이를 나누는 진아오위둥챠오金鰲玉蝀橋다.

베풀고, 다리 두 편에 패루를 세웠으니, 동쪽은 '옥동' 두 자를 새기고, 서쪽에는 '금오' 두 자를 새겼으니, 붉은 기둥과 푸른 기와가 물에 비추어 빛나더라. 수레를 몰아 다리에 머무르니, 보는 바가 황홀하여 비록 하늘이 지은 것이 아니요 사람의 재주로 사치를 극진히 하였으나, 또한 대국 역량을 볼 것이요, 천자의 기구를 짐작할러라. 물에 얼음이 풀렸는지라. 비록 물빛이 맑지 못하나, 바람에 희미한 물결이 비단 같고, 노는 오리들이 무리를 지어 쌍쌍이 출몰하니, 은밀히 비치는 자연의 경관이라. 성시진애 가운데 이 같은 승지가 있음을 짐작하지 못할러라(서유문, 《무오연행록》 제5권).[6]

타이예츠의 남쪽 부분인 중난하이는 역대로 중국의 최고권력자들이 거주하는 지역으로 유명하다. 신중국 이후에는 중국공산당의 중앙위원회와 국무원 청사가 있었고, 현재도 중요한 정부기관과 주석 등 국가지도자 급 인사들의 거처로 사용되고 있는 중국 권력의 핵심부라 할 수 있다. 중난하이가 권력의 심장 역할을 한 것은 현재 베이징의 토대를 마련한 명의 영락제 때로 거슬러 올라간다.

원래 금나라 때의 행궁行宮이었고, 원나라 때는 쿠빌라이 칸이 아름다운 경관을 즐기기 위해 내원內苑으로 삼았던 이곳을 아직 황제의 자리에 오르지 않았던 연왕燕王 주디朱棣가 자신의 관저로 삼았던 것이다. 그 이후로 중국의 권력자들이 이곳을 거쳐 갔다. 하지만 이곳을 거쳐 간 인물들 중에는 비극적인 최후를 맞은 사람도 있고, 개인적인 차원에서 영욕을 모두 맛본 사람도 있다.

18세기 건륭제 때 최극성기를 맞은 바 있는 중국은 이후 불과 40년 뒤에 벌어진 아편전쟁에서 굴욕적인 패전을 당하지만, 그럼에도 자신들이 세계의 중심이라는 인식을 버리지 못했다. 패전의 원인은 단지 군사상의 실패에 있을 뿐 중국은 여전히 대국이고 강력한 힘을 갖고 있다고 믿었던 것이다. 그러나 태평천국의 난(1850~1864)을 비롯해 수 없이 벌어진 내부의 반란 세력을 스스로 진압하지 못하고 영국이나 프랑스의 연합군 등의 힘을 빌려 격퇴시키자 서구 열강의 군사적인 우위를 확실하게 인식하고 자강自强을 도모하게 된다. 하지만 자신들이 부족한 것은 물질적인 데 있을 뿐 자신들이 지키고 있는 정신적인 가치는 여전히 유효하다는 생각을 버리지 못했다. 그리하여 정신적인 것은 중국 것을 본으로 삼고 서양에서는 실용적인 것만 배워 오면 된다는 식의 개혁운동을 벌이게 된다. 이러한 생각을 '중체서용中體西用' 이라 하고 이에 바탕해 추진한 개혁운동을 '양무운동洋務運動' 이라 부른다.

그러나 '양무운동' 은 기껏해야 서구의 하드웨어를 도입하는 데 그쳐 별다른 효과를 보지 못했다. 실제로 양무운동의 일환으로 유럽에서 군함을 도입했지만, 정작 이 군함을 운용할 수 있는 인력이 없어 비싼 돈을 주고 어렵사리 들여온 군함을 그저 놀릴 수밖에 없는 상황이 벌어졌던 것이다. 그리하여 서구의 헌법을 들여오고 입헌제 등에 대해 심각하게 고민하는 등의 제도적인 개혁은 양무운동이 시작된 지 약 30여 년이 지나서 시작되었다. 하지만 그러한 고민 역시 청일전쟁의 패전이라는 비싼 수업료를 치르고 나서 비로소 갖게 되었다는 데 중국 현대사의 비극이 숨어 있는지도 모른다. 아무튼 청일전쟁에서 패한 뒤 중국의 지식인들은 단순히 서구의 문물을 모방하는 식의 현대화로는 중국이 처해 있는 어려움에서 벗어나기 힘들다는 사실을 깨닫게 되었다.

그 대처 방안을 놓고 봉건왕조를 그대로 유지하면서 개혁을 추구하자는 '변법파變法派'와 아예 만청 정부를 전복하고 공화국를 수립하자는 '혁명파'가 등장했다. '변법파'는 캉유웨이康有爲와 량치차오梁啓超 등이 주도적으로 활동했고, '혁명파'는 쑨원孫文과 같은 인물이 대표적이었다. 우선 행동을 개시한 쪽은 변법파였다. 이들은 '광서제'를 도와 여러 가지 개혁안을 제시하고 실행에 옮겼다. 그러나 결론부터 말하자면, 이들 '변법파'의 개혁은 100일 천하로 끝나고 말았다. 당시 실권자인 서태후 츠시慈禧와 그에 빌붙은 위안스카이에 의해 변법파는 체포 살해되거나 해외로 망명을 가고 광서제는 중난하이의 잉타이瀛臺에 유폐되어 죽을 때까지 나오지 못했다. 심지어 1900년 의화단의 난으로 서태후가 잠시 시안西安으로 쫓겨 갈 때도 광서제를 강제로 끌고 갔다.

시안西安은 만두가 유명하다. 서태후 츠시는 시안으로 도피했을 때 사진 속의 가게에서 만든 만두를 맛보고는 대단히 흡족해했다고 한다. 지금도 이 가게에는 츠시가 먹은 만두를 판다는 것을 자랑으로 내세우고 있다.

이때 츠시는 사세불급하여 황제의 비빈들은 황궁에 두고 가려고 했는데, 광서제가 가장 아끼고 사랑하던 진비珍妃가 황제 곁을 떠날 수 없다며 같이 데려가 달라고 울며 매달리자 그녀의 팔과 다리를 잘라 우물 속에 빠뜨려 버렸다. 구궁에는 지금도 진비를 빠뜨렸다는 우물인 진비정珍妃井이 남아 있어 처참했던 그날의 참상을 떠올리게 한다. 혹자는 서태후가 진비를 죽인 것은 광서제의 총애를 받고 있었기 때문이라기보다 진비가 너무 똑똑했기 때문이었을 거라 주장하기도 했다. "궁중에서 총명한 여자는 한 사람으로 족했던 것이다."[7]

결국 광서제는 자신의 유일한 안식처였으며, 평생 유일하게 사랑했던 여인마저 잃고 모든 것을 포기한 채 술에 빠져 살았다. 광서제의

구궁에 있는 진비정珍妃井.

비참한 삶은 1908년 서른 여덟의 젊은 나이로 끝을 맺는데, 그것은 공교롭게도 서태후 慈시가 죽기 하루 전이었다. 이것을 우연이라고 해야 하나? 후대 사람들은 서태후가 광서제를 독살한 것이라 굳게 믿고 있다. 서태후는 일흔 여섯의 나이에 죽었으니 천수를 누렸다고 할만하다. 아이러니한 것은 慈시가 죽기 전에 "앞으로는 절대 여자가 정사를 농락하는 일이 없어야 한다"는 유언을 남겼다는 사실이다.

중난하이에 살았던 또 한 사람의 비극적인 인물은 건륭제 때 위구르 지방에서 데려온 향비香妃다. 향비는 몸에서 좋은 냄새가 난다고 붙여진 이름으로 원래의 이름은 용비容妃였다. 타고난 미모 때문에 건륭제는 향비를 총애했지만, 정작 향비는 물 설고 낯선 땅에 적응하지 못하고 무척 힘들어했다고 한다. 이에 건륭제는 향비의 고향인 위구르 지역 사람들을 일부 베이징으로 이주시켜 살도록 하고 그곳 음식을 따로 만들고 옷도 전통복장을 입게 하는 등 각별히 신경을 썼다.

중난하이에 있는 바오웨러우寶月樓는 바로 향비가 살았던 누각으로, 누각에 오르면 북쪽으로 셴산仙山이 보이고 남쪽으로는 창안다다오長安大道의 번화한 시장풍경을 볼 수 있다. 곧 선계仙界와 인간 세계를 동시에 볼 수 있는 곳이었다. 이것은 향비를 위한 건륭제의 배려였을 것이다. 향비의 고향 위구르 지역은 지금도 가자면 많은 시간이 걸리는데, 하물며 교통이 불편한 당시였음에랴. 더구나 아무리 호의호식을 한다 한들 여자들은 궁중에 한번 들어가면 죽을 때까지 나올 수 없었다. 지금도 위구르의 카스갈에 가면 향비묘가 남아 있다. 하지만 실제로 향비는 건륭제의 무덤인 유릉裕陵의 일부이자 건륭제의 비빈들이 묻힌 유릉비원침裕陵妃園寢에 묻혔다.

톈안먼天安門 광장에 서서

베이징의 배꼽, 톈안먼

앞서 살펴본 대로 베이징은 단순한 취락도시가 아니라 한 나라의 수도로서 강력한 국가 권력, 곧 거버멘탈리티Govenrnmentality가 현실 속에 구현된 일종의 '정치적 진술Political Statement'이라 할 수 있다. 이렇듯 정치성 현현의 장으로서 베이징은 현대에 이르러 사회주의 신중국의 건설과 함께 큰 변화를 겪게 된다. 잘 알려져 있듯이 도무지 상대가 될 것 같지 않았던 국민당과의 싸움에서 승리한 중국공산당 정권은 자신들의 사회주의 권력의 상징으로서 베이징을 새롭게 개조하고 건설했다. 그 가운데서도 베이징의 중심에 위치한 톈안먼 광장은 이러한 통치 권위의 전이가 극적으로 드러나는 좋은 예라 할 수 있다.

톈안먼 광장은 중국의 수도 베이징의 한 가운데, 인체로 말하자면 배꼽, 곧 옴팔로스omphalos[8]에 해당하는 곳으로 중국의 수도 베이징이 이미 중국의 배꼽이니 톈안먼 광장은 배꼽 중의 배꼽인 셈이다. 그런 까닭에 봉건왕조시대에는 황제가 조령을 반포한 곳이 톈안먼이었고, 황제가 매년 동지에 하늘에 제사지내기 위해 톈탄天壇에 가거나, 하지에 땅에 제사지내기 위해 디탄地壇에 가고, 몸소 밭갈이하러 셴눙탄先農壇에 갈 때도 이 문을 통해 나갔다. 현대사에서는 마오쩌둥毛澤東이 국민당 군과의 내전을 끝내고 톈안먼 성루에 서서 '중화인민공화국'의 성립을 공식적으로 선포하면서, "중국 인민은 일떠섰다"고 외쳤다. 이밖에도 톈안먼은 중국 현대사의 격변의 중심지에 서서 수많은 사건들을 말없이 바라보았다.

이런 상징성 때문에 많은 이들이 베이징에 오면 가장 먼저 톈안먼을 찾게 된다. 톈안먼 앞에는 돌로 만든 비석 비슷한 '화표華表'가 서 있어 마치 톈안먼을 찾는 사람들을 맞이하는 듯하다. 화표는 한백옥漢白玉이라는 석재로 만들어졌는데, 한백옥은 베이징 서남쪽에 위치한 팡산 현房山縣에서 나오는 대리석 비슷한 백색의 석재로 궁전 건축에 많이 쓰이는 돌이다. 베이징을 돌아다니다 보면 이 한백옥으로 만들어진 석물들을 많이 볼 수 있다.

톈안먼에는 앞쪽에 두 개, 뒤쪽에 두 개, 모두 4개의 화표가 있는데, 기둥에는 빙 돌아가며 구름이 조각되어 있고, 그 사이에 거룡이 서려 있다. 또 화표 위에는 후吼라는 전설상의 동물이 조각되어 있는데, 톈안먼 앞쪽에 있는 것은 황제가 궁을 나선 뒤 오래도록 돌아오지 않으면 어서 돌아와 정사를 돌볼 것을 권유한다는 의미에서 '망군귀望君歸'라 하고, 톈안먼 안쪽에 있는 것은 궁 안에만 머물며 안일한 생활에 빠져 있는 황제로 하여금 궁궐 밖에 나가 백성들의 삶을 살피라는 뜻에서 '망군출望君出'이라 부른다. 중국에는 수많은 화표들이 건물 앞에 서 있지만, 톈안먼 앞에 있는 화표야말로 이들 화표들 가운데 으뜸이며, 가장 정교하고 아름다운 것으로 손꼽히고 있다.

1. 톈안먼天安門 앞의 화표華表.

2. 가까이서 본 화표華表.

일설에는 이러한 화표가 중국 상고시대 요임금과 순임금시대에 왕이 간언을 받아들이는 표시로 세운 것이거나, 도로를 표시하는 나무 기둥이었다고 한다. 이러한 나무 기둥은 도로의 교차 지점에 세우는데, 기둥 상단 부분에는 두 개의 나무를 십자로 교차시켜 방향을 표시했으며, '환표桓表'라고도 불렀다. 또 군주에 대한 비판적 건의를 써서 걸어둘 수도 있었는데, 이때는 '방목榜木'이라 불렀다. 이 화표 때문일까? 중국 현대사에서 민의가 폭발적으로 분출된 대사건들은 거의 대부분 이곳 톈안먼 광장에서 일어났다. 가장 최근만 하더라도 1989년의 톈안먼 사태를 비롯해 1976년 사인방의 몰락을 가져 온 또 다른 톈안먼 사태까지…… 그만큼 중국 현대사에서 톈안먼 광장이 갖는 정치적 함의는 크다고 할 수 있다.

톈안먼 광장의 탄생

중화민국 8년(1919) 6월 5일 오후 3시쯤 나는 베이츠쯔北池子에서 남쪽으로 걷다가 첸먼에서 몇 가지 물건을 사야겠다는 생각이 떠올랐다. 종인부宗人府의 담장 사이로 난 좁은 길을 걸어 가다 행인들이 매우 많은 것을 보고, 나는 괴이쩍다고 느꼈다. 경찰청 앞에 도달하니 양쪽의 보도는 사람으로 가득 찼는데, 대로 한가운데에는 수많은 군경들이 서 있었다. 다시 앞으로 가서 보니 장삼을 입은 소년들이 무리 지어 있었는데, 각각의 무리마다 국기를 하나씩 들고 거리 한 가운데 서 있었으며, 주위는 모두 군경들이었다. ……생각지도 못하게 갑자기 누군가 무슨 "북쪽으로 가자!"라고 말하는 소리가 들리더니 뒤에서 말발굽 소리가 들리고, 내 오른쪽 어깨 쪽에 누런 말 대가리가 부딪힌 것 같았다(저우쭤런周作人, 〈첸먼에서 기마대를 만났던 기록〉, 《베이징이여北京乎》, 싼롄서점三聯書店, 7~8쪽).

당황한 저우쭤런은 주위에서 친절한 군경에게 물어 톈안먼에서 천보랑을 따라 남쪽으로 가서 중화먼中華門을 지나 첸먼에 당도할 수 있었다.

1919년 당시는 '5·4운동'의 여파가 아직 남아 있던 시점으로 학생

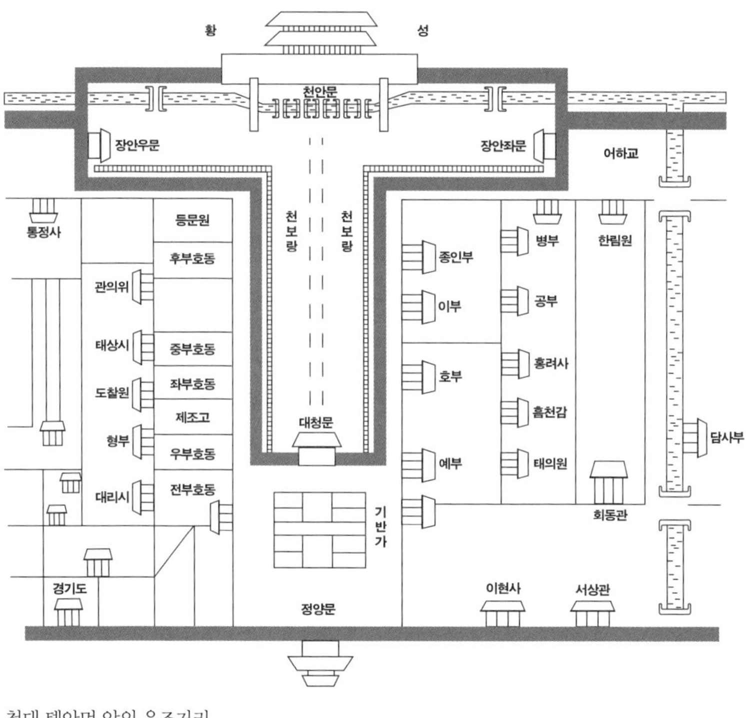

청대 톈안먼 앞의 육조거리.

들의 시위가 간헐적으로 일어나고 있었다. 저우쭤런은 생각지도 못하게 톈안먼 쪽으로 갔다가 그 시위의 현장을 목격했던 것이다. 여기서 우리는 두 가지 중요한 사실을 알 수 있다. 첫째, 예전에는 일반 백성들의 출입이 엄금되었던 톈안먼 일대가 이미 일반인들에게 개방되었다는 것이고 둘째, 당시에는 아직 중화먼과 창안쭤먼長安左門, 창안유먼長安右門이 남아 있었다는 사실이다. 곧 당시 톈안먼 일대의 모습은 현재 우리가 보고 있는 것과 많이 달랐다.

톈안먼을 나서면 좌우로 창안쭤먼과 창안유먼이 있고, 그 남쪽으로는 육조 관아가 자리한 쳰부랑千步廊이라는 회랑이 길게 뻗어 있는데, 정남향에 중화먼이 그 공간을 닫아걸어 T자형의 공간을 완성했다. 이 공간은 철저하게 황제의 통치를 위해 마련된 것으로 일반 백성들의 발길을 허락하지 않는 금단의 땅이었다. 그러나 중화먼 이남의 땅은 온갖 종류의 상점들이 들어서 있어 번화한 저자거리를 형성하고 있었다. 한마디로 크다고 할 수도 그렇다고 작다고 할 수도 없는 어중간한 크기의 중화먼은 황제의 권력이 체현된 근엄한 공간과 일반 백성들의 삶의 활기가 넘쳐나는 시끌벅적한 속세를 나누는 하나의 경계선이었던 것이다.

그러나 신해혁명으로 청왕조가 문을 닫자 영원히 넘을 수 없는 철벽과도 여겨졌던 경계가 무너지고 톈안먼 앞 광장은 그저 평범한 일상의 공간이 되어 버렸다. 1912년 중화민국이 성립하고 그 이듬해에 톈안먼 일대에는 변화가 찾아왔다. 황제가 사라지고 그 황제의 권력을 지탱해 주던 왕조의 권력이 소멸하자 가장 먼저 황제의 수족이 되어 임무를 수행하던 수많은 관원들의 집무실 역할을 했던 쳰부랑이 철거되었다. 그리고 이전에는 언감생심 꿈도 꿀 수 없었던 일반 백성들의 발길이 이어졌다. 바로 이런 과정을 거쳤기에 이곳에서 1919년 5월 4일의 사건이 일어날 수 있었던 것이다.

> 그(주치첸朱啓鈐)는 다칭먼大清門(곧 중화먼) 안의 동서 첸부랑, 창안쭤먼, 창안유먼의 한백옥석으로 된 난간 및 양측의 궁궐 담을 철거했다. 붉은 담이 와해되자 마침내 보통 사람들의 모습이 황가 광장에 나타났다.
>
> ……
>
> 또한 사직단을 중앙공원(지금의 중산공원)으로 바꿔 국민들에게 첫 번째 공원을 선사했다.[9]

그리고 이후 30여 년 동안 톈안먼 일대는 사람들의 손에 의해 훼손되고 퇴락한 공간으로 전락하고 말았다. 그사이 베이징은 1928년 이래로 한 나라의 수도로서의 위상을 잃어버리고 이름마저도 베이핑이라는 어정쩡한 명칭으로 바뀌었다.

그러나 1949년 신중국이 수립되자 베이핑은 본래의 이름을 회복하고 수도로서의 지위도 되찾았다. 10월 1일 톈안먼에서는 신중국의 성립을 선포하는 대대적인 행사가 열렸고, 이를 위해 쓰레기 더미가 쌓이고 잡초가 무성했던 톈안먼 광장은 한 차례 정비되었다. 그러나 톈안먼 광장에 대한 본격적인 개조는 1958년에 이루어졌다. 그에 앞서 1952년 창안쭤먼과 창안유먼이 철거되었다.

> 1958년 톈안먼 광장은 한 차례 대규모 개조를 단행했다. 3년 전 베이징 시 도시계획위원회는 이미 장카이지張開濟와 천간陳干을 책임자로

하는 기획공작 팀을 만들고, 소련 전문가 아세예프의 지도 하에 광장에 대한 총괄적 설계를 진행했다. 이번 개조의 주요 내용은 대략 다음과 같다. 중화먼을 철거하여 광장의 범위를 남쪽으로 정양먼 아래까지 확대시켰다. 건국 10주년을 맞이하여 축조하는 '10대 건축물' 가운데 인민대회당과 역사박물관을 톈안먼 광장의 동서 양측에 건설했다. 인민영웅기념비는 이미 1949년 9월 30일에 기초를 잡았다. 그것은 천안먼과 정양먼 성루로부터 각각 440미터 떨어져 이 사각형 광장의 대각선 교차점 위에 위치하며 도시의 중축선 위에 놓였다.[10]

이렇게 개조된 톈안먼 광장은 남북 길이가 톈안먼에서 정양먼正陽門까지 880미터, 동서의 넓이는 500미터로 총 면적이 44만 평방미터, 곧 40헥타르가 조금 넘는다. 이 광장 안으로 1백만 명 정도의 사람들

하늘에서 내려다본 톈안먼 광장.

이 들어가 집회 및 행사를 할 수 있다니, 그들 말대로 세계에서 가장 큰 광장이라 할 만하다.

톈안먼 광장 재편의 함의

톈안먼 광장의 개조는 단순히 교통 편의나 공간의 재배치 정도의 의미에 머물지 않는다. 이것은 구체제를 일소하고 사회주의 중국이라는 유사 이래 완전히 새로운 개념의 국가가 탄생한 것을 기념하고 그 이상을 체현하는 데 초점을 맞추어 진행되었다.

> 중국인만큼 건축물에 정치적 가치와 의의를 부여하며 중시하는 민족은 아마 없을 것이다. 이 때문에 정권이 바뀔 때마다 패자의 상징인 건축물은 함께 무너지곤 했다.[11]

과연 현재의 톈안먼 광장에는 구 중국을 상징하는 건축물들이 하나도 남아 있지 않다. 곧 근대 이전의 베이징이 유가 사상을 근본으로 한 지배자들의 통치 원리가 반영되어 설계된 것이었다면, 현재의 톈안먼 광장은 사회주의 정권 수립 이후 새롭게 재편된 공간이라는 것이다. 이렇듯 봉건사회에서의 황제의 권위가 사회주의 정권 하의 인민의 권위로 전이되었음을 상징적으로 보여주는 것이 인민혁명기념비라 할 수 있다.

인민혁명기념비는 1840년 아편전쟁 이래 중화민족의 독립과 자유를 위해 분투 노력한 것을 기념하기 위해 세운 높이 38미터의 오벨리스크이다. 1949년 9월 개최된 중국 인민정치협상회의 제1차 정책회의에서는 중국 인민의 진정한 해방을 위해 목숨을 바친 수많은 유·무명 혁명 열사들을 기리는 뜻에서 인민혁명기념비를 세울 것을 결의했다. 이후 1951년에 각지에서 출품된 설계안 가운데 량쓰청梁思成의 작품을 중심으로 세 가지 안이 복합된 설계안이 확정되고 1953년 기념비 제작에 쓰일 거대한 석재가 칭다오靑島로부터 운반되면서 공사가 시작되었다. 이후 총 5년여의 기간을 거쳐 1958년 5월 1일 메이데이를 맞아 인민혁명기념비는 웅장한 모습을 드러내었다. 총 413개의 대리석이 사용되었고, 복층으로 이루어진 기단은 무려 17,000개의 화강암과 대리석으로 이루어졌다.

비의 하단에는 8개의 거대한 부조가 새겨져 있는데, 각각 아편전쟁과 태평천국의 진톈기의金田起義, 우창기의武昌起義, 5·4운동, 5·30운동, 난창기의南昌起義, 항일유격전쟁, 창장長江도하 등 지난 백년간 중국 역사에 큰 족적을 남긴 위대한 혁명의 기록들이 새겨져 있다. 기념비의 정면은 톈안먼을 향하고 있는데, 그 위에 마오가 친필로 쓴 '인민 영웅이여 영원히 불멸하라人民英雄永垂不朽' 는 뜻의 여덟 글자가 금으로 도금이 되어 새겨져 있고, 뒷면에는 '영원한 총리' 저우언라이周恩來가 쓴 비문이 있다.

넓은 광장 한복판에 우뚝 솟은 기념비가 상징하는 의미는 단순하다. 중국의 수도인 베이징의 심장부라 할 수 있는 톈안먼 광장의 정중앙에 인민혁명기념비가 자리하고 있는 것은 혁명의 주역인 인민의 위세를 드높이기 위해서인 것이다.

로버트 굿맨은 다음과 같이 요약했다. "공식적인 공공 장소가 거대

1. 인민혁명기념비.

2. “인민 영웅이여 영원히 불멸하라人民英雄永垂不朽”.

3. 저우언라이가 쓴 비문.

하고 기념비적일수록, 시민들의 사적 환경은 점점 더 왜소해지고, 시민들은 공식적인 환경에 점점 더 주눅들게 되는 경향이 있다. ……" 집권 정부와 조직은 바로 이런 공식적인 공공 장소 안에서, 그리고 이런 것들을 이용해서 그 지위나 권위를 공공연하게 드러낸다.[12]

인류의 역사를 돌아보면, 왕조나 정권의 권력의 원천을 하늘에 두는 경우가 많은데, 지상에서 하늘로 높게 솟아오른 구조물은 흔히 하늘과 교통하는 수단으로 비유되곤 한다. 그래서 권력자들은 하늘로 치솟은 건축물을 세움으로써 자신의 권위를 드높이고자 했는데, 이집트의 '오벨리스크'나 성경에 나오는 '바벨탑', 그리고 우리의 '솟대'와 같은 것이 그 대표적인 예라 할 수 있다. 물론 인민혁명기념비가 표상하는 것은 소수의 권력자가 아닌 인민의 위세이긴 하지만, 그것이 암묵적으로 드러내고자 하는 것은 결국 마찬가지라 할 수 있다.

인민혁명기념비와 톈안먼 사이에는 국기게양대가 있는데, 여기에 걸려 있는 오성홍기五星紅旗는 길이 5미터에 폭이 3.3미터로 '공화국 제일기共和國第一旗'라 불리며, 1949년 10월 1일 마오가 처음으로 국기를 게양한 이래로 매일 아침마다 국기게양식을 거행하고 있다.

대부분의 중국 사람들은 평생에 이걸 한 번 보기 위해 베이징에 와서는 정확하게 2분 7초에 걸쳐 오성홍기가 올라가는 동안 가슴에서 북받쳐 오르는 감정을 추스르지 못하고 눈물을 흘리곤 한다. 국기게양식이 중국인들에게 의미하는 바는 다음의 기사에 잘 나타나 있다.

사랑, 눈물, 감동……중국판 '마지막 잎새' 화제—뇌종양 소녀 위

해 톈안먼 국기게양식 재현

죽음을 앞둔 한 중국 소녀의 마지막 소원을 이뤄 주기 위해 베이징 톈안먼 광장을 지린吉林 성 창춘長春에 재현한 아버지와 시민들의 사랑이 중국 언론에 보도돼 많은 중국인을 감동의 물결에 휩싸이게 하고 있다.

'중국판 마지막 잎새' 의 주인공은 뇌종양 말기로 이미 시력까지 잃은 8세 소녀 주신웨朱欣月양. 지린성 쥬타이九台 시 루자盧家초등학교에 다니던 신웨는 지난해 10월 23일 체조시간에 갑자기 쓰러져 진단 결과 뇌종양이라는 '사형선고' 를 받았다. 학교에서 반장과 각

톈안먼 광장의 국기게양대.

종 행사의 기수를 도맡다시피 했던 신웨는 평소 베이징 톈안먼 광장에서 중국 국기인 오성기가 게양되는 장면을 직접 보고싶다는 작은 소망을 갖고 있었다. 죽음을 앞둔 신웨의 안타까운 사연이 〈성시만보城市晚報〉에 소개되자 그의 소망을 들어주겠다는 사람들이 나서기도 했지만, 이미 머리에 물이 찬 상태여서 악화한 병세는 베이징까지의 머나먼 여정을 허락하지 않았다.

소중한 딸의 마지막 소원을 저버릴 수 없었던 아버지 주더춘朱德春씨는 자신이 갖고 있는 모든 것을 팔아 신웨의 마음속에 남을 '마지막 잎새' 인 톈안먼 광장 모형을 창춘 시에 만들기로 했다. 〈성시만보〉는 아버지의 '황당한' 생각을 다시 전했고, 창춘 시의 300만 시민들이 마지막 잎새를 함께 그리겠다고 나섰다.

지난 22일 오전 9시 30분, 아버지는 베이징으로 간다며 신웨와 함께 미리 준비된 버스에 올랐다. 이날 신웨의 집 앞에는 버스에 오르는 소녀의 모습을 보려고 수많은 사람들이 몰렸다. 베이징으로 가야 할 버스는 창춘 시 주변을 돌기 시작했다. 오전 10시 30분, 버스 기사는 소녀가 들을 수 있는 목소리로 "톨게이트에 도착했다"고 소리쳤으며, 이어 버스 밖에서 기다리던 사람은 각본대로 톈진天津 방언을 섞어 가며 "이곳은 선양瀋陽 톨게이트입니다"라고 말했다.

버스는 다시 창춘 시를 돌기 시작했고 드디어 소녀가 그리던 '베이징' 에 다다른다.

각본 속의 베이징 경찰이 버스에 올라 "이 버스는 배기가스가 기준치를 넘는 경유차로 베이징 시에 진입할 수 없으니 모두 내려주시기 바랍니다"라고 말한다. 아버지 품에 안긴 신웨는 버스에서 내려, 미리 준비된 다른 버스에 올라탄다. 오후 1시 15분, 버스는 신웨만을 위한 톈안먼 광장이 마련된 공공관계公共關系 학교에 들어섰다. 2천 여 명의 학생들이 소녀의 마지막 소원이 이뤄지는 장면을 숨죽이며 지켜보는 가운데 한 학생이 북받쳐 오르는 감동에 못 이겨 쓰러지는 일도 있었다.

오후 1시 30분, 의장대가 등장하고 중국 국가가 연주되면서, 소망을 이룬 소녀의 입술에 행복한 미소가 떠올랐다. 이미 너무나 지쳐버린 신웨는 마지막 힘을 다해 손을 들어 국가에 맞춰 경례를 했고, 창백했던 소녀의 얼굴은 붉게 상기됐다. 국가 연주가 끝나고, 한 '인민해방군'이 소녀에게 다가갔다. 신웨는 인민해방군 군복의 위장과 모표를 만져보면서 힘겨운 목소리로 "아저씨 고생 많으시네요"라고 속삭였다.

다음 날 아침 눈을 뜬 신웨는 말했다. "어제 밤 꿈에 세상을 볼 수 있었어요. 병도 다 나았고 모두 함께 톈안먼 광장에 가 깃발이 올라가는 것을 봤어요."

신웨를 위한 '마지막 잎새' 그리기에 나선 시민들의 온정은 소녀의 가슴에 깊숙이 아로새겨져 비록 꿈이었지만 눈을 뜨게 했고 소녀의 병을 고쳤다(표민찬 특파원 minpyo@yna.co.kr 베이징=연합뉴스).[13]

대부분의 중국인들은 인민혁명기념비와 국기게양대로 한껏 고양된 감정을 그대로 안고 톈안먼을 바라보고 왼쪽에 있는 마오주석기념당으로 향하게 된다. 재미있는 것은 톈안먼 광장은 사방이 넓은 도로로 둘러싸여 있어 마치 섬처럼 자리해 있기에 사람들의 접근성이 떨어진다는 사실이다. 인민혁명기념비의 오벨리스크가 갖고 있는 수직의 긴장감과 더불어 이러한 고립감은 톈안먼 광장이 사람들에게 무엇을 말하려는가 하는 점을 단적으로 보여주고 있다.

한편 마오쩌둥의 사후에 건립된 마오주석기념당은 톈안먼 광장의 개조만 놓고 볼 때는 세 번째에 해당하는 대 역사役事였다. 중국 현대사에 큰 족적을 남긴 이로 말하자면 마오쩌둥을 첫손가락 꼽지 않을 수 없는 바, 그의 사후에 그의 무덤을 조성하는 것은 이전 왕조시대의 황제의 능침을 만드는 것에 비견할만한 큰 사건이었던 것이다. 우선 그의 무덤을 어디에 만들 것인가 하는 문제를 놓고 몇 군데 후보지가 거론되었다. 베이징 교외의 샹산香山과 쯔진청紫禁城, 그리고 징산景山이었다.

> 샹산 안은 난징의 [쑨원을 모신] 중산릉을 모델로 한 것이었다. 샹산은 1949년 마오 주석이 베이징으로 들어온 뒤 가장 먼저 거주했던 곳일 뿐 아니라, 산수가 빼어나고 기개가 있어 한 시대를 풍미한 지도자의 안식처로 적합했다. 구궁[곧 쯔진청] 안은 기념당의 소재지를 현재의 톈안먼과 타이허뎬 사이로 선택했는데, 그중에는 쯔진청 돤먼端門을 철거해야 한다는 안도 있었고, 돤먼과 우먼午門을 전부 철거해야 한다는 안도 있었다. 징산 안은 산꼭대기에 세우는 것이었다. 높은 계단을 따라 올라가 징산의 다섯 정자를 전부 철거하고, 남쪽 언덕을 전부 기념당 건축물이 차지하게 하는 것이었다.[14]

그러나 결국 마오주석기념당은 톈안먼 광장 내 인민혁명기념비 이남에 건립한다는 중국공산당 중앙정치국의 결정에 따라 예전의 중화먼 자리에 건립되었다.

이렇게 해서 톈안먼 광장은 톈안먼과 정양먼 사이에 북쪽에서 남쪽

1. 마오주석기념당.

2. 톈안먼에 올라 바라본 톈안먼 광장.

으로 국기게양대와 인민영웅기념비, 마오주석기념당으로 이어지는 하나의 중축선을 이루면서 현재 우리가 보는 모습으로 완성되었다. 그 결과 "인민광장을 따라 새로운 베이징의 중심이 형성되면서 궁전은 후원의 위치로 밀려나 심원한 배경이 되었고, 새로운 시대의 주제가 확 트이고 드넓은 광장 위에 나타나기 시작했다."[15]

4부
민초들의 일상공간

베이징의 실핏줄,
후통胡同

베이징 사람들의 삶의 공간, 후통胡同

우리는 역사적인 사건과 그 사건에 연루된 인물들의 이야기를 하면서 가끔 그들도 우리와 별반 다를 바 없이 평범한 일상을 보내며 어딘가에서 살았다는 생각을 잊을 때가 있다. 역사적인 장정을 마치고 산시 성陝西省 변구에서 암중모색하고 있던 마오쩌둥을 만나 인터뷰를 진행했던 에드가 스노우가 홍구紅區에 머무른 것은 약 4개월 동안이었다. 그를 유명하게 만든 것은 이 4개월이라는 시간에 불과했고, 나머지 대부분의 시간은 베이징에 있는 자신의 집에서 보냈다. 스노우는 특히 옌징대학 근처에 있던 집을 제일 좋아했는데, 그 집은 테니스코트와 연못이 있고 나무가 우거진 곳이었다. 그곳에서 세 끼 밥도 먹고, 글도 쓰고 휴식도 취했던 것이다. 이런 의미에서 공간은 왕조가 바뀌는 등의 경천동지할 대사건들이 벌어졌던 역사적 현장이나 단순한 지리적 위치 개념을 넘어서, 기본적으로는 그곳에 살고 있는 사람들의 생활공간이라 할 수 있다.

베이징의 생활공간은 베이징의 뒷골목인 후통이다. 후통은 베이징에 살고 있는 사람들의 일상적인 삶이 지속적으로 유지되고 있는 삶의 공간인 것이다. 사람이 사는 곳에 집이 지어지고 집과 집 사이, 또는 담과 담 사이에 사람들이 오갈 수 있는 골목이 생기는 것은 너무나 자연스러운 일이다. 베이징의 골목, 후통 역시 베이징에 사람이 살기 시작했을 때부터 만들어졌다. 베이징의 후통은 요나라와 금나라 때부터 만들어졌을 거라 추정된다. 하지만 당시의 흔적은 현재로서는 확인할 길이 없고, 베이징의 뒷골목이 현재와 같은 모습을 띠게 된 것은 원나라 이후라 할 수 있는데, 이 역시도 현재로서는 그 자취를 더듬어 보기가 쉽지 않다. 따라서 현재 남아 있는 후통의 역사는 명나라 때로 거슬러 올라간다.

과거 문헌에는 후통胡同이 '후통衚衕'으로 기재되어 있는 경우가 많은데, 원래 몽골어에서 나온 이 말의 어원에 대해서는 여러 가지 설이 분분하여 그에 대한 논의 자체만으로도 한 권의 책이 나올 정도이다. 하지만 여기에서는 간략하게 다음과 같은 두 가지 설만 소개하려 한다. 첫 번째는 발음이 'Hottog'이고 의미가 '우물'인 몽골어 단어에서 왔다는 설이다. 곧 물이 있는 곳에 마을이 생기게 마련이니 후통의 본래의 뜻은 거주민들의 취락 지역이라는 것이다. 두 번째는 후통이 '훠통火疃' 또는 '훠농火弄', '훠샹火巷'이라는 단어가 전화된 것이라는 설이다. 원나라 때 베이징을 수도로 삼아 건물들을 지으면서 사람들이 오갈 수 있는 골목으로서의 기능뿐 아니라 화재 시에 불이 번지지 못하도록 구역을 나누어 길을 냈는데, 이 길을 몽골어로 '훠통火疃'이라고 한 데서 비롯됐다는 것이다. 결국 그 기원이 어디에 있든 현재 후통은 베이징 시민들이 살아가는 삶의 공간일 뿐 아니라 베이징의 오

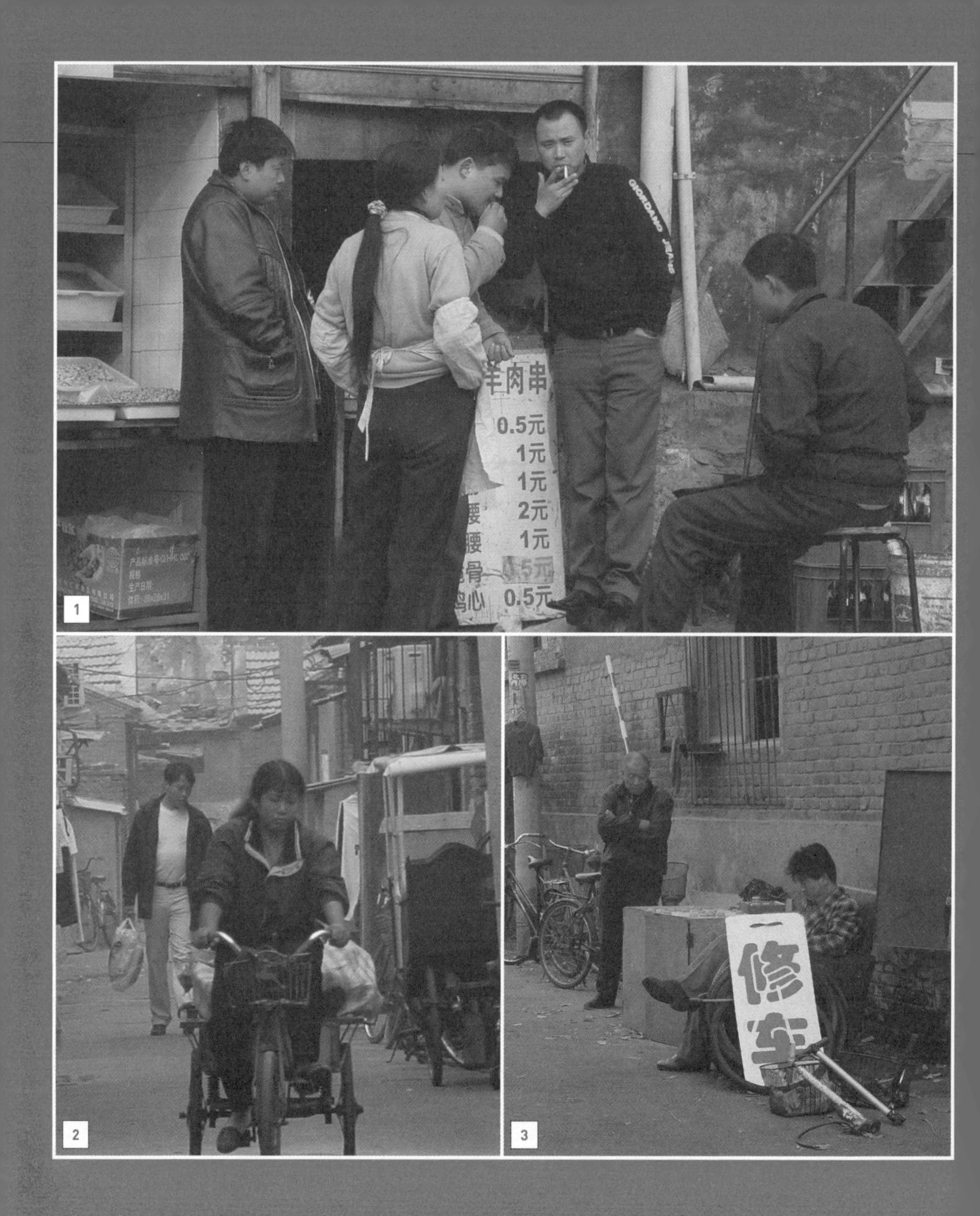

1. 중러우鐘樓 인근 후통에서.

2, 3. 베이징의 후통 거리에서.

랜 시간의 흔적을 안고 있는 역사 그 자체라고 할 수 있다. 후통은 멀게는 원나라 때부터 살아온 베이징 토박이들의 신산한 삶의 현장인 것이다.

후통은 베이징의 피맛골

혹자는 베이징에 후통이 유난히 많이 남아 있는 것은 평소 고관대작들의 행차가 많았던 탓에 일반 백성들이 그들을 피해 자유롭게 오가기 위해 뒷골목을 애용했기 때문이라고 주장하기도 한다. 이를테면 서울의 종로 거리 한쪽에 형성되었던 '피맛골'[1]과 같은 경우라 할 수 있다. 피맛골은 '피마避馬', 곧 고관들이 타고 지나가는 말을 피하는 골목이라는 데서 나온 말이다. 서울이나 베이징과 같은 한 나라의 수도에 사는 백성들로서는 대로를 지나다니는 고관들에게 예를 표하고 또 길을 비켜 줘야 하는 일이 매우 번거로웠을 터이다. 그런 번거로움을 피하는 데는 피맛골과 같은 좁은 후통이 제격이었던 셈이다.

그러니 후통은 왕후장상이나 고관대작들의 삶과는 무관한 무지렁이 일반 백성들의 삶이 녹아 있는 공간이라고 할 수 있다. 그래서인지 후통의 이름에는 일반 백성들의 일상사와 연관된 것들이 많이 있다. 이를테면 중국 사람들이 꼽는 가장 기본적인 일곱 가지 생필품인 땔감柴이나 쌀米, 기름油, 소금鹽, 장醬, 초醋, 차茶가 들어간 '차이방柴棒'이니, '미스米市'니, '유팡油坊', '옌뎬鹽店', '장팡醬坊', '추장醋章', '차얼茶爾' 후통과 같은 것들이 대표적인 예라 할 수 있다. 이밖에도 유명 인사가 살았던 곳은 그의 이름이나 호를 따서 이름으로 삼은 후통도 있고, 식료품이나 간식, 그리고 경제활동과 관련된 이름도 다수 있다. 그런데 이런 식으로 보통명사를 갖다 붙이다 보니 같은 이름의 후통도 적지 않게 있어 혼란스러울 때가 있고, 또 후통의 이름에 어감이 좋지 않거나 비속어 등이 쓰인 경우도 있어 최근에는 이런 후통의 이름을 바꾸는 작업이 진행 중이다.

한편 후통이 유명하다 보니, 재미삼아 이들 후통 가운데 최고를 꼽기도 하는데, 이를테면 다음과 같은 것들이 있다.

·가장 오래된 후통 : 몇 가지 설이 있지만, 아무래도 베이징을 처음으로 도읍으로 정한 요나라 때의 도성 부근일 것이다. 현재 쉬안우먼宣武門 부근의 창춘제長椿街 일대가 그것이다.

가장 좁은 후통인 '샤오라바小喇叭 후통'.

· 가장 긴 후통 : 총 길이 3킬로미터에 달하는 둥시쟈오민샹東西交民巷으로, 톈안먼 광장 근처에 있다.
· 가장 짧은 후통 : 총 길이 25미터 정도인 이츠다제一尺大街.
· 가장 넓은 후통 : 가장 넓은 곳이 32미터인 링징靈境 후통.
· 가장 좁은 후통 : 예전에는 가오유高攸 후통을 꼽았으나 필자가 확인한 바로는 도시 재개발로 이미 철거되어 사라졌고, 인근의 샤오라바小喇叭 후통이 가장 좁은 후통으로 알려져 있다.
· 가장 굴곡이 심한 후통 : 양의 창자와 같이 구불구불하게 얽혀 있는 쥬완九灣 후통.
· 가장 긴 사가斜街 : 자오덩위루趙登禹路.

이밖에도 나무로 만든 패루牌樓가 있는 후통이니, 오래된 아치형 벽돌 조각문이 있는 후통이니 하는 등등이 있다. 하지만 이런 식의 최고 후통들은 모두 일반 사람들이 흥미 삼아 지어낸 것이기 때문에 무슨 공식적인 의미는 없다. 아울러 베이징에는 워낙 많은 후통이 있다 보니 지금도 새로운 최고 후통들이 속속 발견되고 있으며, 이를 두고 호사가들의 입씨름 역시 계속되고 있다.

'장소'와 '공간'으로서의 후통

불연속적인 사건, 뒤섞여 버린 인물, 흐릿한 사물의 형체, 낯설고 새로운 경험, 뒤바뀐 장소 그리고 기억의 파편들—아카시아 꽃, 달팽이, 이끼 낀 우물가, 남폿불, 차가운 물이 흐르던 철관, 플랫폼의 전동, 강물, 철교의 트러스트, 찢어진 우산, 반짝이는 타일, 서늘한 별장의 지하실, 돼지삼촌의 금니빨, 화투, 물에 잠긴 공장, 낙숫물이 파인 자리의 자갈들, 나팔꽃 담장, 석탄 더미, 이발소의 비누 냄새, 윤선생의 머리핀, 남생이의 자맥질, 토관의 기름 냄새, 시뻘겋게 썰어진 지라, 소나무에 올라앉은 작은 두루미, 느티나무, 강변의 천막집.[2]

많은 사람들이 살고 있는 도시는 가로나 건축물, 다리 등과 같은 구조물 하나 하나에 나름의 역사적 사건이나 개인적인 기억이 스며 있다.

따라서 도시는 단순한 시멘트 구조물이나 도시 계획의 대상이 아니

중국공산당 만세.

라 그곳에 살고 있는 사람들의 뇌리에 각인되어 있는 수많은 이미지와 의미들의 총합인 것이다. 누가 덕수궁 돌담길을 그저 돌로 쌓은 담이 있는 거리로만 기억하겠는가? 심상해 보이는 골목 모퉁이는 무심한 듯 보이지만, 그 앞에서 사랑하는 남녀가 떨리는 마음으로 첫키스를 나누고, 결별을 선언하고 돌아서서 통한의 눈물을 쏟아 낼 때 골목은 더 이상 단순한 골목이 아니게 된다. 우리의 '덕수궁 돌담길' 이라는 표현에는 단순히 '서울 중심가에 있는 덕수궁을 둘러싸고 있는 돌로 쌓은 돌담과 그 담을 따라 나 있는 길' 이라는 해석만으로 설명되지 않는 다양한 의미가 담겨 있는 것이다. '덕수궁 돌담길' 이라는 소리의 울림이 이별과 그에 대한 추억이라는 의미와 결합되기까지 얼마나 많은 사람들의 이별 이야기가 그곳에서 만들어졌고, 또 만들어지고 있는가? 서울의 구 도심에서 어린 시절을 보낸 사람이라면 사대문 안 거리와 골목길에 대한 추억을 안고 있게 마련이다.

다른 한편으로 도시는 재개발 등을 통해 끊임없이 공간의 재배치가 이루어지고 있는 살아 있는 유기체라 할 수 있다. 어느 도시든 처음 만들어졌을 당시의 모습을 그대로 유지하고 있는 곳은 거의 없다. 시간의 흐름에 따라, 그곳에 살고 있는 사람들의 다양한 필요에 따라 지속적으로 변화하고 있는 것이다. 혹자는 이런 도시의 양면성을 '장소Place' 와 '공간Space' 의 구분으로 설명하기도 한다.

> 공간은 움직임이며, 개방이며, 자유이며, 위협이다. 장소는 정지이며, 개인들이 부여하는 가치들의 안식처이며, 안전과 애정을 느낄 수 있는 고요한 중심이다. 인간은 직접적으로, 그리고 간접적으로 다양한 경험을 하며, 이러한 경험을 통하여 미지의 공간은 친밀한

장소로 바뀐다. 즉 낯설은 추상적 공간abstract space은 의미로 가득찬 구체적 장소concrete place가 된다. 그리고 어떤 지역이 친밀한 장소로서 우리에게 다가올 때 우리는 비로소 그 지역에 대한 느낌(또는 의식), 즉 장소감sense of place을 가지게 된다.[3]

즉, 공간이란 단순히 특정한 지리적 좌표 상에 존재하는 땅덩어리地塊를 지칭하는 것이 아니라 인간의 실천을 통해 유형의 가치로 전환될 수 있는 무엇이다. 이에 반해 장소는 "생물학적 필요(식량, 물, 휴식, 번식)가 충족되는 (절실하게 느껴지는) 가치의 중심지"[4]인 것이다. 영국의 사회학자인 기든스A. Giddens에 따르면, 이렇게 지리적 '장소'와 '공간'을 구별하게 된 것은 근대사회에 접어들어서라고 한다.

후통에서 바라본 하늘.

전근대사회에서는 공간과 장소가 대부분 일치되어 있었다. 사회생활의 공간적 차원들은 대부분의 거주자들에게 그리고 많은 점에서 '현재'—지역화된 활동 등—에 의해서 지배되었기 때문이다. 근대성이 출현하면서 공간은 점차 장소로부터 분리되었는데, 이것은 대면적 상호작용을 하기에는 지역적으로 멀리 떨어져 있는 사람들 사이의 관계가 가능해짐으로써 이루어졌다. 근대성의 조건에서 장소는 점점 더 환영幻影처럼 되어 간다. 다시 말해서 지리적 장소는 멀리 떨어져 있는 사회적 영향력 하에 철저히 놓이게 되고, 그것에 의해 형성된다. 장소를 구성하는 것은 단순히 눈앞에 보이는 장면이 아니다. 장소의 '가시적 형태'는 그 본질을 결정하는 원격적인 관계들을 감추고 있다.[5]

후통에서.

베이징 역시 근대 이전에는 아니 좀더 극단적으로 보면 최근의 개혁개방 이전만 하더라도 장소와 공간이 구분되지 않았는지 모른다. 후통은 그저 고단한 도시민의 삶의 터전이었고, 이웃과 살가운 정을 느끼며 살아가는 뒷골목이었을 뿐…… 하지만 최근 들어 후통 지역이 재개발됨에 따라 많은 곳이 철거되면서 상황이 급변하고 있다.

사실 베이징의 도심에 위치한 후통은 그곳에 살고 있는 거주민들의 삶의 질이라는 측면에서 볼 때 많은 문제를 안고 있다. 일단 너무 오래되었기 때문에 대부분의 집들이 낡을 대로 낡아 이제는 가난한 사람들이 모여 사는 도심의 슬럼으로 변해 버린 것을 첫 번째로 꼽을 수 있다. 여기에 비위생적인 화장실과 좁은 골목길로 인한 통행과 주차의 불편까지 더해지면서 후통의 재개발은 더 이상 미룰 수 없는 초미의 관심사로 떠올랐다. 적어도 6백여 년의 시간 동안 별다른 변화 없이 보존되어 왔던 후통이 말 그대로 이제껏 볼 수 없었던 격변의 시간을 보내고 있는 것이다. 하지만 이를 두고 도심의 재개발이라는 미명하에 인류 문화유산이 사라져 간다고 주장하는 이[6]들부터 어차피 슬럼화되어 가는 도심을 재개발해서 주거 환경을 개선해야 한다는 현실론을 펴는 이들까지 다양한 의견이 봇물처럼 일어 한바탕 논란이 일고 있다.

후통의 개발과 보존

그러나 후통의 철거를 앞두고 보존을 주장하는 쪽과 재개발을 추진하는 쪽이 첨예하게 대립하는 것은 단순히 역사 문물의 보존에만 그치지 않는다. 여기에는 앞서도 이야기한 바 있는 국가 권력, 곧 거번멘탈리티Govenrnmentality나 자본과 같은 다양한 요인이 복합적으로 작용하는데, 그 예를 한국인 밀집 지역에서 사람들이 많이 모이는 중심지가 이동하는 데서 찾아 볼 수 있다. 중국과의 수교 이후 가장 먼저 중국에 진출한 것은 물론 중국을 대상으로 사업을 하는 기업이었다. 다음으로 유학생과 어학연수생들이 너나 할 것 없이 베이징과 같은 대도시를 중심으로 물밀듯이 몰려들었다. 그에 따라 한국인들이 집단적으로 거주하는 한인 밀집 지역이 생겨났는데, 그 가운데 가장 유명한 곳이 베이징대학과 칭화대학 같은 명문대학들이 몰려 있는 우다오커우五道口 지역이었다.

그런데 우다오커우 내의 중심지는 시간의 흐름에 따라 약간의 부침이 있었다. 초기에는 베이징위옌원화대학北京語言文化大學(당시 명칭으로는 베이징위옌쉐위안北京語言學院) 남문 근처를 비롯해 길 건너편 디즈대학地質大學 옆에 있는 지역에 식당이나 술집, 노래방들이 밀집해 있었다. 하지만 베이징위옌원화대학 남문 앞의 청푸루成府路가 베이징대학 동문까지 일직선으로 확장되면서, 이 일대는 대대적으로 철거되어 그야말로 상전벽해의 큰 변화를 겪게 된다. 그 이후에는 시쟈오호텔西郊賓館을 중심으로 남북으로 우다오커우호텔五道口賓館에서 징위호텔京裕賓館 사이에 있는 왕좡루王莊路가 중심지였다가, 최근에는 고급 아파트촌인 화칭쟈위안華清嘉園과 도시철도城鐵 13호선 우다오커우 전철역이 들어서면서 그 일대가 새로운 중심지로 각광받고 있다.

공간이 하나의 유기체처럼 스스로의 존재 가치를 재창출해 내고 있다는 전제 하에, 사회주의 국가인 중국에서 가장 기본적인 동력이 되는 것은 대규모 도시 계획과 같은 국가 권력일 수도 있지만, 개혁개방 이후에는 시장화의 논리에 바탕해 이윤의 극대화를 노린 교환가치로서의 공간의 재배치가 우선시되는 경향이 눈에 띈다. 우다오커우의 중심지가 어언문화대학 근처에서 시자오빈관 근처로 옮겨 간 것은 도시 재개발이라는 국가 권력의 행사에 어쩔 수 없이 따른 것이었다고 할 수 있지만, 작금의 도시철도城鐵가 들어오고 새로운 고급 주거지가 개발됨에 따라 사람들의 발걸음이 자연스럽게 이동하고 있는 현상은 철저하게 자본의 흐름에 따라 이루어지는 공간의 재배치 과정이라 할 수 있다.

앞서 들었던 후통의 경우도 마찬가지다. 현재 후통의 철거를 놓고 가장 첨예하게 대립하고 있는 부분은 무슨 문화재 보호나 도심의 재개발을 통해 삶의 질을 높이는 게 아니라 후통의 철거 보상금이다. 후통의 철거 보상금은 "지역에 따라 차이가 있지만 보통 평방미터 당 7,000위안에서 1만 위안 정도"라고 한다. 그런데 "일반 후통 거주자들의 평수는 30평방 미터 내외가 보통"이라고 하니 최대 "1만 위안으로 할 경우 (총 보상비가) 30만 위안 정도"가 되는데, 실제로 이 정도 금액으로는 부동산 가격이 예전에 비해 턱없이 오른 베이징에서 새로운 거주지를 찾기가 수월찮은 게 사실이다.[7]

아울러 후통의 철거에 대한 거주민들의 반응 역시 다양하게 나타나고 있다. 좀더 많은 보상을 받고자 떠나지 않고 버티고 있는 이들부터 오랫동안 살아 왔던 삶의 터전을 잃고 떠나야 한다는 생각에 비감해하는 이들까지 현실적인 이해득실뿐 아니라 각자가 품고 있는 소회 역시 다를 수밖에 없다.

개발업자가 아무리 더 나은 물리적 시설이 갖춰진 다른 곳을 제공

한다 할지라도, 주민들과 주택 소유자들이 개발에 저항하는 극적 시도가 적지 않다는 사실은 장소와의 깊은 유대를 보여주는 것이다.[8]

하지만 결국 어쩔 수 없이 떠나야 하는 현실을 인정하고 받아들이고 나면 최후에 남는 것은 냉정한 이해타산이 아니겠는가. 결국 삶의 터전으로 삼아 왔던 '장소의 사용가치' 가 개발을 통해 실현될 '공간의 교환가치' 에 밀리게 되는 것이 어쩔 수 없는 현실인 것이다.

사람들은 왜 도시 개발의 선순환이 불가능한지, 왜 대규모로 파괴와 건설이 진행돼야 하는지 이해하지 못한다. 개발업자들은 이에 대해 한마디로 잘라 말한다. "만약 원래의 주민이 다 들어와 산다면 새집을 누구에게 팔란 말인가?" 이것이 바로 '철거 경제학' 의 원리이다. '대규모 철거→새집 구매 수요의 창출→부동산 개발 사업의 확대→더 큰 규모의 철거' 라는 순환 구조가 생기는 것이다. 철거 규모가 커지면 새집 수요는 더욱 많아지게 마련이고, 결국 부동산 시장은 확대일로를 걷게 되는 것이다. 불도저가 도로를 내고, 유구한 역사와 문화를 품고 있는 거리와 건물들을 갈아엎는 경제적 원인이 바로 여기에 있다.[9]

사람들은 누구나 회고 지향적인 성향을 갖고 있는지도 모른다. 그래서 지금은 잊혀진 아련한 추억에 잠기기도 하고, 잊혀져 간 모든 것들에 대한 회한을 품고 살기도 한다. 사람들이 그런 상념에 빠지게 되는 것은 익숙한 것에 대한 상실감과 아울러 물리적으로 돌이킬 수 없

1. 우다오커우의 대표적인 한국인 거주지인 둥왕좡東王庄.
2. 우다오커우 둥왕좡東王庄.
3. 우다오커우 전철역에서 바라본 화칭쟈위안 일대.
4. 철거를 앞둔 후통의 집들.
5. 철거에 앞서 거주민이 떠나버린 집.
6. 베이징의 뒷골목 풍경.
7. 거리의 이발사.

3
业余文化生活
大栅栏西厅
社区宣
6
7

는 시공간적인 불가역성에 대한 아쉬움 때문이 아닐까? 그런 의미에서 보자면, 현재 진행되고 있는 후통의 철거는 사람들의 온갖 추억이 깃든 장소의 상실이라는 측면에서 이 문제를 감성적으로 바라보게 할 수도 있지만, 그것보다는 좀더 현실적인 수요에서 비롯된 것이라 할 수 있다.

몇백 년의 역사를 지닌 후통은 외지인들에게는 그저 오래되어 형해화된 역사의 모습을 간직한 추억 속의 현장일지 모르지만, 그곳에 사는 거주민들에게는 단지 생활하기 불편하고 남들에게 내보이기 부끄러운 도시 빈민의 거주지일 뿐일 수도 있다. 나아가 개발을 통해 창출되는 개발 이익을 나눌 수 있다는 타산에 이르면 이 문제는 절대 양보할 수 없고 타협의 대상이 될 수 없는 황금알을 낳는 거위가 된다. 후통은 슬럼화되어 가는 도심의 천덕꾸러기에서 잘만 하면 한밑천 뽑을 수도 있는, 장밋빛 미래를 보장하는 백마 타고 온 왕자가 되는 것이다.

개혁개방 이후 세계 최고의 경제 성장률을 보이고 있는 중국 사회는 급속도로 변모하고 있다. 어지간한 중산층에게 '마이카'는 더 이상 선망의 대상으로서의 잠재태가 아니라 가까운 미래에 실현 가능한 현실태이다. 하지만 후통 안에 들어서면 그런 꿈은 주차 공간 확보 등의 문제로 인해 한갓 백일몽으로 끝나고 만다. 그런 저런 이유로 후통은 자본주의화 된 도시 재개발의 논리에 밀려 속속 철거되고 있다. 곧 도시 인구의 팽창이 주거 수요의 확대를 불러오고 이에 고층건물을 건설하게 되면 고도古都의 풍모를 파괴할 수밖에 없는 악순환이 이어지는 것이다. 한 조사에 따르면 1990년 이후 2002년까지 구 베이징 시가지의 40퍼센트에 이르는 25㎢의 넓은 지역이 철거되었고, 이에 따라 구 시가지 면적의 10퍼센트만이 남아 있을 것이라 추정된다고 한다. 아울러 후통의 규모 역시 예전의 3분의 1 규모로 줄었다.[10]

한편에서는 역사의 현장이 사라져 가는 데 대해 안타까움을 표출하기도 하지만, 사실 그런 안타까움 역시 국외자가 품고 있는 무책임한 환상에 지나지 않는지도 모른다. 누가 "방관자는 객관적일 수 있고 그런 국면에 임한 사람은 미혹에 빠진다傍觀者淸, 當局者迷"라고 말하는가? 막상 그런 안타까움을 표하는 사람이 후통의 주민의 입장에 선다면 누구보다 앞장서서 후통의 철거와 개발을 외치지 않을 거라 누가 장담하겠는가?

아무튼 원나라 이후 6백여 년 이상 별다른 변화 없이 보존되어 온 후통은 개방 이후 멀지 않은 장래에 원래의 모습을 많이 잃게 될 것이다. 물론 중국 정부에서도 보존할 가치가 있는 곳은 방안을 마련해 일부 보존한다고 하지만, 그럼에도 현재의 후통의 모습은 많이 손상되고 사라질 것이다.

> 베이징의 고성故城은 동방 고대 도시의 걸출한 대표작이자, 인류 문화의 소중한 유산이다. 베이징 고성의 보호 문제는 줄곧 중국사회 각계와 국제사회의 관심을 받아 왔다. 중국의 후진타오 국가 주석과 원자바오 총리 또한 이를 중시하고, 베이징 역사 문화 보호를 강화하라는 지시를 내리기도 했다. 베이징 시가 '베이징 역사 문화 명성名城 보호 규획'를 제정, 30곳의 문화 보호구역 및 수백 개의 보호 사합원 명단을 제정하기도 했으나, 베이징 고성의 철거와 파괴를 저지하는 효력을 발휘하지 못하고 있다. 쯔진청 주변의 환경 또한 끊임없이 악화되고 있으니, 가슴 아픈 일이 아닐 수 없다.

수년간 지속된 철거로 베이징의 후통과 사합원은 점점 줄어들고 있다. 징산 북쪽, 스차하이 및 종고루 지역은 라오베이징 최후의 보루이다. 만약 제대로 된 보호 조치가 취해지지 않는다면, 그리고 철거와 재건축, 도로 확장 공사가 이대로 계속된다면, 라오베이징의 마지막 모습 또한 머지않아 사라져 버릴 것이다.[11]

그렇게 되면 우리는 그나마 온전한 후통의 모습을 목격한 마지막 세대가 될 지도 모른다는 생각이 들기도 한다. 그래서 베이징에 갈 때마다 오래된 후통들을 돌아보게 된다. 이것이 철거되기 전 마지막 모습이 되지 않기를 바라는 마음으로…….

후통에서의 해넘이.

신베이징 인의 터전,
대원大院

텍스트로서의 베이징

수많은 사람들이 살고 있는 도시에는 단순한 지리적 좌표로 설명될 수 없는 그 무엇이 있다. 베이징은 단순히 북위 39도 55분, 동경 116도 45분이라는 말로 설명될 수 없다. 베이징은 그곳에 살고 있는 사람들의 역사이자 그들이 일상에서 엮어 내는 수많은 이야기들의 총합인 것이다. 아침에 일어나 밥 먹고 차 마시고, 서로 싸우고 험담하고, 웃고 떠들다 돌연한 이별에 눈물짓기도 하고, 한 맺힌 저주를 퍼붓다가는 순식간에 돌변해 악어의 눈물도 흘리는 등, 사바세계의 온갖 은원恩怨과 카르마가 점철되어 있는, 추억이 고드름처럼 줄줄이 매달려 있는 그런 공간인 것이다.

그런 의미에서 베이징이라는 도시는 하나의 살아 있는 텍스트라 할 수 있다. 그곳에서 태어났든, 그렇지 않으면 외지에서 이사를 왔든, 도착한 순간에는 그 공간이 아무것도 적혀 있지 않은 '타불라 라사tabula rasa' 다. 시간이 흘러 가며 비어 있는 그 텍스트에 하나씩 이야기가 적혀지게 되는데, 도시를 이루고 있는 거리와 골목, 그리고 건물의 벽돌 하나 하나마다 수많은 사람들의 이야기가 점점이 아로새겨져 있다. 그러므로 도시는 수많은 사람들이 쏟아 내는 이야기들에 담겨 있는 의미와 그것에 대한 해석들이 거미줄처럼 착종되어 있는 공간으로, 그러한 의미와 해석들은 시시각각 그 외연과 내포를 확장하고 있다.

> 의미들로 가득찬 도시 경관urban landscape 역시 텍스트이다. 즉 인간 주체의 산물인 표현체로서의 도시 경관에는 다양한 의미들이 담겨 있고, 이 다양한 의미구조의 복합체로서 경관은 읽혀질 수 있는 텍스트인 것이다.[12]

후통에서.

베이징을 하나의 텍스트로 이해하고 그것을 읽어 낸다는 것은 베이징을 하나의 정적인 완성품으로서가 아니라 끝없이 해체되고 변화하는 공간으로 파악한다는 것을 의미한다.[13] 곧 베이징이라고 하는 도시는 그곳에 살고 있는 수많은 사람들의 이야기에 의해 의미가 부여되고, 다양한 사회적 실천을 통해 '생성' 된 생활세계의 공간이다. 한 나라의 수도로서 오랜 역사를 갖고 있는 베이징은 당연하게도 그 역사에 걸맞게 가로나 건축물, 다리 등과 같은 구조물 하나하나에 나름의 역사적 사건이나 신화, 전설 등이 각인되어 있다. 이 모든 것들이 베이징이라고 하는 시니피앙에 대한 독특한 이미지와 아우라를 만들어 내고 있는 것이다.

베이징 토박이老北京의 경미京味문화

그렇다면 베이징에서 살았던 사람들은 어떤 사람들이었을까? 혹자는 시간의 흐름에 따라 베이징에서 일어난 변화를 네 시기로 구분했다. 그 첫 번째는 1911년 이전의 왕조 지배가 중심이 되는 '제경帝京' 시기이고, 두 번째는 1911년부터 1928년까지 중화민국 북양 군벌 정부의 소재지였던 '구경九卿' 시기이며, 세 번째는 1928년부터 1949년까지 중화민국의 수도가 난징南京으로 이동한 뒤의 '베이핑北平' 시기이고, 네 번째는 1949년 이후 중화인민공화국의 수도로서의 베이징 시기이다.[14] 첫 번째 시기는 정복왕조인 청이 중원에 들어온 뒤 기민旗民 분리 정책에 따라 수도 베이징을 내성과 외성으로 구분해 각각 만주족 기인과 한족이 중심이 되는 기타 민족으로 구성된 민인民人으로 나누어 거주하게 했던 시기이다. 이후의 시기는 편의상 세 시기로 구분하긴 했지만, 실제로는 청왕조가 망한 뒤 만주족과 기타 민족들이 뒤섞여 구분 없이 살게 된 시기라 할 수 있다.

그런데 여기서 흥미로운 것은 기인들의 경우이다. 이들은 본래 만주 지역에서 베이징으로 이주해 왔지만, 시간이 흐름에 따라 자신들의 근거지에 대한 기억은 희미해졌고, 몇 대를 이어 살아 온 베이징을 자신들의 고향처럼 느끼게 되었다. 1900년대 초반의 자료에 따르면 당시 베이징 성의 상주 인구는 약 120만 명이었는데, 만주족 기인들은 그 가운데 3분의 1 정도인 40만 정도였다고 한다. 혹자는 베이징에서 3대 이상 살아온 사람을 '베이징 토박이老北京'라 부를 수 있다고 주장하는데, 이 기준에 따르면 본래 외지 사람이었던 기인들이 오히려 '베이징 토박이'가 되는 아이러니한 상황이 빚어지게 된다.

> 베이징 사람들을 논한다면, 정통 베이징 인北京人의 99퍼센트가 바로 중국 사람이 아닌 여진족, 만주인, 기인旗人이라고 생각하면 틀림없다. 이것은 바로 중국의 마지막 왕조가 청나라 만주인들의 정권이었다는 점, 베이징을 점유하고 산 사람들이 바로 북방에서 내려온 여진 사람(=만주인)이라는 사실을 좀더 깊게 이해할 필요가 있는 것이다.[15]

인용문에서 "99퍼센트"라 말한 것은 앞서의 베이징 인구 구성에 대한 통계에서 볼 수 있듯, 조금 과장된 것이기는 하나 만주족 출신의 기인들이 '베이징 토박이'의 주요 구성원이라는 것만큼은 부인할 수 없다. 그러나 앞서도 말했듯이 청왕조가 망한 뒤에는 기인들과 민인들이 서로 뒤섞여 살면서 그 이전 시기와 구분되는 새로운 베이징 문화를 만들어 냈다. 이렇게 만들어진 문화가 바로 베이징 사람을 베이징 사람답게 만들고, 베이징을 여타의 도시와 구분 짓는 하나의 관념 체계로까지 발전했으니, 이것이 바로 '베이징다운 맛'을 의미하는 '경미京味'이다.

'경미'에 대한 사전적 의미는 그 "근저에 여러 심원한 문화들이 모여 수백 년간 축적된 경도문화京都文化"가 있고, "이러한 문화에 포함되어 있는 심원한 미학美學 풍격"을 가리킨다.[16] 이러한 경미의 유래에 대해 쉬쯔창許自强은 다음과 같은 세 가지 측면에서 고찰한 바 있다.

> 첫 번째는 역대 수도로서 황실의 권세가와 귀족들 및 그 후예들의 생활방식, 행위 양식으로 이루어진 황성皇城의 유풍遺風이다. 두 번째는 청왕조를 살아 왔던 유신들, 팔기八旗 자제들과 무수한 소생산업자 등으로 구성된 매우 복잡한 시민계층들의 '관을 숭상하고 예법을 중시하는崇官重禮' 관습이다. 세 번째는 온갖 종류의 직업 군으로 구성된 하층 시민들로 체현되는 직업상의 행위 특징이다. 이 세 가지 계층 세력은 대체로 중국의 구 시대 사회 구조의 기본 성분을 개괄하고 있으면서, 이들 특색이 서로 융합하고 침투하여 베이징 사람들의 선명하고도 독특한 기질을 구성하고 있다.[17]

앞서도 말한 바와 같이 이 세 가지 계층 세력은 각각 황성과 내성, 외성으로 이루어진 베이징 성의 구성과 궤를 같이한다. 그러나 청왕조가 망하자 이런 구분이 없어지고 만주족의 귀족 문화와 토착 한족의 문화가 융합된 새로운 문화가 만들어졌다.

베이징 땅은 예부터 웅장하고 강인한 북방 문화의 땅으로, 멀리 춘추전국시대에는 '장사壯士들이 많은' 연나라와 조나라의 땅으로 이름을 날렸다. 그러나 현재 라오베이징인의 인격 속에는 이러한 웅장함이 없다. 원元 왕조 이래 8백여 년, 특히 청왕조 이래 300여 년 동안 나라의 수도로서 유복하고 안정된 생활이 이어지면서 그러한 특성이 함께 사라져 버린 것이다. 청왕조의 지배 하에 만주인들은 모두 귀족이어서 국가로부터 봉록을 받아 생활했다. 일하지 않아도 되었기 때문에 그들은 기생충 같은 존재가 되어 버렸다. 그들은 3백 년 동안이나 한산한 생활을 하면서, 꽃이나 새를 기르고 물고기나 곤충을 즐겼다. 희곡, 서화 등을 감상하고, 차를 마시고, 거리를 어슬렁거리는 게 일이었다. 그들은 시간을 때우려고 한담을 하다가 유머 감각을 길렀고, 귀족으로서 체면을 중시했기 때문에 예의를 차리는 생활 습관을 형성해 갔다. 그러나 20세기 벽두에 청왕조가 무너지면서 만주 귀족과 왕조의 관료들은 '민民'으로 격하되었고, 뒤에 중국의 수도마저 창장長江 유역의 난징으로 옮겨갔다. 그러자 이제 수도도 아닌 베이징에서 만주 귀족들과 관료의 문화와 서민들의 문화가 서로 융합되기 시작했다.[18]

사람들은 이렇게 만들어진 새로운 베이징 문화를 진정한 '경미' 문화라 부르거니와, 시간적으로는 국민당 정부에 의해 수도가 난징으로 옮겨지고 베이징이 '베이핑北平'이라는 이름으로 격하되었던 1928년부터 중일전쟁(1937)으로 베이징이 일본군에 의해 점령되기 전까지가 바로 이러한 경미 문화가 가장 성숙한 시기였다.

썩어도 준치라고 했던가? 베이징 사람들이 갖고 있는, 한 나라의 수

1. 문화적 혼종성의 좋은 예(?).

2. 새 키우기는 베이징 사람들이 가장 좋아하는 취미생활이다.

3. 후통에서.

4. 후통 속으로.

도에 살고 있다는 자부심을 넘어서 오만에 가까운 생각들은 은연중에 여러 곳에서 발견된다. 베이징을 대표하는 작가 라오서老舍의 소설 〈이혼〉에서 주인공 장슝구이張兄貴는 다음과 같이 생각했다. "베이핑 사람을 제외하면 모두 시골 사람이다. 톈진, 한커우, 상하이, 그리고 파리나 런던도 모두 시골이다. ……세계의 중심은 베이징이기 때문에." 곧 베이징은 중국의 수도를 넘어서 세계의 수도였던 것이다. 그런 자부심 때문인지 베이징 사람들의 베이징에 대한 사랑 또한 남다른 데가 있다.

> 베이징에서 온 사람에게 상하이 사람들은 늘 이렇게 묻는다.
> "상하이가 좋아요, 아니면 베이징이 좋아요?"
> 베이징에서는 이런 질문을 받는 경우가 거의 없다. 이것은 베이징 사람에게는 질문이 될 수 없기 때문이다. 도대체 중국 땅에서 베이징보다 좋은 곳이 어디 있단 말인가![19]

평생 베이징 토박이말로 베이징을 공간적 배경으로 삼은 작품을 썼던 라오서 역시 자신의 작품 곳곳에서 베이징에 대한 사랑을 숨기지 않았다.

> 나는 정말 베이핑을 사랑한다. 이 사랑은 거의 말하려 해도 말을 할 수 없을 정도다. 나는 어머니를 사랑한다. 어떻게 사랑하는가? 나는 말할 수 없다.……나의 베이핑에 대한 사랑도 이와 비슷하다. 이 오래된 도시의 어떤 점을 과장하는 것은 쉬운 일이지만, 그러나 그것은 베이핑을 너무 하찮게 보는 것이다. 내가 사랑하는 베이징은 그

런 말단지엽적인 그 무엇이 아니라, 그 전체가 나의 심령과 융합된 역사, 장소, 명승지의 풍경들, 비 내린 뒤의 스차하이의 잠자리가 곧장 내 꿈 속의 위취안산玉泉山의 탑 그림자로 와서 한 덩어리로 쌓인 것으로, 그 각각의 작은 일들 속에 내가 있고, 나의 각각의 사념 속에 베이핑이 있느니, 이것은 말할 수 없는 것이다(라오서, 〈베이핑을 그리워하며想北平〉).

어찌 이뿐이랴. 라오서의 대표작인 《뤄퉈샹쯔駱駝祥子》의 주인공 샹쯔는 군인들에게 잡혀 갔다 요행히 도망쳐 베이징에 다시 돌아온 뒤 감격스러워한다.

단숨에 시즈먼西直門 앞까지 이르자 인마가 벅적이는 풍경이 눈앞에 전개되면서, 여러 잡다한 소음이 귀를 따갑게 하고, 바삭한 먼지 냄새가 코를 찌르는데, 보드랍고 거무튀튀한 잿빛 흙을 밟으며 샹쯔는 땅바닥에 엎드려 그 잿빛 흙내가 물씬거리는 땅에 입을 맞추고 싶은 충동을 가까스로 억제하였다. 정다운 땅, 은전이 솟아나는 땅! 부모형제도 없고 집안 친척도 아무도 없는 그에게 유일한 친구라고는 이 옛 성 베이핑뿐이었다. 이 성은 그에게 온갖 것을 안겨 준다.……가오량차오高亮橋 서쪽에 겨우 닿자 그는 강가에 앉아 뜨거운 눈물을 주르르 흘렸다.[20]

키케로는 "장소에 내재해 있는 기억의 힘은 위대하다"고 말했다. 앞서도 말했듯이 베이징은 단순히 지리상의 좌표로만 설명되는 공간이 아니라 그곳에 살고 있는 사람들의 기억이 중첩되어 만들어진 하나의 근원적 공간인 것이다. 그리고 그 공간은 역사의 흐름과 함께 새롭게 생성되고 변화하고 있다.

후통의 변화와 대잡원의 등장

왕조시대의 베이징은 그 주요 기능이 황제를 비롯한 황실 가족과 그들을 보필하는 관원들의 거주지로 한정되었다고 해도 과언이 아니다. 비록 많은 숫자의 일반 백성들이 성 안에 살고 있었지만, 성의 주인은 엄연히 황제였다. 이에 따라 거주지 또한 높은 성벽으로 구분되어 황성과 내성, 외성은 크게 보면 하나의 성 안이지만, 각각의 공간 사이의 소통은 거의 없다시피 했다. 곧 근대 이전의 베이징은 황제의 권력을 체현하기 위해 치밀한 기획 하에 각각의 기능에 맞게 분리되었던 것이다.[21]

분리된 공간을 물리적으로 나누는 것은 높은 담장과 벽이었다. 베이징 성벽이 도시 전체를 감싸는 하나의 거대한 담장이라면, 내성과 외성을 구분하는 성벽 또한 각각의 공간을 나누는 담장이다. 그리고 내성의 내부는 다시 황성과 궁성으로 나뉘어 여러 개의 동심원이 하나의 위계 질서를 이루는 중첩된 구조를 갖고 있다. 어찌 그뿐이랴. 베이징에 살고 있는 일반 서민들의 대표적인 주거 형태인 사합원 역시 사방이 벽으로 둘러싸여 있다. 그래서 혹자는 베이징 사람들의 성격이 이러한 '담장 문화', 또는 '벽 문화'의 영향을 받은 것이라 주장하기도 했다. 그 담장堵 안에서 사람들은 비로소 편안하게 '안도安堵'의 한숨을 내쉴 수 있는 것이다.

한가한 여름 저녁, 저녁 해가 서편으로 저물고, 달이 동쪽에서 올라오면, 작은 의자를 가로놓고, 진하지도 연하지도 않은 차를 마시며, 친구들을 두셋 불러 세상사에 대해 이야기를 나눈다.[22]

또 어떤 이는 중국의 전통문화를 역대 왕조의 수도 별로 '창안長安 문화'와 '볜량汴梁-린안臨安 문화', '베이징 문화'로 구분한다. 그리고 세 문화의 각각의 특징을 '창안 문화'는 동서고금의 민족이 서로 융합되어 하나가 된 혼합형, 개방형, 진취형의 문화로, '볜량-린안 문화'는 응집형, 사변형, 수렴형 문화로, 그리고 '베이징 문화'는 폐쇄형, 보수형, 외래 문화에 대해 거부하면서도 마지못해 흡수한다는 식의 문화형으로 규정하기도 했다.[23] 이 구분을 따르자면, '베이징 문

후통 사람들.

화' 를 보수적이고 폐쇄적으로 만든 것은 결국 도시를 둘러싼 크고 작은 담장 때문이 아니었을까?

그러나 봉건왕조가 무너지고 난 뒤 베이징에는 큰 변화가 찾아 왔다. 그 변화를 몰고 온 것은 새롭게 베이징에 이주해 온 사람들이었다. 가장 최근에 일어난 사건은 바로 사회주의 신중국의 성립이다. 청 왕조 멸망 이후 중국은 군벌들이 각축을 벌이는 가운데 일본제국주의로 대표되는 외세가 전 중국을 유린했던 '내우외환' 의 현장이 되었다. 그러나 앞서도 살펴보았듯이 해방 이후 국민당과 공산당의 대결에서 국민당이 타이완으로 쫓겨 가고 새롭게 대륙의 주인이 된 중국 공산당은 베이징을 자신들의 의도에 맞게 철저하게 개조했다. 그리고 베이징의 주요한 거주 공간인 사합원四合院의 주인도 바뀌었다.

본래 베이징의 가장 보편적인 주거 형태인 사합원은 한 가족이나 하나의 호구가 거주하던 공간이었다. 그러나 1949년 신중국 수립 이후, 특히 문혁 이후 하나의 사합원을 개조해 새로 방을 들이거나 해서 직업이나 신분, 나아가 경제적인 조건이 서로 다른 사람들이 모여 살게 되면서 본래의 면모를 잃게 되었는데, 이것을 '대잡원大雜院' 이라 부른다. 이것은 말 그대로 '크고 잡다하며 어지러운 정원大而雜亂的院子' 이라는 것을 의미한다. 한 가구가 살았던 사합원이 여러 가구가 밀집해서 살아가는 대잡원으로 바뀐 것은 서울의 오래된 단독 주택이 점차 다세대 주택으로 바뀐 것과 동공이곡同工異曲인 셈이다.

사실상 대잡원의 등장은 베이징의 인구가 늘어남에 따라 어쩔 수 없이 생겨난 현상이라고 봐야 할 것이다. 아울러 베이징의 역사만큼이나 오래된 후통의 사합원들은 더 이상 방치할 수 없을 정도로 낡아 베이징의 도심은 점차 슬럼화되고 있는 것도 사실이다. 이에 따라 후통의 재개발이 추진되고 있는데, 이것은 꼭 앞서 말한 국가 권력이나 자본의 논리에 따른 재개발과도 또 다른 의미에서 진행되는 자연스러운 과정이라고 할 수 있다. 그런데 후통의 재개발에도 몇 가지 유형이 존재한다.

> 쥐얼후통菊兒胡同 개조 작업은 후통 내 상태가 좋은 사합원은 원상태로 남겨두고, 인구가 조밀하고 붕괴 위험이 있는 곳은 사합원 식 배치를 살려 2~3층짜리 건물을 짓도록 하는 것이다. 궈쯔젠제國子監街의 구획 정리는 시장 매커니즘에 따라 낡은 주택과 공장 건물을 철거하고 사합원을 새로 지어, 옛 거리에 더욱 고풍스러운 분위기가 나도록 했다. 하지만 개발업자들은 대규모 부동산 개발에 따라오는 경제적 가치를 따지기 때문에, 쥐얼후통 개조공사 같은 소규모 방식에는 어려운 점이 있다. 경제적인 어려움이 있지만, 후통의 전통적 개조는 시험 단계에 들어서 있다.
>
> 2002년 2월 21일, 베이징 시 계획위원회 책임자는 싼옌징후통三眼井胡同이 베이징 시내 최초로 사합원 본래의 풍격을 간직하면서 동시에 현대적 시설을 갖춘 역사문화 보고구역이 될 거라고 말했다. ……이번의 새로운 사합원 개조 방안은 본래 사합원이 가진 건축과 골목 사이의 척도와 비례관계를 유지하고 사합원의 건축 스타일을 유지하면서, 그 기초 위에서 건축 척도를 조정하여 현대인의 생활에 적합하도록 만들어 갈 것이다. 설계 방안에 따르면 사합원의 자연스럽고 조화로운 분위기, 그리고 역사적 무게감을 최대한 살린다. 도로가 융통성이 없다거나 건축이 특색 없이 비슷하기만 하다거나 공간에 변화가 부족하다거나 하는 폐단을 피하고, 대문·가림

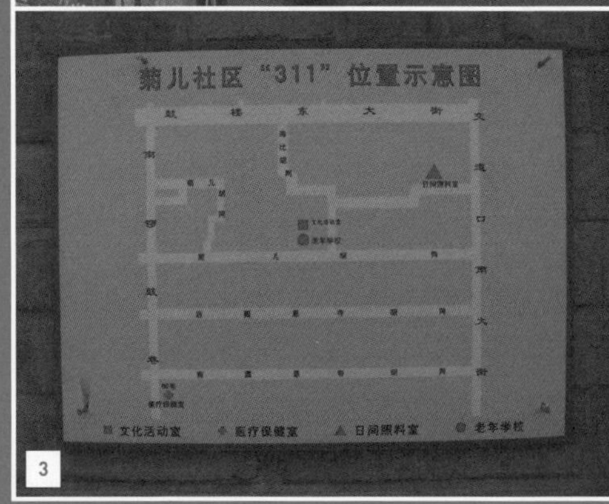

1, 2. 여러 세대가 살고 있는 대잡원 안쪽 풍경..

3. 쥐얼후퉁 배치도.

담·조각된 벽돌·편액·대련 등 세부 설계를 결합시킨다. 이로써 싼옌징 역사 문화 보호구역에 전통과 역사의 문화적 함의와 생명력을 불어넣는다는 것이다.[24]

혹자는 도시의 공간은 하나의 역사적 생산의 과정이며, 사회적 존재의 매개체이자 산물이라고 주장했다.[25] 결국 베이징 시내의 후통에서 일어난 변화 역시 중국 현대사의 흐름과 맥을 같이 하고 있으며, 그곳에서 일어난 정치적 격변이나 사회 현상 등이 공간으로 체현된 하나의 결과물이라 할 수 있다. 같은 맥락에서 브론펠스는 도시를 정치형태와 이상적 질서의 반영이라고 규정했다. 그것은 새로운 정치적 프로그램은 항상 새로운 형태의 건축 및 도시를 필요로 해 왔으며, 결국 과거의 도시들은 당시의 정치적 현실을 재현한 것[26]이기 때문이다.

신중국 수립 이후 베이징에는 새로운 이주민들이 대거 몰려들었다. 이들은 베이징의 새로운 주인들이라 할 수 있는 중국공산당의 간부와 관료, 그리고 대학이나 연구소 등과 같은 교육기관에 소속된 지식인들이었다. 이들의 등장으로 베이징의 분위기 역시 빠른 속도로 변화했는데, 이제 베이징은 더 이상 보수적이고 폐쇄적인 도시가 아니라 오래된 것과 새로운 것, 보수와 급진, 아雅와 속俗이 병존하는 도시가 되었다.[27] 무엇보다 이들 신 베이징인들의 주거지는 이제까지 베이징에 존재하지 않았던 새로운 문화를 만들어 냈다.

후통 문화와 대원 문화

황제와 관료들이 베이징의 주인이었던 시절에도 베이징은 궁정 문화와 사대부 문화 등 정통 체제 문화와 세속사회의 서민 문화가 극명하게 대립했다. 그것을 가능하게 만든 것은 황실 및 관료기관과 관료들의 거주지를 일반 백성들과 분리시켰던 높은 성벽이었다. 그런데 왕조가 멸망한 뒤에 등장한 신중국에도 이러한 성벽이 다시 등장했다.

> 시창안제西長安街의 연장선상에 있는 무시디木樨地에서 북쪽으로 바이스챠오白石橋를 거쳐 중관춘中關村에 이르는 대로 양편에서 우리는 또 하나의 도시 경관을 보게 된다. …… 과거 황량한 교외였던 이곳의 큰길 양옆으로는 담벼락과 담벼락이 죽 이어진다. …… 대부분의 대문에는 기관이나 부문의 이름이 표시되어 있지 않고, 그저 비밀스런 번호판이 걸려 있을 뿐이다.[28]

이곳이 바로 신중국 수립 이후 새롭게 베이징에 이주한 신 베이징인들의 집단 거주지인 '대원大院'이다. '대원'은 벽으로 둘러싸인 넓은 정원을 의미하는데, 이것은 같은 단위單位(사회주의 중국에서 직장을 일컫는 새로운 용어)에서 근무하는 사람들이 한데 모여 사는 단지를 가리킨다. 1949년 사회주의 정권이 들어선 뒤 베이징에는 중국공산당 간부와 지식인들이 주류를 이루는 이른바 '신베이징 인'들이 대거 몰려들었다. 대원은 바로 이들을 위해 넓은 부지에 담장을 두르고 그 안에 주택과 사무실, 병원, 상점 등 일상생활에 필요한 시설들을 두루 갖추어 놓은 공간이었다. 그래서 대원에 사는 사람들은 굳이 일을 보러 외부에 나갈 일이 없었다.

베이징의 대원은 두 종류로 나뉜다. 하나는 공산당, 정부, 군의 지휘기관이고, 또 하나는 과학, 교육, 예술 분야, 예를 들면, 대학, 연구소, 극단, 병원 등의 기관이다. 전형적인 대원은 일터와 직원의 생활 구역이 일체화된 독특한 공간을 만들어 낸다. 벽으로 둘러싸인 광대한 구역에 거주 인구는 수천 명에서 수만 명에 이르고, 거의 모든 기능이 집중된 작은 사회를 구성하고 있다.
강당, 체육관, 수영장, 각종 모임 장소, 공중목욕탕, 병원, 상점 등 일체가 갖춰져 있다. 일부 대원에는 유치원, 초등학교, 중등학교, 우체국, 서점, 은행, 파출소 등도 있다. 직장에서부터 의식주에 이르기까지 모든 것이 소속 기관에 의해 제공·관리되고, 생활에 필요한 것은 거의 다 대원 안에서 얻을 수 있다.[29]

'대원' 의 등장은 베이징의 주인이 또 한 번 바뀌었다는 것을 의미한다. 오랫동안 베이징에 터를 잡고 살아 왔던 '라오베이징' 들을 밀어내고 신중국 수립 이후 베이징에 새로 이주해 온 '신 베이징' 들이 베이징의 새로운 주인이 된 것이다. 이들은 "주로 국가기관이나 당 중앙 소속의 선전과 이론, 뉴스, 출판 부문, 과학원, 대학, 국가 급 문화예술 단체 등 중국의 상층기관에서 일한다." 그리고 이들은 대부분 베이징 토박이들이 아니기 때문에 이들이 쓰는 말은 토박이 베이징 어가 아니라 "각 지방의 사투리를 엮어 주는 표준어, 즉 보통화普通話다." 그것은 어쩔 수 없는 것이다. 그동안 최고 권력자의 위치에 올라 베이징에 거주하며 중국을 통치했던 지도자들을 보더라도 마오쩌둥은 후난湖南 태생이고, 덩샤오핑鄧小平은 쓰촨四川 사람이다. 이들 말고 대부분의 상층계급 사람들 역시 대부분 지방 출신이기에 엄밀하게 말하자면, 베이징에서 통용되는 최고계층의 말은 지방 방언이라 해도 과언이 아닌 것이다.[30]

대원에 살고 있는 사람들은 점차 베이징이라는 대도시 내의 독립된 게토의 거주민이 되어 그들만의 문화를 만들어 냈다. 곧 왕조시대에 황성과 내성, 외성으로 구분되어 각각 별개의 문화가 발달했듯이, 대원의 등장으로 인해 기왕의 후통을 중심으로 발달해 온 '경미' 문화에 새로운 변화가 찾아온 것이다. 이에 혹자는 오랫동안 베이징에 터를 잡고 살아 왔던 베이징 토박이인 '라오베이징'의 문화를 '후통 문화'라 한다면, 신중국 수립 이후 베이징에 이주해 온 '신베이징'의 문화는 '대원 문화'로 부를 수 있다고 주장했다. 이 두 가지 문화는 근대 이전 내성과 외성에 살았던 사람들의 문화가 서로 달랐던 것 이상으로 큰 차이를 보이고 있다.[31]

첫째, 본래 베이징의 기본 단위는 사합원, 곧 가정이었으나, 신중국 시대의 베이징의 기본 단위는 대원, 곧 '단위'가 되었다. 그리고 사합원이나 대잡원에서는 다양한 신분과 직업의 사람들이 한데 어울려 살지만, 대원의 거주민은 같은 '단위'의 직원들과 그 가족들이다. 두 곳에 살고 있는 거주민들은 서로간에 교류조차 없었으니, 생활방식 또한 완전히 딴판일 수밖에 없었다. 대원에서 태어나 살고 있는 아이들은 후통의 사합원에 들어가 본 적도 없었고, 초·중등학교를 대원 안에서만 다녔기 때문에 자연스럽게 후통에 살고 있는 친척이나 친구가 없었다. 그러다 보니 대원에 살고 있는 사람들은 자신이 베이징 시민이라는 생각조차 희미한 경우가 많이 있다. "이 때문에 그들이 '베이징이라는 곳'을 이야기할 때, 자신이 사는 곳이 아닌 다른 곳을 이야기하듯이 한다."

본래 베이징 문화를 대표했던 '경미' 문학의 선도자 격인 작가 류신우劉心武는 자신의 소설《중구러우鐘鼓樓》에서 베이징 시민의 정의를 다음과 같은 일곱 가지로 열거한 바 있다.

> 여기서 말하는 시민은 광의의 시민이 아니다. 넓은 의미에서 말하자면 베이징에 거주하는 사람은 모두 베이징 시민이다. 여기서 말하는 시민은 그런 '토착'적인 성격을 가진 시민을 가리키며, 곧 최소한 3대 이상 베이징에 거주하고, 베이징의 '하층사회'를 구성하는 그런 가장 보편적인 주민들인 것이다. 여기서 '하층사회'는 당연히 차용해 온 어휘다. 신중국 성립 이후에는 베이징 성의 어떤 주민들이라 하더라도 인격적으로 모두 평등하며 착취자와 피착취자, 압제자와 피압제자의 계층 구분은 존재하지 않는다. 그래서 좀더 정확하게 표현하자면 그들의 특징을 다음과 같이 개괄할 수 있다. 첫째, 정치적인 지위로 말하자면 간부의 범주에 속하지 않는다. 둘째, 경제적인 지위로 말하자면, 낮은 봉급자의 범주에 속한다. 셋째, 전체적인 문화 수준으로 말하자면, 낮은 문화 범주에 속한다. 넷째, 전체적인 직업의 특징으로 말하자면, 대부분 도시의 서비스업이나 공업 가운데서는 기술적인 숙련도가 조금 떨어지는 육체 노동적 요소의 비중이 좀더 높은 쪽에 속한다. 다섯째, 거주 구역으로 말하자면, 대부분 베이징 성 안의 아직 개발이 덜 된 크고 작은 후통과 대잡원大雜院에 집중되어 있다. 여섯째, 생활방식으로 말하자면, 상대적으로 전통적인 색채를 비교적 많이 보존하고 있다. 일곱

째, 그 전체적인 상황으로 볼 때 베이징 성 내의 기타 거주민들보다 한 곳에서 오래 살려고 하는 안정성이 높다.

그러나 이런 정의도 이젠 옛말이 되어 버렸다. 이제 베이징의 주인은 더 이상 후통이나 대잡원에 살고 있는 거주민이 아닌 것이다. 이에 따라 대원에 살고 있는 아이들은 후통에 살고 있는 아이들에 대해 신분적인 우월감마저 갖게 되었다. 심지어 문화대혁명 때 그 전위대 역할을 했던 홍위병운동 역시 베이징의 유명 중고등학교에 다니는 고급 간부 자녀들이 시작한 것이었다.

1966년 5월 29일, 칭화대학淸華大學 부속중학 학생 7명이 처음으로 비밀리에 홍위병을 조직했다. 그 뒤를 이어 베이징의 명문중학교(중·고등학교)들이 홍위병 운동의 주력 학교가 되었다. 8·1학교, 10·1학교, 베이징대학 부속중학, 런민대학人民大學 부속중학, 101중학, 위잉育英중학, 제4중학, 제6중학, 제8중학, 사범대학 부속여자중학, 징산景山학교 등이 이름을 올렸다. 이들 학교는 어느 곳이나 고급 간부 자녀들의 전문학교이거나, 그들이 많이 다니는 엘리트 학교였다.
동세대의 공통 의식이 형성되는 중요한 조건은 빈번한 접촉과 교제가 이루어질 수 있는 환경이다. 고급간부 자녀가 모이는 학교와 그들이 집중하여 거주하는 대원大院은 이 조건에 딱 들어맞는 곳이었다.[32]

대원 안에서 '신 베이징 인' 들은 단순한 '대원 문화' 가 아닌 일종의 '엘리트 문화' 를 만들어 냈고, 그 자녀들 역시 그런 엘리트 문화에 물든은 데다 어려서부터 같은 학교를 다니며 자신들의 신분에 대한 우

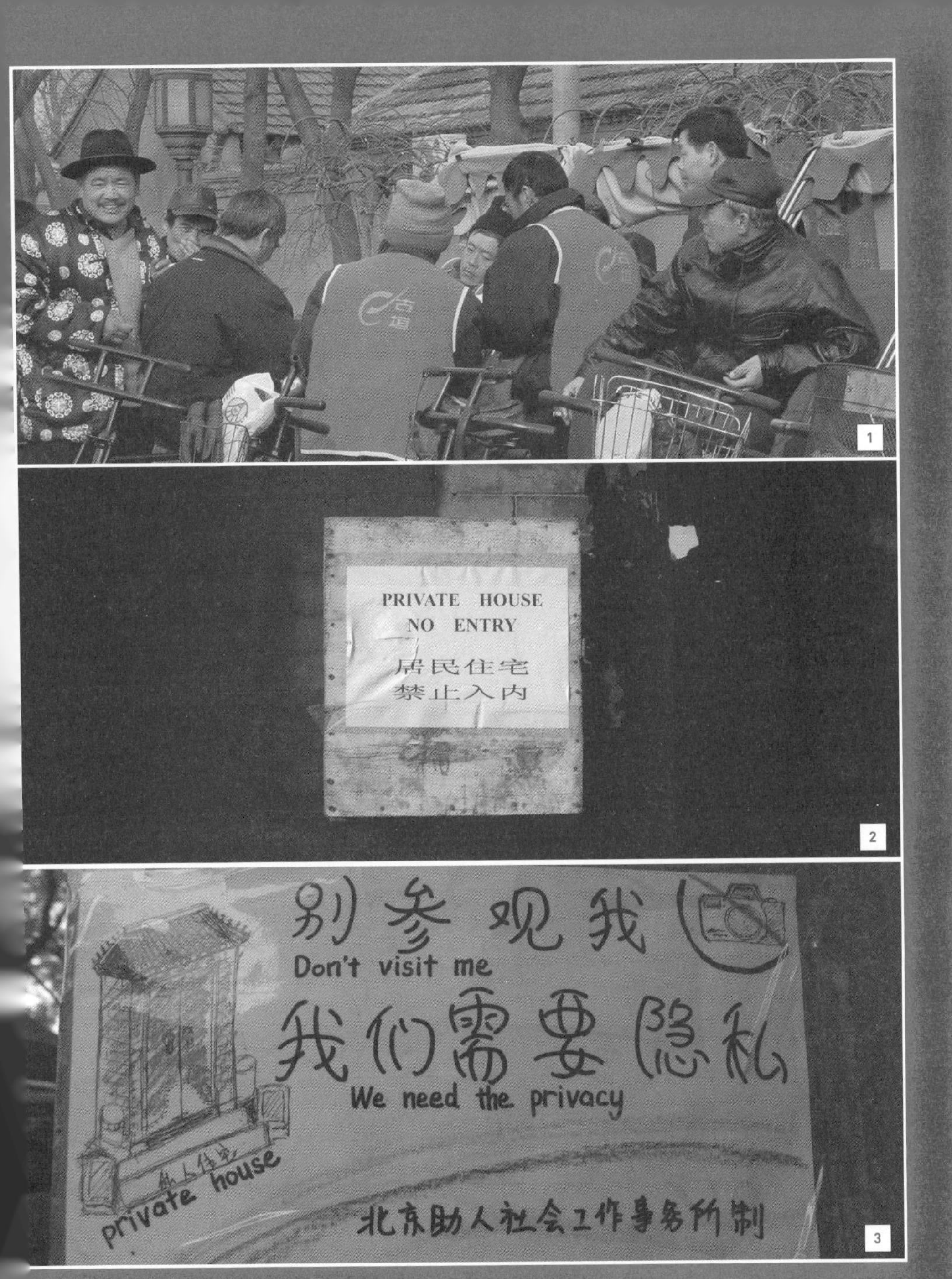

1. 베이징 중러우鐘樓와 구러우鼓樓 사이에 있는 광장에서 손님을 기다리며 소일하고 있는 인력거꾼들.

2~3. "귀찮게 하지 마세요. 우리에게도 사생활이……."

월감을 키웠다. 거기에 그 부모들인 중국공산당 간부와 지식인들은 일찍부터 혁명에 참가해 간난신고를 겪으며 오랫동안 군사화, 조직화, 집단화된 군인생활에 익숙해 있었고 자신들의 자녀가 공산주의청년단('공청' 이라 약칭함)이나 공산당에 입당해 자신들과 같은 길을 걸을 것을 기대했다. 그런 까닭에 그 자녀들은 어려서부터 정치에 대한 야심이 강했고, 상대적으로 정치에 대해 무관심하고 별다른 욕심 없이 살아가는 후통 내 사합원에서 살아가는 '소시민' 들을 바보 취급했다. 그러나 대원 문화가 베이징에서 주류 엘리트 문화가 되었다고는 해도, 사실상 큰 강물 속에 도저히 흐르는 우통수처럼 오늘도 묵묵히 베이징을 지켜가고 있는 것은 후통에서 살고 있는 절대 다수의 '베이징 시민' 이라 할 수 있다.

베이징 사람들

다스라大柵欄에 갔었다

베이징을 찾는 외국인들에게 가장 유명한 성문은 아마도 톈안먼天安門일 것이다. 하지만 베이징 토박이라 할 수 있는 라오베이징老北京들에게 가장 친근하게 다가오는 것은 쳰먼前門이다. 앞서 살펴본 대로 쳰먼의 정식 이름은 정양먼正陽門이지만, 우리가 숭례문을 남대문이라 부르듯 베이징 사람들은 정양문을 쳰먼이라 부르고 있다. 이 쳰먼을 중심으로 남쪽으로 똑바로 난 길이 쳰먼다제前門大街이다. 그리고 쳰먼을 등지고 쳰먼다제 오른쪽으로 '다스라'가 있다. 다스라는 한자로 '대책란大柵欄'이라고 쓰고, '다자란'이라 읽는데, 베이징 방언으로 '얼화兒化'를 해서 '다자랄'로 읽을 수 있다. 하지만 베이징 토박이들은 이곳을 '다자란'이라 부르지 않고 '다스라' 또는 '다스랄'이라고 부른다. '자柵'를 '스市'로 읽고 어미를 베이징 말의 특징 가운데 하나인 '얼화兒化' 시킨 것이다.

잘 알려져 있다시피 중국에는 수많은 소수민족들이 있으며 지방마다 말이 저마다 달라 거의 외국어를 방불케 한다. 그래서 중국에도 표준어가 제정되어 있고, 정치 문화의 중심지인 베이징 말이 그 역할을 담당하고 있으며, 이를 일러 '푸퉁화普通話'라고 한다. 베이징 말이 곧 '푸퉁화'인 것이다. 하지만 베이징 말이 표준말로 제정되었다고는 해도, 베이징 토박이 말 역시 살아 있으며, 표준말에 귀속되지 않고 베이징 사람들끼리만 통용되는 말 역시 적지 않다. 따라서 범박하게 말하자면 베이징 말이 곧 '푸퉁화'라고 말할 수 있지만, 엄밀하게 보자면 양자는 이미 서로 다른 점을 많이 갖고 있다. '다스라' 역시 베이징 토박이 말 정도로 이해하면 될 것이다.

본래 첸먼 남쪽 지역은 베이징에서 가장 번화했던 상업 지구였기에, 예전에는 방범과 방화를 위해 다른 곳보다 더 큰 목책木柵을 쳐 놓았다. '다스라大柵欄'라는 명칭은 바로 여기서 온 것이다. 이곳은 첸먼다졔 바로 옆에 있는 주바오珠寶 시장과 수많은 호텔, 여관 등이 밀집해 있는 상업 지구로 굳이 비유하자면 우리의 남대문 시장 정도에 해당한다. 다스라에는 역사와 유래가 오래된 점포들, 이른바 '라오쯔하오老字號'가 밀집해 있다. 다스라 바로 옆길인 첸먼다졔 쪽에는 유명한 오리구이집인 '취안쥐더全聚德'와 건륭 황제가 직접 가게 이름을 하사했다는 유명한 음식점인 '두이추都一處'가 있고, 다스라 안에는 '퉁런탕同仁堂' 약국과 차엽茶葉을 파는 '장이위엔張一元', 비단가게인 '루이이푸상瑞蚨祥' 등과 같은 오래된 가게들이 즐비하게 늘어서 있다. 이 가운데 가장 먼저 문을 열었다는 '퉁런탕同仁堂' 약국이 1702년에 개업을 했다니 이들 가게들의 역사를 헤아려 볼만하다. 이는 곧 다스라라고 하는 골목의 역사를 말해 주기도 해, 이곳이야말로 베이징의 무지렁이 백성들의 삶의 터전이자 삶 그 자체라고도 말할 수 있다.

지하철 첸먼 역에서 내려 유유히 큰 길을 가로질러 첸먼다제 오른쪽의 주바오 시장의 좁은 골목으로 들어서면 제일 먼저 마주하는 비단 상점 첸샹이謙祥益 건물을 지나 벼라별 잡동사니를 잔뜩 벌여 놓은 작은 가게 골목을 여유로운 마음으로 지나치면 다스라가 시작되는 조금 더 큰 골목 어귀에 들어서게 된다. 좌우에 즐비한 '라오쯔하오'들을 지나쳐 곧장 동에서 서쪽으로 길을 따라가면 유명한 '류리창琉璃廠'까지 이어지게 된다. 가는 도중 주위에 늘어서 있는 이런 저런 가게들을 구경하다 보면 그야말로 시간 가는 줄 모르고 하루가 간다. 그 와중에 가게 점원과 실랑이 끝에 허접한 물건이라도 몇 개 사게 되면 그것으로 하루의 전리품을 삼을 수 있으니, 이것은 거리 구경의 덤이라고나 할 수 있을지. 다스라에 가면, 진짜 베이징 사람을 만날 수 있다.

하지만 다스라는 베이징 올림픽(2008)을 치르면서 대대적인 정비에 들어가 현재는 대부분의 지역이 철거되었다. 올림픽이 단순히 운동경기만을 의미하지 않는다는 의미에서 보자면, 20세기 들어 격변의 시간을 보냈던 베이징은 또 한 번의 일대 변신을 겪은 것이다. 문제는 중국의 역사가 항상 그렇게 흘러왔듯이 이 모든 변화를 추동하는 힘이 아래로부터의 자발적인 참여가 아닌 강력한 국가 권력의 개입에 의해 이루어지고 있다는 데 있다. 과연 21세기의 중국은 과거의 구태를 벗고 새로운 시대를 열어 갈 수 있을 것인가?

1. 다스라.

2, 3. 다스라 거리 풍경.

4, 5. 다스라에 있는 유명한 식당 '두이추都一處' 의 명물 샤오마이를 빚는 모습.

6. 다스라의 라오쯔하오老字號 비단 가게 루이푸샹瑞蚨祥.

客房
滌乾水獺大氅領袖
選擇精良價值克己

2

专业修改

3

瑞蚨祥鴻記
中国丝绸
大栅栏老北京美食城
滌乾水獺大氅領袖
選擇精良價值克己
顧繡粧品時式新衣
絲呢各種細毛皮貨
綢緞紗羅麤細布匹
哈喇回絨西服絨呢
本號向在中外安莊
定織采辦頭等加重

6

베이징의 명동, 왕푸징王府井

왕푸징은 우리로 말하자면 명동과 같은 곳이다. 왁자지껄한 먹자골목이 있는가 하면, 세련된 백화점들이 들어서 있고, 너른 보도 위에서 객기를 부리며 부유하는 청춘들이 있고, 깃발 든 가이드를 따라나선 한 무리의 여행객들이 주위를 두리번거리고, 우리의 명동성당처럼 단아한 성당 건물이 자리하고 있는 곳, 그래서 사시사철 언제나 사람들로 넘쳐나는 곳이다.

왕푸징은 그 역사가 원나라 때까지 거슬러 올라간다. 당시는 황제의 아들인 왕들이 모여 살던 곳이라 '왕부王府'라 불렸는데, 명대에 이미 상업이 번성했고, 청 광서光緖년간에 이곳에 물맛이 좋은 우물이 있었다 하여 '왕푸징王府井'이라는 이름이 붙은 것이라고 한다. 한편 중국

언제나 많은 사람들로 붐비는 왕푸징 대로.

인들은 이곳을 미국의 맨허튼이나 도쿄의 긴자銀座에 견주고 있다.

세계 어느 곳을 가든 마찬가지겠지만, 모든 도시들은 그 나름의 특색을 만들기 위해 도시의 명소에 의미를 부여한다. 예전에는 그저 이곳에 왕들이 살았던 왕부가 있었을 것이고, 물맛이 좋은 우물이 있어 '왕푸징' 이라는 지명이 생겨났을 것이다. 그러나 왕푸징이 도심에 위치한 명소가 되자 왕푸징이라는 기표는 단순히 하나의 지명에 그치지 않고 베이징에서 찾아가 볼만한 명소를 대표하는 하나의 기호가 되어 버린다. 어렵사리 베이징에 걸음한 여행객들은 자신들이 베이징을 찾았다는 표지를 남기기 위한 증거물이 필요하며, 각 지역의 명소는 그들이 집을 떠나 모처에 있었다는 것을 입증하는 부재증명, 곧 알리바이를 위한 수단이 되어 버린다.

왕푸징王府井의 상징물인 옛 우물.

롤랑 바르트가 설명한 대로 기호란 단순히 지시적이거나 기술적인 메시지가 아니라 언어·사진·경관 등과 같은 커뮤니케이션 체계의 일부이다. 기호는 기표와 기의로 구성되는데, 기표와 기의가 완벽하게 결합하여 제3의 것, 즉 기호가 생겨난다. ……실외장식 자체는 글자의 크기나, 색상, 외설스러운 그림으로 인해 '에로틱화' 되며, 사실 엄밀히 말하면, 우리의 경험에는 에로틱화한 파사드=기호만 남게 된다. 그러나 이 파사드는 또 다른 기호체계에서 보면 기표가 된다. 이러한 파사드가 런던 중심가에 현존함으로써, 그 현존은 묵인, 즉 우리가 관용적이고 자유주의적인 사회에 살고 있음을 기호화한다.[33]

왕푸징에 다녀왔다는 것은 그가 현재 살고 있는 한 지점을 벗어나 베이징이라고 하는 새로운 장소에 가본 적이 있다는 것을 확증해 준다. 단순히 베이징에 갔다 온 적이 있다는 언명은 듣는 이에게 별다른 감흥을 주지 않는다. 하지만 '왕푸징' 이라는 소리의 울림은 중국이라는 외국의 수도인 베이징의 한 지역이라는 의미를 넘어서, 그것으로 촉발되는 수많은 이미지들을 이끌어 낸다. 약간은 들뜬 기분으로 넓은 대로를 활보하는 여행객들과 화려한 쇼핑몰, 관광객들을 싣고 끊임없이 오가는 무궤전차, 해가 지면 불야성처럼 불을 밝힌 야시장과 갖가지 음식 재료들을 굽는 매캐한 연기가 가득 찬 좁은 골목들……. 그곳을 다녀온 여행객이 전하는 왕푸징은 듣는 이에게는 더 이상 이 세계에 실재하는 공간이 아니라 '릴리퍼트(걸리버 여행기에 나오는 소인국)' 나 '라퓨타(마찬가지로 걸리버 여행기에 나오는 하늘을 나는 섬 나라)' 인 것이다.

근대 이전에는 동서양을 막론하고 여행이 보편적이지 않았다. 그것은 교통수단이 불편했던 탓도 있지만, 그보다는 신변상의 안전을 보장할 수 없다는 게 더 큰 문제였다. 근대적인 의미에서의 치안 개념이 부재했던 시대에 길을 떠난다는 것은 곧 목숨을 걸고 생의 마지막 길을 떠나는 것인지도 모를 일이었기에, 아무나 여행을 할 수 없었다. 연도에는 여행객의 짐 보따리를 노리는 흑주점黑酒店들이 늘어서 있어 정체불명의 약을 먹이고 금품을 털거나 심지어 목숨까지 빼앗는 일이 비일비재했다. 호젓한 산길에는 으레껏 산중호걸이 길을 막고 있다 통행료를 요구했던 시절이었다. 근대 이전뿐 아니라 근대 초기에도 상황은 크게 다르지 않았다. 사람들은 실크로드 여행을 낭만적으로 생각할지 모르지만, 근대 초기 제국주의 세력의 각축장으로 변

왕푸징王府井 대로.

해 각국의 탐험가들이 기득권을 선점하기 위해 앞다퉈 중앙아시아로 진출했을 때, 탐험가들은 자신들의 여행 경비를 노리고 호시탐탐 기회를 노리는 비적 떼로부터 자신을 지키기 위해 항상 총을 들고 마차 위에 앉아 사주 경계를 해야만 했다. 그 와중에 사람들의 발길이 닿지 않는 곳에서 불귀의 객이 된 탐험가의 이야기는 여행이 더 이상 낭만일 수 없다는 사실을 일깨워 주고 있다.

한편 여행을 따분한 일상으로부터의 탈출이라는 말로 은유하거니와 이 말을 뒤집으면 집을 떠나는 그 순간부터 우리는 비상 상태에 놓이게 된다는 것을 의미하게 된다. 일단 집을 떠나면 우리 몸은 항상적인 긴장 상태에 놓여 아무것도 하는 것 없는 것 같은 데도 심한 피로감을 느끼게 된다. 그런 육신의 피로는 흔히 '여독旅毒'이라는 말로 대신하는데, 얼마나 힘이 들면 인체에 치명적인 '독'으로까지 비유하겠

왕푸징王府井 대로에서의 활보.

는가? 실제로 여행을 자주 다녀본 사람들은 여행 기간이 길면 긴 대로 짧으면 짧은 대로 나름의 회복 시간이 필요하다는 것을 알고 있다. 그래서 집을 떠나면 금방 느끼게 된다. 평소에 따분하게 느꼈던 일상이 사실은 우리가 편안한 마음으로 쉴 수 있는 안식처라는 것을. ……그리하여 길을 나선 뒤 하루 또 하루가 가면 그렇게 떠나고 싶었던 집으로 돌아가고 싶어진다. 앞서 설명한 바 있는 '장소'와 '공간'의 개념으로 말하자면, 집으로 대표되는 "장소는 안전을 의미하며, 공간은 자유를 의미한다. 즉 우리는 장소에 고착되어 있으면서 공간을 열망"[34] 하게 되는 것이다.

그러한 열망은 우리를 평소와 다른 존재로 호명한다. 곧 "이동할 때마다 우리는 다른 이름을 얻게" 되는데, 그것은 "신입자, 낯선 사람, 이민자, 관광객, 통근자" 등과 같이 다양한 페르소나이다. 여행길에 오른 나는 다른 무엇이 되기 위해 미련 없이 평소의 자아를 벗어 버리고, 돈을 물 쓰듯 쓰고, 호색가가 되기도 하며, 아무 곳에나 거리낌없이 휴지를 버리는 사람이 되기도 한다.[35]

왕푸징을 찾는 관광객들은 낮에는 베이징 시내의 다른 볼거리를 둘러보고, 밤이 되면 베이징 밤거리 풍경의 정취를 느끼기 위해 이곳을 찾는다. 하지만 이미 낮시간 동안 수월찮은 일정을 소화해 낸 터라 곤고한 육신은 인간의 가장 기본적인 욕구에 대한 충족을 갈망하게 마련이니, 그들을 위해 왕푸징의 밤거리는 푸짐한 먹거리의 성찬을 준비하고 그들을 맞이한다.

왕푸징의 '먹자골목'은 두 군데로 나뉘어 있다. 그중 하나는 유명한 훈둔 체인점인 '훈둔허우餛飩侯'가 있는 '둥안먼다제東安門大街'이고, 다른 하나는 맥도날드 건물 건너편에 있는 '왕푸징샤오츠제王府井

1. 왕푸징의 밤거리.
2. 둥안먼다제東安門大街의 샤오츠제小吃街.
3. 왕푸징샤오츠제王府井小吃街의 먹거리들.

2
3

小吃街' 이다. 먼저 '둥안먼다제' 에 있는 먹자골목은 거리 전체가 음식물을 벌여 놓은 포장마차들로 이루어져 있다. 각각의 포장마차에는 중국 각 지역의 대표적인 먹거리들이 제각기 손님을 기다리고 있다. 여기에는 일상적인 음식들뿐 아니라 번데기(중국 번데기는 크기가 우리 것의 두 배쯤 된다)나 전갈, 심지어는 뱀과 같이 이색적인 먹거리들이 포함된다.

중국을 처음 방문하는 사람, 특히 중국에 대해 환상 같은 것을 가진 사람이라면, 우선 죽 늘어서 있는 포장마차의 숫자와 몬도가네를 연상케 하는 갖가지 먹거리 재료들에 기가 죽게 마련이다. 이 점은 '왕푸징샤오츠제' 도 마찬가지이다. 전자와 다른 점이 있다면 여기는 길거리는 아니고 그래도 한 구역 전체를 식당가로 꾸며 놓았다는 것일 따름이다. 이곳에는 각자의 점포를 따로 내고 나름대로 앉을 수 있는 의자 정도는 구비되어 있다.

하지만 두 곳 모두 음식의 맛은 최악이다. 어차피 이곳의 음식이라는 게 먹기 위해서라기보다는 관광객들에게 이국적인 취향을 보여 주는 데 의의가 있는 것이라면, 애당초 기대할 게 없는 곳인지도 모른다. 게다가 이곳은 베이징의 심장부, 관광객들로 북적대는 닳고닳은 장사치들의 사바세계인 바에야 가격 또한 녹록치 않을 터. 원래 토박이들은 이런 곳에 밥 먹으러 가지 않는다. 하지만 여행객들로서도 그리 섭섭할 건 없다. 이 모두는 인간의 기본 욕구를 해결하기 위한 것이 아니라 그저 관광객들에게 보여주는 하나의 이벤트에 지나지 않는 것인지 모른다. 여행객들은 집에 돌아가면 자신이 보고 들은 바를 주위 사람들에게 풀어 낼 것인즉, 포장마차 위의 모든 것들은 그런 무용담을 빛나게 하는 소품에 지나지 않을 것이다.

판쟈위안潘家園은 없다

댓돌 위에 놓인 요강
뚫어진 창호지에 박혀 있는 때에 절은 버선짝.
회전목마, 분수대, 브론즈…….
20세기가 가져다 준 이미지 속에
나의 19세기가 잠겨 있는
이것이 역사라고.

판쟈위안潘家園은 베이징의 동남쪽에 자리잡은 골동품 시장으로, 정식 명칭은 '판쟈위안골동품시장潘家園舊貨市場'이다. 유명한 류리창琉璃廠이 주로 문방사우를 중심으로 한 비교적 정제된 물품들을 판매하는 곳으로 우리의 인사동 정도에 해당한다면, 판쟈위안은 생활용품을 위주로 하기 때문에 굳이 비교하자면 우리의 황학동 정도에 해당한다고 보면 된다. 결론부터 말하자면, 베이징을 찾는 일반 여행객이 판쟈위안을 찾아 나선다는 것은 그리 녹록치 않은 일이다. 그것은 베이징에는 이곳말고도 가 봐야 할 곳이 워낙 많은 데다가 주말이라는 시간을 맞추기가 쉽지 않기 때문이다. 하지만 조금 시간이 넉넉하다면, 무엇보다 오래되고 손때 묻은 골동품을 좋아한다면 일부러라도 한번 찾아 볼 만하다.

판쟈위안을 찾기 전에 명심할 것이 몇 가지 있다. 그것은 첫째, 시간을 넉넉하게 확보하고 가야 한다는 것과 둘째, 흥정은 필수라는 사실이다. 시간을 넉넉하게 잡고 가야 하는 이유는 우선 워낙 볼거리가 많기 때문이기도 하고, 무엇보다 두 번째로 든 흥정 때문이다. 볼거리

毛主席和他的亲密战友林彪
同志检阅文化革命大军
中国共产党
第十次全国代表大会
文件汇编
首都
红衛兵
画册
金日成同志革命活动
天津文艺界
造反大军
1

1. 판자위안潘家園에서.

2. 판자위안에서.

가 많다는 점에 대해서는 길게 할 말이 없고, 흥정에 대해서는 좀더 자세하게 알아볼 필요가 있다. 흥정이 필요한 이유는 그곳에 나와 있는 골동품들은 거의 대부분 가짜일 뿐만 아니라 장사꾼들이 부르는 가격이 터무니없기 때문이다.

그들은 오래된 물건으로 속이기 위해 생각해 낼 수 있는 모든 수단과 방법을 다 동원한다. 진짜 그들이 말하는 청나라, 심지어 명나라 때 물건이라면 이런 데 나올 리가 없다. 아울러 장사꾼들은 한 눈에 손님이 외국인이라는 것을 알아보며, 외국인이라는 확신이 드는 순간, 가격은 터무니없이 올라간다. 하지만 좌판에 벌여져 있는 여러 가지 기물들을 꼼꼼하게 찾다 보면 망외의 소득을 올릴 수도 있으니 그 과정에서 벌어지는 약간의 소동쯤이야 허물 삼을 일은 아니다.

그런데 최근 몇 년 사이 판쟈위안은 예전의 모습을 잃고 새롭게 단장하고 사람들을 맞이하고 있다. 이전에는 넓은 공터에 담장을 두르고 가운데는 지붕을 씌운 매대를 설치하고, 담장 밑을 따라서 좌판을 벌려 각자 가지고 온 골동품들을 진열하고 장사를 했었다. 하지만 최근에는 지붕을 씌운 매대 주변에 정식 건물들을 지어 놓고 조그만 가게들을 만들어 상인들에게 분양을 해 예전에 담장을 따라 좌판을 벌였던 영세한 상인들은 한쪽 귀퉁이로 밀려났다.

처음에는 완전 철거까지 고려했던 골동품시장이 외국인들에게 의외로 호응이 좋은 데 고무된 베이징 시 당국이 판쟈위안 골동품 시장을 현행대로 유지하기로 한 것까지는 좋았으나, 정식 건물을 짓고 상인들의 입주를 받아들이자 이전에 수많은 좌판들로 인해 만들어진 나름대로의 정취가 사라져 버리게 된 것이다.

정식 가게에 입주한 상인들은 나름대로 이윤을 내기 위해 가격을 올릴 것이며, 예전에는 주말에만 문을 열던 가게들이 상설 시장화되었다. 그뿐이겠는가? 골동품뿐만 아니라 돈 되는 것이라면 무엇이라도 내다 팔게 되었다. 판쟈위안은 이미 이전의 판쟈위안이 아니다. 모든 사라져 가는 것들은 말이 없다. 그것은 우리 기억 속에 하나의 흔적으로 남아 있을 뿐…….

때로 그 기억들이 우리를 서글프게 한다.

홍루紅樓의 꿈

중국 역사를 시대별로 나눈 뒤 각각의 시대를 대표하는 문학 장르를 꼽으면 당시唐詩, 송사宋詞, 원곡元曲을 들 수 있다. 이 세 가지 장르는 시라고 하는 하나의 뿌리에서 나온 것으로, 중국식 표현으로 '동공이곡同工異曲'이라 할 수 있다. 서구의 문학이론가 루카치가 근대사회의 가장 대표적인 장르로 장편소설을 꼽은 바 있듯이, 중국의 경우에도 명청시대에 접어들면 장편뿐만 아니라 단편소설이 대표적인 문학 장르로 대두된다. 바야흐로 이전 시대까지 제대로 된 문학작품으로 대접받지 못했던 소설이 일찍이 없었던 성황을 누리게 된 것이다.

명청 양대에 나온 소설의 양은 그야말로 '한우충동汗牛充棟'이라 할 만큼 많은데, 그 가운데서도 유명한 것으로 흔히 '사대기서四大奇書'라 부르는 《삼국지연의三國志演義》와 《수호전水滸傳》, 《서유기西遊記》, 《금병매金瓶梅》를 들고 있다. 하지만 이것들은 모두 명대에 나온 것이고, 청대에 나온 소설 중에서는 《유림외사儒林外史》와 《홍루몽紅樓夢》을 꼽는다. 혹자는 이 여섯 작품을 아울러서 '육대소설六大小說'이라고도 부르는데, 이 가운데서도 가장 유명한 것은 역시 《홍루몽》이다. 예전에 영국인들이 셰익스피어를 자신들의 식민지인 인도와도 바꿀 수 없다고 했다지만, 현대 중국인들에게 《홍루몽》은 만리장성과도 바꿀 수 없는 소중한 문화유산이다.

평생 권력을 추구했던 서태후도 《홍루몽》의 애독자로, 평소 등장인물 가운데 한 사람인 가모賈母를 자처했다고 한다. 《홍루몽》은 초기에는 필사본으로 떠돌다 1791년에야 목판본이 나왔는데, 나오자마자 큰 화제를 불러일으키며 일시에 유행하게 되었다. 하지만 작자에 대해서는 초기 필사본이나 뒤에 나온 인쇄본 모두에 명확하게 밝혀진 게 없었는데, 제1회 본문 속에 이 책의 형성 과정이 서술되는 가운데 "차오쉐친曹雪芹이 댜오훙쉬안悼紅軒에서 10년간을 열람하고 모두 다섯 차례에 걸쳐 첨삭을 가하고 목록을 작성하고 장회를 나누었다"는 기록이 있어 '차오쉐친'을 작자로 여기게 되었다.

베이징 다관위안大觀園에 있는 차오쉐친 조상.

차오쉐친曹雪芹(약 1715~1763)은 이름이 잔霑이고, 쉐친雪芹은 자이다. 이밖에도 '친푸芹圃', '친시쥐스芹溪居士' 등의 자나 호를 사용했고, '멍롼夢阮' 이라는 자를 쓰기도 했다고 한다. 그는 본래 청조의 명문거족의 후손으로 난징에서 태어나 어려서는 온갖 부귀영화를 맛보고 살았다. 하지만 열세 살에 가세가 기울어 온 가족과 함께 베이징으로 이주했는데, 그 이후의 생활에 대해서는 자세한 기록이 없지만 만년에 접어들어서는 매우 궁핍해져 베이징 서쪽 교외인 샹산香山 근처에서 고통스럽게 살았다고 한다. 당시만 해도 샹산 근처는 쑥대풀 우거진 황량한 교외에 지나지 않았으니, 차오쉐친은 이곳에서 죽으로 겨우 끼니를 때우고 외상 술을 마시며 곤궁하게 지냈다. 차오쉐친은 나이가 들어 후처를 맞아 아들을 하나 두었다. 그런데 이 아들이 1762년 가을에 갑자기 병을 얻어 추석날 죽어 버렸다. 실의에 빠진 차오쉐친은 그 슬픔을 이기지 못하고 술로 날을 지새우다 자신도 병을 얻어

차오쉐친이 만년에 살았다고 추정되는 베이징 서쪽 교외 '황예춘黃葉村' 표지석'.

쟈바오위賈寶玉

같은 해 섣달 그믐날(양력으로는 1763년 2월 12일) 세상을 뜨고 말았다.

나무에 상처가 나면 옹이가 되듯이, 사람은 곤경에 처하면 내면에 잠재해 있는 천재성이 발휘되는 것인가? 집안의 몰락 이후 차오쉐친은 염량세태炎凉世態의 냉혹함과 비정함을 동시에 맛보게 되었으니, 이를 통해 세상사의 허망함을 느끼게 된 것은 망외의 소득이라고 해야 할지. 아무튼 차오쉐친은 실제 삶이 영락한 뒤로《홍루몽》의 창작에 몰두해, 자신의 직접 체험을 통해 터득한 "모든 것은 무상하고, 온갖 것들이 다 허망하다一切無常 萬境皆空"는 이치를 자신의 작품 속에 담아 내게 된다.

소설은 준수한 용모와 총명함을 갖춘 주인공 쟈바오위賈寶玉가 명문 대가에서 태어나 그를 둘러싼 아름다운 소녀들과 꿈같은 어린 시절을 보내지만, 차츰 가세가 기울어감에 따라 주위의 여러 자매들도 하나 둘 곁을 떠나 각각 비극적 최후를 맞게 되고, 결정적으로 원치 않는 결혼에 이은 사랑하는 여인의 죽음에 인간사의 비정함을 깨닫고 번뇌하다 끝내 홍루의 대저택을 떠나 눈 덮힌 황야로 떠난다는 줄거리를 담고 있다. 전체가 120회로 이루어진 이 소설은 첫 회에서 주인공의 내력을 밝히고 있는데, 맨 처음 등장하는 인물은 '전스인甄士隱'과 '쟈위춘賈雨村'이다. 여기서 두 인물의 이름은 중국어로는 같은 발음인 '전스인眞士隱'과 '쟈위춘假語存'으로도 읽을 수 있으니, 말인즉 '진정한 선비는 사라지고, 거짓말은 남는다'는 뜻이다. 곧《홍루몽》에 등장하는 인물들과 사건들은 그 안에 담겨 있는 우의寓意를 다양하게 해석할 수 있는 여지가 있다. 그 가운데 하나가 제1회에 나오는 '태허환경太虛幻境'에 나타난 우의다. '태허환경'이라는 환상적인 공간은 사실은 현실세계에 대한 우의를 나타내기 위해 제시된 것인데, 그리로 들어가는 일주문에는 다음과 같은 대련이 씌어져 있다.

가짜가 진짜가 될 때, 진짜 또한 가짜이고,
무가 유가 되는 곳에서 유 또한 무가 된다.
假作眞時眞亦假, 無爲有處有還無.

거짓과 진실이 혼돈스럽게 얽혀 있다는 것은 '색즉지공, 공즉시색'의 경지가 현실 속에 실현되고 있다는 것을 말함이니, 지은이는 그러한 경지를 다음과 같이 설파하고 있다.

이야기는 모두 허튼 소리 같지만,
실로 피눈물로 씌어진 것이어늘
모두들 지은이를 어리석다 하지만
이 속의 진미를 아는 이 그 누구더뇨?
滿紙荒唐言, 一把辛酸淚.
都云作者痴, 誰解其中味.

또 제5회에서 쟈바오위는 낮잠을 자다 꿈을 꾸는데, 이때 만난 징환셴구經幻仙姑는 쟈바오위에게 인간의 정이란 한낱 물거품 같은 것이라서 영원한 것이 아니라는 사실을 일러준다.

> 봄꿈은 구름 따라 흩어지고,
> 바람에 날리는 꽃은 물 좇아 흘러가네.
> 모든 남녀에게 말하노니,
> 하필이면 부질없는 수심을 찾으려 드는고.
>
> 春夢隨雲散, 飛花逐水流.
> 寄言衆兒女, 何必覓閒愁.

하지만 어쩌랴. 인간의 고통과 환락 또한 정에서 나오는 것을. 다만 그 임시에는 그것이 자신의 업에서 나온 것임을 까맣게 잊고 살다 뒤늦은 깨달음으로 회한에 빠지는 게 속인들의 상사러니.

> 하늘과 땅에 사무치는 고금의 정은 다할 날이 없고,
> 어리석은 정에 빠진 남녀의 안타까운 회포 풀 길이 없도다.
>
> 厚地高天堪歎古今情不盡, 痴男怨女可憐風月債難酬.

쟈바오위는 소설의 여주인공이라 할 린다이위林黛玉를 만나는 순간 "어디선가 본 듯한 낯익은 얼굴"이라는 느낌을 받지만, 전생의 인연을 알 길 없는 두 사람은 이생에서의 사랑을 이루고자 애를 쓴다. 린다이위는 누구인가? 서발 막대 사지로 휘둘러야 아무도 걸리는 게 없는 천애고아로 다수다감한 천성은 오히려 인생의 걸림돌이 될 뿐, 독

서와 시작詩作은 유일한 출구요, 눈물은 삶의 반려였다. 그러한 그의 성격이 극명하게 드러나는 것이 어느 봄날 땅에 떨어진 꽃을 모아 장사지내며 눈물짓는 광경이다.

> 아아, 하늘 끝 어디에 꽃 무덤 있으리오?
> 차라리 꽃잎을 비단 주머니에 담아
> 한 무더기 정한 흙에 풍류자질 묻어 주지.
> 깨끗이 피었다 깨끗이 가야 할 너를
> 내 어찌 더러운 시궁창에 썩혀 버리랴.
> 네가 지금 죽어서 내가 묻어두지만 이 몸은 과연 어느 날 묻힐까 보냐?
> 꽃 장례 지내는 나를 어리석다 웃지만
> 다음 날 내가 죽으면 그 누가 묻어줄까?
> 天盡頭, 何處有香丘?
> 未若錦囊收艶骨, 一淨土掩風流.
> 質本潔來還潔去, 强於汚陷渠溝.
> 爾今死去收葬, 未卜身何日喪?
> 今葬花人笑痴, 他年葬知是誰?

사실상 쟈바오위와 린다이위는 전생의 '목석木石'의 인연이었으니, 그런 사실을 모르고 있는 두 사람은 서로의 진심을 확인하는 데만 해도 수많은 우여곡절과 갈등을 겪다 끝없는 사랑의 미로 속에서 애를 태우며 눈물만 흘린다. 결국 쟈바오위는 린다이위와 현실 속에서 맺어지지 못하고 '금석金石'의 연인인 또 다른 여주인공 쉐바오차이薛寶

린다이위林黛玉

釵와 원치 않는 결혼을 하게 된다. 혼례가 있던 날 밤 린다이위는 그들의 결혼 소식을 듣고 피눈물을 쏟으며 그동안 써 두었던 쟈바오위에게 바치는 시고詩稿를 불태우고는 절명하고 만다. 린다이위가 가 버린 뒤, 쟈바오위는 꿈 속에서라도 그를 한번 보기를 원하지만, 그마저도 뜻대로 되지 않는다. 그는 또다시 태허환경을 몽유하는데, 이때 자신의 비극적인 사랑이 인간으로서는 어쩔 수 없는 운명이라는 사실을 알게 됨과 동시에 홍진세계紅塵世界의 모든 현상이 결국 허무한 꿈에 불과하다는 것을 깨닫게 된다.

소설 속에서 쟈賈 씨 집안이 가장 흥성했을 때는 쟈바오위의 누나인 위안춘元春이 귀비에 책봉되어 입궁할 때라 할 수 있다. 위안춘이 궁에 들어갔다 친정 나들이를 나올 때, 이를 위해 쟈 씨 집안에서는 귀비가 머물 새 집을 짓게 되는데, 이것이 '다관위안大觀園'이다. 이곳은 중국인들이 그리는 이상향과 같은 곳으로 위안춘이 다녀간 뒤로는 쟈바오위를 비롯한 가문의 여러 자매들의 거처로 사용된다. 소설 속의 다관위안은 현재 베이징에 새롭게 건설되어 남아 있는데, 1984년에 시작되어 1988년까지 무려 4년여의 공사 기간을 거친 총 면적 12만 5

천 제곱미터의 땅에 건물 면적만 8천여 평에 이르는 거대한 규모의 대저택이다.

이곳에는 소설 속 등장인물들이 거처하던 공간이 그대로 재현되어 있으며, 곳곳에 실물 크기의 인형들이 배치되어 소설 속의 분위기를 한껏 드러내고 있다. 청대 귀족들의 일상적인 삶은 우리가 생각하는 이상으로 화려하고 사치스러웠는데, 다관위안에 오면 그러한 생활상을 여실하게 느낄 수 있다. 다관위안의 중심 건물은 역시 이 공간의 주인 격인 귀비 위안춘의 친정 나들이 시 행궁으로 썼던 '다관러우大觀樓'다.

이밖에도 봄맞이를 위해 세워진 '주이진러우綴錦樓'와 가을을 완상하는 곳인 '츄솽자이秋爽齋'에서는 아름다운 자연 경치를 완상할 수 있다. 그리고 주인공인 쟈바오위와 쉐바오차이의 거처인 '이홍위안怡紅園'과 '헝우위안蘅蕪園'은 청대 귀족의 우아함과 화려함을 당당하게 표출하고 있다.

그리고 차오쉐친이 말년을 보냈던 베이징 서쪽 교외에는 고증을 통해 차오쉐친이 살았을 거라 추정되는 '황예춘黃葉村'에 그의 문학혼을 기리는 기념관이 세워져 있다.

이곳은 야트막한 산으로 둘러싸여 있고, 앞으로는 실개천이 흐르며, 주변에 수목과 화초가 잘 가꾸어져 있어 아늑하고 고적한 정원과 같은 느낌을 준다. 하지만 차오쉐친이 살았을 당시는 그저 베이징 교외의 한적한 시골 마을에 불과했을 터이니 오가는 사람 역시 많지 않았을 것이다. 이곳에서 차오쉐친은 세계문학사에 빛나는 명작을 쓰기 위해 말 그대로 자신의 뼈를 깎아 붓을 삼고, 피를 찍어 글을 쓰는 심정으로《홍루몽》을 창작했다. 그 역시 자신이《홍루몽》을 창작하며 느

1. 베이징 다관위안大觀園.
2. 다관러우大觀樓.
3. 원비성친元妃省親을 기념한 패방.
4. 이훙위안怡紅園.
5. 헝우위안蘅蕪園.
6. 황예춘 차오쉐친기념관 입구.
7. 차오쉐친기념관.
8. 차오쉐친기념관에 있는 차오쉐친 석상.

4
5
6
7
8

겼던 고통을 다음과 같이 토로한 바 있다. "글자 하나하나를 보매 모두 나의 피로 씌어졌으니, 10년 동안의 고생스러움이 심상한 것이 아니었다字字看來皆是血 十年辛苦不尋常."

차오쉐친 개인의 삶과 《홍루몽》의 쟈 씨 가문의 영욕은 어느 한 개인이나 집안의 일에 그치지 않고 어찌 보면 중국의 역사와 닮은 것은 아닌가 하는 생각을 지울 수 없다. 한때 그럴 수 없을 정도로 영화를 누리다 몰락의 길을 걸어간 것이 중국의 굴곡진 근현대사의 모습과 많이 닮아 있기 때문이다.

5부

베이징의 역사

베이징 800년 약사

50만 년 전의 베이징 원인北京猿人

베이징의 역사는 아득한 옛날로 거슬러 올라간다. 20세기 초엽인 1929년 12월의 어느 날, 베이징 서남쪽에 있는 인구 4만의 작은 마을인 저우커우뎬周口店에서는 일군의 고고학자들이 침식을 잊은 채 발굴에 몰두하고 있었다. 그들이 찾고 있던 것은 고대 인류의 화석이었다. 12월의 혹한을 무릅쓰고 거의 산 하나를 허물다시피 해 가며 발굴에 몰두하던 중, 중국의 젊은 학자 페이원중裴文中(1904~1982)[1]은 파헤쳐 가던 동굴의 끝에서 작은 구멍 2개를 발견했다. 희미한 불빛에 의지한 채 구멍을 끝까지 파들어 가다 그는 일순 숨을 멈췄다. 거의 완전한 모습의 두개골이 모습을 드러낸 것이었다. 그는 도구로 사용하던 대나무 주걱으로 두개골을 조심스럽게 파냈다.

고대 인류의 역사를 새롭게 쓸 역사적인 발견은 이렇게 시작되었다. 이후 진행된 발굴 작업으로 이곳에서는 두개골 6개와 두개골편 8개, 안면골 6개, 하악골 15개, 치아 153개, 불완전한 대퇴골 7개, 잔여

경골 1개, 상완골 3개, 쇄골 1개, 완골 1개가 발견되었다. 이 유골들은 모두 40여 명의 다양한 연령층의 남녀의 골각으로 추정되었는데 이런 발견은 동시대 인류화석으로는 전례가 없는 것이었다. 당시 베이징 셰허의학원協和醫學院의 해부학 교수로 있던 블랙Davidson Black(1884~1934)[2]은 이 유골이 약 50만 년 전인 구석기 전기에 활동했던 고인류의 유골이라는 것을 확인했는데, 그가 두개골에 부착된 단단한 흙을 제거하는 데만 약 4개월여의 시간이 걸렸다고 한다. 그는 이 유골을 베이징 원인北京猿人(Sinanthropus Pekinensis)이라 명명했으며, 이 오래된 인류의 화석은 자바 원인Pithecanthropus Erectus과 함께 원시인류의 대표적인 표본이 되었다.

한편 석회암 산지였던 이곳에서는 오래전부터 수많은 동물의 뼈들이 화석화된 채로 발견되었는데, 이곳 사람들은 이것을 '용골龍骨'이라 하여 한약재로 쓰고 있었다. 당시 위안스카이袁世凱 정권이 광맥을 찾기 위해 서방에서 초빙한 스웨덴 출신의 지질학자 안데르손Johan Gunnar Andersson(1874~1960)[3]은 광맥을 찾는 일보다는 인류의 화석이나 고대의 유물을 발굴하는 데 힘을 쏟았다. 그는 바로 이 용골에 주목해 미국의 록펠러 재단의 도움을 받아 발굴단을 조직하고 본격적으로 발굴을 시작해 일단의 성과를 올리게 되었던 것이다.

용의 뼈를 의미하는 용골의 의학적인 효능에 대해서는 중국 고대의 본초 서적에서 더러 발견된다. 이를테면, 5세기경 중국의 의학자인 레이샤오雷斅(420~477)는 다음과 같이 기술한 바 있다.

용골은 단저우, 창저우, 타이위안에서 나는 것이 가장 좋다. 뼈가 가늘고 무늬가 넓은 것은 암룡의 뼈고, 뼈가 거칠고 무늬가 좁은 것은 숫룡의 뼈다. 다섯 빛깔이 있는 것이 가장 좋은 것이고, 백색과 황색이 중간치이며, 흑색이 가장 못한 것이다. 대체로 무늬가 선명하지 않은 용골이나, 부인들이 채집한 용골은 약에는 쓰지 않는다淡州, 滄州, 太原者爲上, 其骨細文廣者是雌, 骨粗文狹者是雄, 五色具者上, 白色, 黃色者中, 黑色者下. 凡經落不淨及婦人採者, 不用(《본초강목》 43권).

거의 만병통치약으로까지 인식되어 민간에서 광범위하게 쓰였던 용골의 정체는 독일의 박물학자인 하베레르K. A. Haberer가 중국 내륙 지역에서 수집한 용골을 뮌헨대학의 슐로서Max Schlosser 교수에게 보내 연구한 결과, 무슨 파충류 계통의 뼈가 아니라 중국의 초원이나 시냇가에 거주하던 포유동물의 뼈로 밝혀졌다.

흥미로운 것은 베이징 원인보다 조금 앞선 시기에 발견된 갑골문 역시 용골에 주목했던 일군의 학자들에 의해 본격적인 발굴과 연구가 시작되었다는 점이다. 용골은 이래저래 지난세기 중국학을 연구하는 학자들에게는 많은 계시와 뜻밖의 발견을 안겨 준 보물이었던 셈이다.

그런데 더 놀라운 것은 20세기 초엽 세계를 흥분시켰던 베이징 원인의 두개골을 포함한 발굴물들이 감쪽같이 사라져 지금은 남아 있지 않다는 사실이다. 1929년 최초의 발굴 이후 계속 진행된 발굴 작업은 1937년 7월 7일 저우커우뎬 인근의 루거우챠오에서 발발한 중일전쟁(중국인들은 '7·7사변' 이라고도 부른다)으로 중단되었다. 그 뒤 1941년 12월 8일 일본이 진주만을 공습하고 미국에 선전포고를 함으로써 태평양전쟁이 발발했다. 파죽지세로 베이징을 점령한 일본군은 베이징 원인의 두개골이 보관되어 있던 셰허의원協和醫院의 금고를 득의양양하게 열었다. 하지만 베이징 원인의 유골은 이미 흔적도 없이 사라지

1. 저우커우뎬 베이징원인기념관.

2. 저우커우뎬에서 베이징 원인의 발굴에 참여했던 서방과 중국의 학자들. 맨 왼쪽이 페이원중이고 가운데 파이프를 물고 있는 이가 블랙이다.

3. 베이징 셰허의원.

4. 저우커우뎬 베이징원인기념관에 있는 베이징 원인의 두개골 모형.

고 없었다. 당시 금고를 열 때 참관했던 두개골의 최초 발견자 페이원중은 일주일 전까지만 해도 유골이 있었다고 증언했다.

그렇다면 유골은 언제 어떤 경로로 사라진 것일까? 현재까지 많은 설들이 분분하고 많은 사람들이 추적에 나섰지만, 아직까지도 베이징 원인의 유골은 행방이 묘연하다. 현재로서는 발굴 작업을 지원했던 미국의 록펠러 재단 측에서 태평양전쟁 발발 직후 유골을 안전한 곳으로 운반하다가 도중에 사고로 분실한 것이 아닌가 하는 정도로만 추정될 뿐이다. 이 사건은 현재까지도 미스터리로 남아 있으며, 현재 저우커우뎬의 베이징원인기념관에 전시된 것은 모조품이다. 아무튼 베이징 원인의 발견으로 베이징에서 사람이 살았던 시기가 적어도 구석기시대로까지 거슬러 올라간다는 것을 알 수 있다.

원대元代 이전의 베이징

• 각 시대별 베이징 명칭의 변천

10 세기 이전	옌징燕京, 지청薊城, 유저우幽州
요遼	옌징燕京, 뒤에 난징南京으로 개칭
금金	중두中都
원元	다두大都, 또는 칸발릭 Khanbaliq
명明 초기	베이핑北平
명 영락永樂 1 년 (1403)~1928 년까지	베이징北京
1928~1949 년까지	베이핑北平
1949~ 현재까지	베이징北京

적어도 지금으로부터 약 50만 년 전에서 30만 년 전 사이에 살았던

베이징 원인은 약 20만 년 전에 무슨 이유에선지 자취를 감추고 말았다. 그리고 오랫동안 베이징은 역사의 무대에서 잊혀진 채 많은 시간이 흘러갔다. 그 뒤로 각 왕조는 이곳에 도읍을 하거나 그 지리적 중요성을 감안해 군사적 요충지로서 삼았다. 이를테면 진秦과 한漢, 위魏, 진晋을 거쳐 북쪽에서 5호 16국이 일어나자 진나라는 남하해 동진東晋을 세우게 되는데, 동진 말 북방에서 전연前燕이 일어나 왕인 무룽쥔慕容儁이 이곳에 도읍을 세웠다. 하지만 전연은 단지 수십 년간 존속하다가 멸망했기에 이 시절의 유물은 남아 있는 것이 없다. 그 뒤 수隋와 당唐대에는 융딩허永定河 인근에 유저우幽州를 두어 많은 군사를 주둔시켰다.

고대 중국에서 도시 형성의 기본 조건은 효과적인 방어가 가능한 지형, 곡물의 충분한 공급, 편리한 수자원 등이었다. 베이징의 원주민은 황토 고원에서 동쪽으로 이동, 타이항太行 산맥을 넘어 드넓은 화북 대평원을 발견한 뒤 그 북쪽 끝, 그러니까 지금의 베이징 땅에 모여 살기 시작했다. 이곳의 서쪽과 북쪽은 험준한 산에 둘러싸여 있고, 동쪽에는 발해渤海가, 남쪽에는 농경에 적합한 넓은 평원이 있다. 융딩허永定河, 차오바이허潮白河 등으로 이루어진 발달된 수계는 풍부한 수자원을 제공해 주었다. 동시에 이곳은 중원과 동북, 몽골을 연결하는 교통의 요충지여서, 도시 형성의 조건을 충분히 갖춘 셈이었다.[4]

당나라 때에는 태종이 고구려 정벌에 실패하고 돌아가다가 이곳에 '민중쓰憫忠寺' 라는 사원을 세워 정벌에서 죽은 이들을 기렸다. 이것이 현재의 파위안쓰法源寺[5]다. 파위안쓰는 베이징에서 가장 오래된 불교 사원으로 알려져 있다.

당이 멸망하자 중국은 다시 5대 10국의 혼란기에 접어들게 되는데, 후진後晋의 스징탕石敬瑭은 옌燕(지금의 허베이河北)과 윈雲(지금의 산시山西) 16주를 거란에 할양했다. 이로 인해 거란은 국호를 요遼라 하고 강대한 국가가 된 상경上京(지금의 랴오닝 성遼寧省 바린쭤치巴林左旗에 있음)을 주도主都로 삼고, 베이징 지역을 부도副都로 삼아 '난징南京'이라 불렀다. 지금 톈안먼 옆 중산공원中山公園[6]에 있는 천 년 묵은 측백나무는 바로 이때 심은 것이라 한다. 요나라 때의 베이징 성, 곧 난징南京 성은 정방형으로 융딩허 쪽에 치우쳐 있었다.

이후 금나라가 일어나 요를 대신해 유저우幽州 성을 점령한 뒤, 자

베이징에서 가장 오래된 불교 사원 파위안쓰法源寺.

신들의 근거지인 하얼빈哈爾濱 남동쪽의 안추후수이按出虎水 부근 아청阿城을 '상징上京' 으로 삼고, 수도를 베이징으로 옮겨 이름을 '중두中都' 라 고쳤다. 금이 베이징을 중두로 삼았던 것은 나중에 강역이 팽창해 중원에서 송을 몰아내고 차지한 본래 송의 수도였던 볜징汴京(지금의 허난 성河南省 카이펑 시開封市)을 '난징南京' 으로 삼았기 때문이다. 베이징이 전국적인 통일 정권에 의해 수도로 건설된 것은 이때가 최초였다. 요의 '난징' 과 금의 '중두' 는 모두 이전의 지청薊城 옛터인 융딩허永定河 부근에 있었는데, 대체로 명·청대의 베이징 성 서남부 지역에 해당한다.

베이징 서남쪽에 있는 톈닝쓰天寧寺의 불탑은 요나라 때 건립된 것으로 알려져 있다.

베이징 성의 아키타입Archetype, 다두

13세기 초엽 몽골 초원에서는 칭기즈칸(1162~1227)이라는 희대의 영웅이 등장해 몽골의 제 부족을 통합하고 그 여세를 몰아 중원을 침범하였다. 칭기즈칸과 그 후손들은 파죽지세로 금과 송을 멸망시킨 뒤 일찍이 세계 역사에 없었던 세계 최대의 강역을 자랑하는 원나라를 세우게 된다. 서기 1215년 중원으로 진출해 금나라를 멸망시킨 몽골의 기병들은 금의 수도인 '중두中都'를 다닝궁大寧宮만 남기고 모두 파괴하였다. 이로부터 한동안 베이징 성은 방치된 채 폐허로 남아 있었다.

칭기즈칸은 몽골제국을 통일하고 제국의 기초를 닦았다. 하지만 이것을 세계 대제국으로 확립한 이는 그의 손자인 쿠빌라이(1215~1294)였다. 쿠빌라이는 유년 시절부터 거란 출신의 유명한 재상인 예뤼추차이耶律楚材 등과 교유하면서 무력에만 의지해서는 한 나라를 온전히

베이징 서남쪽 펑타이豊台에 남아 있는 금나라 중두 유지.

통치할 수 없다는 생각을 갖게 되었다. 이에 당 태종을 모범으로 삼고 유생儒生들을 초빙해 정사를 자문토록 했다. 이것이 쿠빌라이가 그 이전의 몽골 통치자와 다른 점이었다.

쿠빌라이 이전의 몽골 통치자들은 무력으로 정복을 일삼고, 군사적인 공포 정치를 폄으로써 정복지의 민심을 얻는 데 실패하였다. 칭기즈칸으로부터 쿠빌라이 바로 앞의 칸인 몽케(재위 1251~1259)의 시기까지만 해도 몽골족 선조의 성법成法을 존중할 것을 강조했을 뿐 다른 나라의 제도를 받아들이려 하지 않았다. 비록 그들이 날랜 군사력을 바탕으로 중원을 점령하긴 했지만, 정치 경제 방면에 있어서는 낙후한 유목 민족의 노예제를 유지하고 있었기에 중원의 한족들의 선진적인 농업 생산력에 바탕한 사회·문화 제도와는 첨예한 모순을 드러냈던 것이다. 이로 인해 사회적인 동요와 민심의 괴리가 심각해짐에 따라 이에 대한 대비책을 세우는 것이 시급히 요구되었다. 이에 몽골 지배층은 유목 부족의 전통을 고수하려는 수구파와 이렇듯 급변한 현실에 대응해 개혁을 추진하려는 개혁파로 나뉘었는데, 쿠빌라이는 개혁파의 중심 인물이었다.

원래 몽골의 전통에 의하면 칸이 죽으면 그 후계자를 쿠릴타이라고 하는 황실회의에서 결정하게 된다. 칭기즈칸이 대칸으로 즉위한 것도 이 쿠릴타이의 결정에 의한 것이었고, 그의 후계자인 외괴데이와 그 아들 구육 또한 그러했다. 구육이 3년이라는 짧은 시간 동안 재위한 뒤 다시 쿠빌라이의 큰형이었던 몽케가 계위한 것 역시 쿠릴타이의 결정에 의한 것이었다. 몽케가 중국 남부 원정에서 전염병으로 급서하자 몽골의 수도인 카라코룸Karakorum에서 열린 쿠릴타이 결과 몽케의 막냇 동생인 아릭-부카가 옹립되었다. 이것은 몽골 선조의 옛 법을 고수하려는 수구파들이 그에 동조하는 아릭-부카를 내세워 개혁을 반대하고자 하는 의도에서 빚어진 결과였다. 이에 쿠빌라이는 쿠릴타이의 결정을 거부하고 1260년 자신의 근거지인 카이핑開平에서 스스로 칸의 자리에 오른다.

사실 칸의 자리에 오르기 전부터 쿠빌라이는 자신의 봉지에서 한화漢化 정책을 펴 이미 전통적인 몽골의 통치 제도와는 많이 다른 독자적인 독립 왕국을 세우고 있었다. 다만 집안의 큰형인 몽케가 칸의 지위에 있을 때는 묵묵히 자신에게 부여된 임무만을 수행하고 있었으나, 내부적으로는 이미 그 나름대로 한 나라의 통치를 감당할 만한 제도의 정비와 정치 철학을 수립해 놓고 있었던 것이다. 쿠빌라이가 칸의 자리에 오르자 당연하게도 아릭-부카와 그를 추종하는 세력들은

원대에 세워진 먀오잉쓰妙應寺 백탑白塔.

병사를 일으켜 형제들 사이에 내분이 일어나게 되었다. 하지만 이 싸움은 그리 오래가지 않아, 얼마 뒤 아릭-부카가 복속해 옴으로써 쿠빌라이는 명실상부한 칸이 되었다.

1263년 쿠빌라이는 금나라의 수도였던 '중두中都'의 명칭을 회복하고, 1265년에는 카이핑을 '상두上都'로 바꿨다. 이후 쿠빌라이는 1267년까지 중두에 궁성과 해자를 건설하여 웅장한 수도를 완성했다. 1271년 드디어 국호를 '원'으로 바꾸고, 1273년에는 '중두'를 '다두大都'로 개명했다. '다두'는 몽고말로는 '칸발릭Khanbaliq(汗八里)'이라고 하는데, '대 칸의 성'이라는 뜻이다. 당시 중국을 방문했던 마르코 폴로는 자신의 책에서 다두를 '캄발룩Cambaluc'이라 불렀다. 하지만 정작 쿠빌라이는 새로운 수도에 적응할 수가 없었다. 만년에는 통풍으로 고

먀오잉쓰 백탑을 세우는 데 공을 세운 네팔인 아니거의 조상. 당시 다두에서는 다양한 나라의 사람들이 원 조정의 부름을 받아 그들을 위해 일하고 있었다.

생했던 데다, 몽골 초원에서 자란 그로서는 남쪽 지방의 혹독한 더위를 견뎌 낼 재간이 없었기에 매년 늦은 봄부터 초가을까지는 상두로 가서 더위를 피하고 가을과 겨울에만 다두에서 지냈다. 이후 원 제국의 황제들은 모두 쿠빌라이의 관행을 따랐다.

베이징의 설계자들

다두를 수도로 결정한 것은 쿠빌라이지만, 다두로 천도할 것을 건의하고 실제로 책임지고 도성을 건축한 사람은 류빙중劉秉忠이라는 한족 출신의 막료였다. 류빙중이 쿠빌라이를 만난 것은 쿠빌라이가 아직 칸의 지위에 오르기 전이었다. 류빙중은 관적이 루이저우瑞州(지금의 랴오닝 성 쑤이중 현遼寧省 綏中縣 북쪽)로 대대로 벼슬을 살던 집안 출신이었다. 하지만 몽골이 일어나 중원을 차지하자 그는 뜻을 펴지 못하고 은거하다 우연히 쿠빌라이에게 천거되어 중용되었다. 그는 자신이 갖고 있는 학식에다 요와 금과 같은 이민족 정권이 한족을 통치하는 제도와 방식에 대해서도 깊이 이해하고 있었기에 그 후 30여 년 동안 쿠빌라이를 보좌하며 당시 한족으로서는 최고의 지위에까지 올라갔다.

그를 중용했던 쿠빌라이는 우선 그에게 카이핑 성開平城(지금의 내몽골 정란치 스베이쑤무正藍旗石別蘇木)의 건설을 맡겼다. 류빙중은 일에 착수한 지 3년 만에 일을 끝내고, 이번에는 쿠빌라이에게 수도를 금의 중두로 옮길 것을 건의하였다. 원 중통中統 원년(1260), 쿠빌라이는 카이핑을 떠나 중두로 수도를 옮겼다. 당시 중두는 몽골군에 의해 철저하게 파괴되었기에 초기에 쿠빌라이가 살았던 곳은 중두의 서북쪽 교외에 있는 타이예츠太液池 내의 츙화도瓊華島 안에 있는 광한뎬廣寒殿이었다. 금 왕조의 이궁離宮인 타이예츠는 후대에 '전삼해前三海'라 하여 베이하이北海, 중하이中海, 난하이南海가 되었는데, 쳰하이前海, 허우하이後海, 시하이西海로 이루어진 '후삼해後三海(당시 명칭은 지수이탄積水潭)'와 함께 도성의 주요한 수원이었다.[7]

그러나 앞서 말한 대로 중두는 금의 멸망 이후 오랫동안 방치되어 원래의 면목을 잃고 있었을 뿐 아니라, 여름이면 인근의 융딩허永定河가 범람해 물에 잠겼다. 그리고 '전삼해'와 '후삼해'가 있다 하더라도 도성에서 사용하는 용수 문제가 완전히 해결된 것은 아니었고, 성 안 사람들이 먹고 살 양식을 운반하는 조운에도 불리했다. 이러한 문제를 해결하기 위해 류빙중은 수리水利에 밝은 한 사람을 발탁해 그에게 다두의 치수를 책임지게 하였다. 그가 바로 원의 수도 다두뿐 아니라 후대의 베이징 성의 치수에까지 심대한 영향을 주었던 궈서우징郭守敬(1231~1316)이다. 궈서우징은 순더順德(지금의 싱타이邢台) 사람으로, 할아버지인 궈룽郭榮이 당시 다두 성의 건설을 책임지고 있던 태보太保 류빙중과 친했던 관계로 그 문하에 들어갔다.

궈서우징은 처음에는 금나라 때의 중두의 물길을 그대로 답습해 위취안산玉泉山의 물을 끌어들여 웡산보甕山泊(지금의 쿤밍 호昆明湖)와 가오량허高粱河를 거쳐 다닝궁大寧宮으로 흘러들게 하려고 했다. 하지만 이 물길은 이미 황실 전용수로 쓰이고 있었기에 궈서우징은 조운에 필요한 다른 물길을 찾아야 했다. 궈서우징은 다두 성의 서북쪽으로 60여 리 정도 떨어진 선산神山(지금의 펑황산鳳凰山) 하의 바이푸취안白浮泉이 수량이 많고 지세가 다두보다 높다는 사실을 알고 이 물을 사허沙河와 칭허淸河를 에둘러 웡산보甕山泊까지 끌어온 뒤 다두 성 안의

1. 원 다두 토성공원 내에 있는 쿠빌라이 상.
2. 토성공원 내 쿠빌라이 상 옆에 있는 류빙중 상
3. 현재 스차하이에 세워져 있는 궈서우징의 입상.
4. 지하철 지수이탄 역 바로 옆에 있는 궈서우징기념관.

3
郭守敬纪念馆
汇通祠简介
西
4

지수이탄積水潭으로 끌어들였다. 지수이탄의 물은 다시 황성의 동쪽 성벽을 따라 흐르다 리정먼麗正門 동쪽에서 다시 원밍먼文明門 밖으로 흘러 퉁저우通州 갑문으로 흘러 들어갔다. 퉁저우에 갑문을 설치한 것은 남방의 운하를 통해 퉁저우의 장자완張家灣으로 들어온 배가 이곳보다 지대가 높은 지수이탄으로 들어올 수 있게 하기 위해서였다. 궈서우징은 하천을 따라 24개의 갑문을 설치함으로써 수위를 조절해 배가 지수이탄까지 이를 수 있게 했다. 이렇게 하여 궈서우징은 도성 안에서 사람들이 사용하는 용수 문제를 해결했을 뿐 아니라, 남방에서 운하를 통해 올라온 조운선들이 직접 지수이탄, 곧 수대의 스차하이什刹海까지 이르게 했던 것이다. 스차하이에는 '녹미창祿米倉' 이니 '해운창海運倉' 이니 하는 등등의 많은 창고가 있어 조운선에 싣고 온 식량을 부릴 수 있었다. 쿠빌라이는 완공된 물길에 '퉁후이허通惠河' 라는 이름을 하사했다. 이렇게 해서 원의 수도인 다두에는 황실 전용 수로인 타이예츠의 가오량허 수계와 민간 전용 수로인 지수이탄의 퉁후이허 수계가 완성되었다. 후대에 궈서우징은 다두, 나아가 베이징 성의 수리 사업에 큰 족적을 남긴 이로 추앙 받았다. 현재 스차하이에는 그의 입상과 함께 기념관이 세워져 있다.

다두성의 구조

류빙중이 주도하여 새롭게 지어진 다두 성은 1267년에 기공되어 1276년에 완성되었는데, 총 면적은 50여 평방킬로미터에 이르렀다. 다두를 건설할 당시 요와 금의 수도였던 곳은 이미 황폐해진 데다 앞서 말한 대로 주로 수리水利 문제 때문에 아예 북쪽으로 옮겨 새로 터를 잡았다. 이렇게 북쪽으로 옮겨진 베이징 도성의 신축은 이후 명과 청에 이르기까지 기본적인 큰 틀의 변화가 없었다는 점에서 베이징 성의 역사에 있어 '제1 대사건'이라 할 만하다. 곧 명과 청 두 왕조 시기의 베이징은 원나라 때 세워진 도성을 기초로 궁성을 확장한 것에 지나지 않는다고 해도 과언이 아닌 것이다.

다두 성은 삼중의 성곽으로 둘러싸여 있었다. 외성은 대성大城이라고도 불렀는데, 북쪽에만 두 개의 성문이 있었고, 동서남쪽에는 세 개의 성문을 두었다. 북쪽 성문은 동쪽의 안전먼安貞門과 서쪽의 젠더먼建德門이고, 동쪽의 세 문은 광시먼光熙門, 충런먼崇仁門(지금의 둥즈먼東直門에 해당), 치화먼齊化門(지금의 차오양먼朝陽門에 해당)이 북쪽에서 남쪽으로 연이어 있다. 서쪽의 세 문은 역시 북에서 남쪽으로 쑤칭먼肅淸門, 허이먼和義門(지금의 시즈먼西直門에 해당), 핑쩌먼平則門(지금의 푸청먼阜成門에 해당)이고, 남쪽의 세 문은 정중앙이 리정먼麗正門이고 동쪽은 원밍먼文明門, 서쪽은 순청먼順承門이었다. 각각의 성문은 밖으로 옹성을 두르고, 성의 네 모퉁이에는 거대한 각루角樓를 세웠으며, 성 밖에는 넓고 깊은 해자를 둘러 후청허護城河라 불렀다.

외성의 안쪽은 다시 황성皇城과 궁성宮城으로 나뉘는데, 궁성은 가장 중심부에 있는 황제와 그 가족들이 사는 공간이었다. 이 궁성과 외성의 사이에 있는 것이 황성인데, 여기에는 넓이가 5리 정도 되는 호수인 타이예츠太液池가 있었고, 그 서쪽에는 충화다오瓊華島가 있었다. 쿠빌라이는 이곳에 앞서 말한 광한뎬이라는 궁전을 지어 놓고 궁성보다는 이곳에 머무르는 것을 더 좋아했다. 또 황성 안에는 따로 룽푸궁隆福宮과 싱성궁興聖宮이라는 별궁을 지어 황자와 태후, 후비와 기타 다른 황실 사람들이 살게 했다.

하지만 이곳에서 몽골족이 누린 영화는 그리 길지 않았다. 1368년 정월에 명의 태조 주위안장朱元璋의 명을 받은 쉬다徐達가 기병과 보병을 이끌고 운하를 따라 북상하여 퉁저우를 거쳐 치화먼齊化門에 도착했다. 흥미로운 것은 원의 마지막 황제인 순제順帝가 보인 태도였다. 대개 망국의 군주는 그 한을 안고 자결을 하거나 그렇지 않으면 포로로 잡혀 비참한 최후를 맞는 게 보통이다. 하지만 순제는 맞서 싸워볼 생각도 하지 않고 야음을 틈타 도성의 북쪽에 나 있는 젠더먼을 통해 몽골족의 원래 근거지인 상두로 도망을 쳤다. 그해 8월에 쉬다가 다두 성을 점령함으로써 원나라는 그 명맥을 다했다.

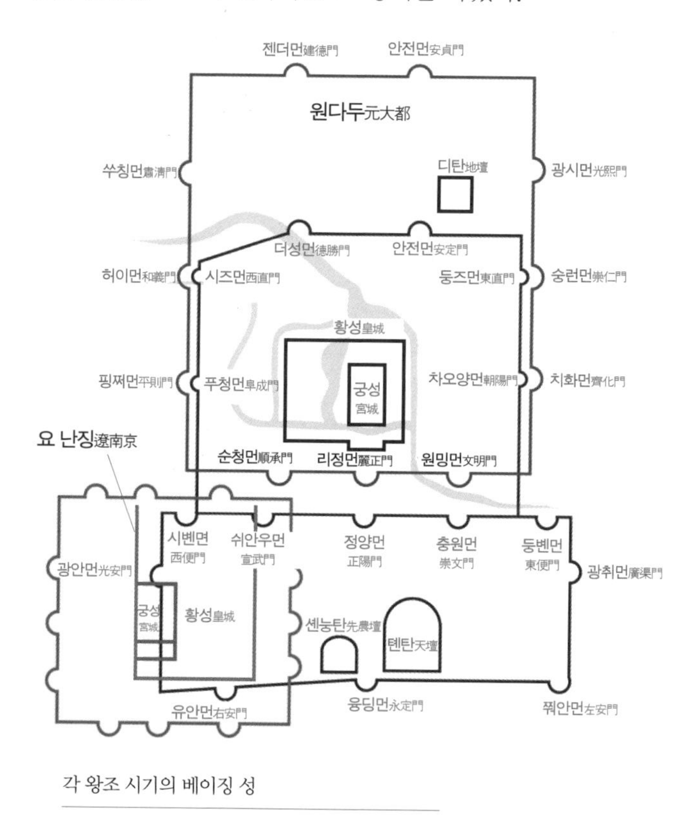

각 왕조 시기의 베이징 성

모자帽子의 성

주위안장의 도읍으로

명 태조 주위안장은 몇 가지 측면에서 독특한 인물이다. 그 첫째는 역대 제왕들이 그 나름대로 명문 귀족 출신이었던 데 반해, 주위안장은 미천한 신분 출신이었다. 그는 한때 먹고살기 위해 탁발승 노릇도 했고, 원말에 사회가 어지러워지자 각지에서 일어난 초적 떼에 들어가 입신양명했다. 두 번째는 역대 제왕들이 주로 북방에서 일어나 제업帝業을 도모했다면, 주위안장만은 남방 출신으로 나라를 일으켜 세웠다는 것이다. 그래서 주위안장은 처음에는 자신의 고향인 안후이安徽 성의 린하오臨濠(현재의 펑양鳳陽)에 도읍을 정하려 했다. 그러나 그곳은 한 나라의 수도로 삼기에는 너무도 편벽한 곳이었다.

주위안장은 왕위에 오른 후 한때 고향인 안후이 지방의 린하오를 국도로 정하여 그곳을 세계의 중심과 시간의 기점으로 만들기로 결심했다. 그리고 한의 창안長安, 조위曹魏의 예청鄴城, 수의 다싱大興, 당의 창안 등의 도성과 차별화하고자 자기의 도성을 《주례》〈고공기〉의 설계에 최대한 근접시키려고 했다. 애석한 것은 홍무 2년(1369)부터 시작한 이 공정이 겨우 6년간 지속되다가 멈춰 버린 것이다. 그 편벽한 지역은 도성을 세울 조건을 갖추지 못했던 게 분명하다. 그는 난징으로 돌아와 그곳을 수도로 삼는 수밖에 없었다.[8]

아울러 주위안장은 황제의 자리에 오르자 가장 먼저 자신과 함께 전쟁터에서 고락을 같이한 공신들을 하나씩 숙청해 나갔다. '교활한 토끼를 잡으면 사냥개를 삶아 먹는다狡兎死, 走狗烹' 라고 했던가? 흔히 '토사구팽' 으로 줄여 부르는 이 말은 사냥이 끝나면 더 이상 사냥개는 필요 없다는 말인데, 멀리는 한나라 때 유방劉邦과 한신韓信의 고사로부터 금군禁軍 출신으로 황제의 자리에 올랐던 송 태조 자오쾅인趙

평양의 중도고성中都古城 유적.

匡胤이 가장 먼저 금군을 없앤 일까지 개국 공신들이 찬밥 신세가 된 것은 역사가 항상 반복된다는 것을 보여주고 있다. 명 태조 역시 자신을 포함해 자식들에게 부담을 주지 않기 위해 공신들을 모조리 숙청해 버렸다. 게다가 자신의 황위를 이을 황태자가 일찍 죽자 고심 끝에 손자를 황태손으로 지정했다. 하지만 그는 아직 황제의 자리에 오르기엔 어린 나이로 여러모로 미덥지 않았기에, 주위안장은 주 씨 황실의 유지에 불안감을 갖게 되어 더욱 가혹한 숙청을 자행하였다.

한편 주위안장은 황실이 고립되는 것을 면하고 유사시를 대비하여 즉위 3년 후인 홍무洪武 3년(1370) 황태자를 제외한 자신의 아들들을 왕으로 분봉하였다. 이때 비교적 나이가 많은 아들들은 북쪽에 배치하여 아직 남아 있는 북원北元 세력에 대비하도록 했다. 그리고 이들에게는 방위의 필요에 의해 상당한 무력의 소유도 인정하였다. 실제로 북방의 제왕들은 북원과의 충돌에서 몽골을 토벌하여 혁혁한 무공을 세우기도 했다. 이들 가운데 베이핑에 분봉된 연왕燕王 주디朱棣(1360~1424)는 가장 걸출한 인물로 야심만만한 전략가였으며, 10만의 강병을 소유하고 수차례 원정에서 승리를 거둬 그 위세가 자못 볼만하였다.

실제로 주위안장은 황태자가 죽자, 넷째 아들인 주디에게 황제의 자리를 잇게 할 생각도 했다고 한다. 하지만 결국 신하들의 반대로 주디를 황태자로 내세우지 못했는데, 주위안장은 이를 못내 아쉬워했다고 한다. 명 태조 주위안장이 재위 31년(1398) 만에 71세의 나이로 세상을 뜨자, 황태손인 혜제惠帝가 등극했다. 22세의 나이로 등극한 혜제는 성품은 어질었지만 지도자로서 결단력이 부족했다. 게다가 그를 보좌했던 치타이齊泰나 황쯔청黃子澄, 팡샤오루方孝孺 등과 같은 신하들은 논설만 즐길 뿐 실제 경륜은 부족한 이들이었다. 이들은 북방에 있는 여러 왕들의 세력이 커 가는 것을 못내 불안하게 여기다 혜제에게 그들의 병력을 삭감할 것을 건의했는데, 그중에서도 베이핑에 있는 연왕燕王이 주된 표적이었다.

베이징이라는 명칭의 탄생

혜제는 우선 비교적 힘이 약한 주왕周王과 제왕齊王, 대왕代王 등의 왕위를 박탈하고 서민으로 강등시켰다. 이 같은 기습 조치로 여러 왕들은 동요하게 되었는데, 연왕은 다음 표적이 자신임을 간파하고 건문建文 원년(1399) '간신을 제거하고 명 황실을 구한다'라는 명분을 내걸고 반란을 일으켰다. 이를 '정난靖難의 변'이라 하는데, 개국 초기 삼촌이 어린 조카에게 반기를 들어 황제의 자리를 빼앗은 것은 여러모로 우리 역사에서의 '단종애사'와 흡사한 면이 있다.

이 싸움은 4년여를 끌었는데, 병력 면에서는 황제의 군대가 훨씬 우세하여 한 번의 작전에 50만의 대군이 동원되기도 했다. 하지만 숫자만 많았을 뿐, 황제의 군대에는 이를 제대로 통솔할 장수가 없었다. 그것은 역전의 명장들을 태조 주위안장이 거의 다 숙청해 버렸기 때문이었다. 이에 비해 연왕의 군대는 북방의 외적들과의 실전을 통해 단련된 강병들이었기에 결국 파죽지세로 밀고 내려가 건문 4년 5월에 수도인 진링金陵(곧 난징)을 함락시켰다. 난리 중에 혜제는 행방불명이 되었는데, 일설에는 중의 복장을 하고 성을 탈출해 잠적했다고도 한다.

이렇게 무력으로 제위를 찬탈한 연왕은 영락永樂이라 개원하고 스스로 황제의 자리에 올랐다(재위, 1402~1424). 그가 가장 먼저 취한 조처는 자신과 같이 반란을 일으킬 소지가 많은 제왕들의 병권을 박탈하고 서인으로 폐출한 것이었다. 이에 따라 황권에 도전할 세력은 없어졌으나 오히려 북방의 수비를 약화시키는 결과를 빚었다. 이에 영락제는 막북漠北에서 호시탐탐 기회를 노리는 북원의 위협에 대비하고자 즉위한 다음 해에 수도를 다시 베이핑으로 옮기고 이름을 '베이징北京'으로 바꾸었다. 오늘날 베이징이라는 명칭은 이때 처음 생긴 것이다. 이렇게 해서 베이징은 요, 금, 원과 같은 북방 이민족이 아니라 한족이 세운 왕조 최초로 한 나라의 수도가 되었다. 아울러 이전 왕조의 수도였던 시안西安이나 카이펑開封, 뤄양洛陽 등이 북위 35도의 위치에 자리 잡았던 데 비해(난징은 32도) 베이징은 북위 40도(뉴욕, 평양과 같은 위도다)로 이전보다 훨씬 북쪽에 치우쳐 있다.

하지만 베이징이 한 나라의 수도가 되기 위해서는 황제가 거처할 궁궐이나 성, 해자 등 새로 건축해야 할 것들이 아직 많았다. 그래서 영락 4년(1406)부터 수도 건설을 위한 공사가 시작되어 10여 년 뒤인 영락 19년(1421) 3월이 되어서야 정식으로 베이징으로 천도했으며, 이후로는 명 초기 수도였던 '진링金陵'을 '난징南京', 또는 '유도留都'라 하였다. 이렇듯 영락제의 베이징 천도는 이후 청을 거쳐 현재까지 베이징의 기본적인 틀을 만든 일대 사건이었다.

베이징 성의 건설

명나라 군사가 원나라를 멸망시키고 다두에 도착했을 때, 다두는 이미 거주민도 없고 성을 지키는 군사도 없이 황량한 땅으로 남아 있었다. 명나라 군사는 다두를 점령한 뒤 성곽을 북에서 남쪽으로 5리 정도 옮겼다. 이것은 병력을 집중시켜 방어하는 데 유리하기 때문이었다. 1371년 대장군 쉬다徐達는 원 다두의 성곽을 수복하고 다두를 평정했다는 의미로, '베이핑 부北平府'로 고쳐 불렀다. 하지만 당시는 아직 전쟁이 완전히 끝난 게 아니었기 때문에, 성곽을 복원하는 공사는 충분한 시간을 두고 상세히 검토하고 설계할 겨를이 없이 급하게 이루어졌다. 단지 작업하는 데 장애를 최소화하고 시공하는 데 용이한 것만을 따졌기 때문에 어설픈 곳이 많았다.

한편 연왕이 베이징으로 옮겨와 산 것은 홍무 13년(1380)으로 그때까지도 연왕은 수도 난징南京에서 살고 있었다. 연왕이 처음 베이징에 왔을 때는 원의 수도였던 다두 성 내에 있는 호수 타이예츠 서쪽 싱성궁興聖宮에 거주했다. 그러다 앞서 이야기한 대로 건문 4년(1402) 연왕 주디가 난징에서 칭제하고 황제에 즉위한 뒤인 영락 4년(1406)에 비로소 베이징 성의 건설에 착수할 수 있었다. 이때는 연왕이 베이징에서 산 지도 어언 20여 년이 된 시점이었다.

초기에는 공사를 크게 벌일 수 없었는데, 그것은 개국 초기였던 데다 연왕 스스로 반란을 일으켜 4년 남짓한 시간 동안 전쟁을 치르느라 백성들의 부담이 적지 않았기 때문이었다. 그래서 당장 필요한 베이징 성의 궁전부터 축조해 나갔는데, 이때 처음 지은 것이 펑톈뎬奉天殿이었다. 영락 13년(1415)에는 베이징 성벽이 완성되고, 다음 해에는 서궁西宮이 완성되었다. 영락 15년(1417), 황제는 신하들에게 베이징 성의 건설에 대한 일종의 설문을 벌이게 되는데, 뉘라서 황제의 의중을 헤아리지 못하고 반대 의견을 내놓을 수 있었겠는가? 대부분의 신료들이 황제의 뜻을 찬양하는 가운데 본격적으로 베이징 성의 건설에 착수해 이때부터는 대규모 공사를 벌였다. 당시 공사에 쓰인 자재들은 전국 각지에서 조달했는데, 이를테면 유리 기와는 후난湖南에서, 화강암은 안후이安徽에서 가져 오고, 궁실의 땅을 포장하는 기와는 쑤저우蘇州에서 구운 것이었고, 성벽을 쌓는 데 필요한 벽돌은 주로 산둥山東의 린칭臨淸과 그 인근 현에서 보내 왔는데, 그 수량이 삼 사천만 개 정도였다고 한다. 건물을 짓는 데 필요한 목재는 윈난雲南이나 구이저우貴州, 쓰촨四川 등지의 심산유곡에서 베어 낸 것이었는데, 당시의 열악했던 교통을 생각하면 이런 건축 자재들을 보내는 데 얼마나 많은 시간과 비용이 들었을지 가히 상상이 간다.

1419년 베이징 성의 남성南城이 확장되어 완성되자, 1420년 베이징 성을 신축하는 공사는 거의 마무리된다. 이에 영락제는 정식으로 수도를 옮기는 조서를 반포하고 이 성대한 사업이 마무리된 것을 찬양했다. 그 이듬해인 1421년 정월 초하루에 영락제는 펑톈뎬에서 문무백관의 축하를 받으며 베이징 성의 준공을 선포하고, 새로 지은 도성을 '경사京師'라 불렀다. 하지만 사람들은 '베이징'이라는 이름을 더 좋아해 지금껏 내려오고 있다. 명대에 건설된 베이징 성은 앞서 살펴본 대로 원대에 건설된 다두 성을 근간으로 하고 있는데, 그때보다 약간 남쪽으로 이동한 형태를 띠고 있다.

영락이 건설한 베이징 성벽은 아마 원대의 성벽이 있던 토대에 벽돌을 붙여 보수한 것일 게다. 월루月樓와 누포樓鋪도 완비되지 않은 걸 보면, 그가 수도를 정한 후 서둘러서 바쁘게 건설했다는 것이 드러난다. 제국의 도성은 분명 이렇게 대충대충해서는 안 된다. 정통

원년(1436) 정통 황제는 태감 롼안阮安, 독도동지督都同知 선칭沈淸, 공부상서工部尙書 우중핑吳中平에게 군대의 장인과 부역 수만 명을 인솔하여 베이징 아홉 개 문의 성벽과 성루를 새로 건설하라고 명령했다. 그리고 3년의 시간을 들여 마침내 완성했다.[9]

모자의 성이 된 내력

그런데 현재 우리가 보고 있는 베이징 성의 모습은 영락제 때의 것이 아니다. 중앙의 황성, 곧 구궁故宮을 둘러싼 내성이 완성된 뒤 남쪽의 정양먼正陽門 밖으로 인구가 늘고 번화해진 데다 북쪽으로 쫓겨 간 북원北元이 자주 남하해 소란을 피우자, 가정嘉靖 32년(1553)에 급사중

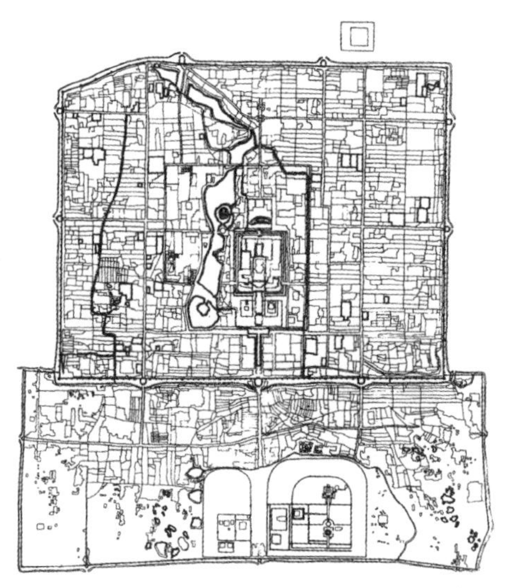

베이징 성은 남쪽이 넓고 북쪽은 좁은 형태로 이 모양이 마치 모자와 같다 하여 '모자의 성'으로 불린다.

주바이천朱伯辰의 진언으로 그 이듬해에 내성을 둘러싸는 외성이 착공되었다. 그리하여 남쪽 교외에 융딩먼永定門과 줘안먼左安門, 유안먼右安門을 새로 축조하는 등 본격적인 공사에 돌입했다. 그러나 막상 공사를 진행하다 보니 공사비가 원래 생각했던 것보다 훨씬 많이 소요되었는데, 당시 명 왕조의 재정은 이를 감당할 만큼 충분하지 않았다. 황제가 옌충嚴嵩을 파견해 실지 조사를 하도록 하니, 옌충은 일단 공사를 중단하고 나중에 재정이 확충되면 재개할 것을 건의했다. 그래서 외성은 착공한 지 10개월 만에 내성과 만나는 지점에서 중동무이되었다. 그런 까닭에 본래는 외성이 내성을 둘러싼 이중의 모양이 되어야 했던 것이 남쪽이 넓고 북쪽은 좁은 형태(凸)가 되었는데, 사람들은 이 모양이 마치 모자와 같다 하여 베이징 성을 '모자의 성'이라 부르게 되었다.

융딩먼. 1957년 철거되었다가 2003년에 다시 중건되었다.

이렇게 되자 본래 황성의 남쪽 교외에 있던 톈탄天壇과 산취안탄山川檀이 외성 벽 안으로 포섭되는 형태가 되었는데, 이것은 중국 고유의 도성의 이상형(Idea Typus)과는 동떨어진 것이다. 또 결과적으로 외성이 완성되었다면 베이징 성은 정중앙의 쯔진청(궁성)을 내성(황성)이 에워싸고 이것을 다시 외성(대성)이 에워싸는 3중 구조가 되었을 것이다. 그리고 외성이 없을 때는 베이징 성의 남대문이 정양먼正陽門이었으나, 남쪽에 외성이 만들어진 뒤에는 융딩먼이 남대문이 되었다.

명 마지막 황제의 최후

명 왕조는 중기 이후 쇠퇴의 길로 접어들게 된다. 우선 외환으로는 다시 힘을 기르고 일떠선 몽골과 동남 해안 지역에서의 왜구 및 만주 지역의 여진족을 들 수 있다. 여기에 1592년 임진왜란이 일어나자 힘에 부친 조선의 원병 요청에 응하여 참전하는 통에 명 역시 심각한 국가 재정의 궁핍을 겪게 되었다. 명 후기로 가면 몽골이나 왜구의 세력은 줄어든 대신, 새롭게 만주족에서 일어난 누르하치의 후금이 명 조정을 압박하고 있었다. 이에 명 조정은 주력 부대를 베이징의 북방에 있는 장성에 집결시켜 만주족의 침입에 대비하였다. 하지만 정작 문제는 내부에도 있었으니, 황제의 무능과 환관의 전횡, 관료들 사이의 당쟁 등으로 인해 각지에서 크고 작은 반란이 끊이지 않고 일어났다.

리쯔청李自成은 산시 성陝西省 미즈 현米脂縣에서 부농의 아들로 태어났다. 하지만 관료들의 가렴주구로 집안이 몰락하자 역졸로 생활하다 농민 반란이 일어나자 탈영해 반란에 가담하였다. 이후 가오잉샹高迎祥이 이끄는 반군 무리에서 두각을 나타내다 가오잉샹이 명군에 체포되자 여러 부하들의 추대를 받아 최고 지휘자로 올라섰다. 이후 민심을 얻어 가는 한편 세력을 규합해 숭정崇禎 16년(1643) 후베이湖北의 샹양襄陽을 함락하고 그곳에서 정권을 수립해 자칭 신순왕新順王이라 칭했다. 나중에 시안西安을 점령한 뒤에는 국호를 '대순大順'이라 하고 연호를 '영창永昌'이라 하였다.

이후 리쯔청의 군대는 40만 대군을 몰아 베이징을 공격했는데, 당시 명의 주력 부대는 만주족의 침입을 막기 위해 산하이관山海關을 중

산시 성陝西省 미즈 현米脂縣에 있는 리쯔청의 행궁 터.

심으로 동북방에 집결해 있었으므로 베이징은 사실상 비어 있었다. 1644년 리쯔청의 군대는 산시陝西를 출발해 동진하여 산시山西의 타이위안太原을 공략했다. 기세가 오른 리쯔청 군은 계속 진격하여 베이징에 이르렀다. 예기치 못한 리쯔청 군의 급습을 받은 명 조정은 황급히 동북변에서 청나라 군사와 대치하고 있던 우싼구이吳三桂를 급히 소환해 리쯔청의 군대를 막게 했다. 이에 우싼구이는 비밀리에 병력을 이끌고 베이징으로 향했다. 하지만 리쯔청의 군사가 한발 빨랐다. 리쯔청의 군대는 베이징 서북쪽의 창핑昌平을 거쳐 베이징으로 진입했다. 운명의 3월 17일 리쯔청의 군대는 베이징 성을 공격하기 시작했다. 포위 공격이 시작되자 베이징 성을 지키던 환관들이 투항하기 시작했다.

적군이 성 안으로 들어오자 명의 마지막 황제인 숭정제 주유젠朱由檢은 친히 종을 울려 백관을 소집했으나 아무도 조정에 나타나지 않았다. 할 수 없이 그는 환관 왕청언王承恩을 데리고 궁을 빠져 나와 황궁의 북쪽에 있는 메이산煤山(지금의 징산景山)에 올랐다. 궁성에서 치솟은 불길은 하늘을 찌를 듯 타오르고 있었다. 황제는 다시 궁으로 돌아와 열 다섯 살이 된 장락 공주를 불렀다. 공주는 당시 결혼을 준비하고 있었다. "네가 왜 우리 집에 태어났느냐?" 황제는 옷소매로 자신의 얼굴을 가리고, 오른손으로 칼을 뽑아 딸을 내리쳤다. 공주는 손으로 칼을 막았으나 오른팔이 잘리고 말았다. 오른팔이 잘린 공주는 땅에 쓰러져 고통에 몸부림쳤고 땅은 순식간에 선혈이 낭자했다. 숭정은 고통스러워하는 딸을 차마 죽일 수 없었다.

황제는 다시 황후와 석별의 정을 나누는 술을 마신 뒤 자살할 것을 권유하고는 어린 딸 소인昭仁 공주와 비빈들을 죽였다. 황제는 어두운

밤을 틈타 용을 수놓은 짧은 상의와 황제의 색인 황자黃紫색 긴 용포를 입고 왼쪽 발은 신발을 벗은 채 왕청언을 데리고 황궁의 북쪽문인 선우먼神武門을 나서 바로 앞에 있는 메이산을 올랐다. 황제는 처연한 듯 성 안을 바라보다 자신의 긴 소매 자락에 유지를 남겼다. "짐은 나약하고 덕망이 부족해 하늘의 노여움을 샀도다. 도적들이 짐의 수도를 점령했건만 신하들은 모두 짐을 저버렸다. 짐은 죽어서도 조상들을 뵐 낯이 없어 스스로 면류관을 벗고 머리카락을 풀어 헤쳐 얼굴을 가리노라. 도적들이 짐의 시신을 능욕할지언정, 백성들은 한 사람도 다치지 않게 하라." 그리고는 맨발에 산발한 상태로 얼굴을 가리고 목을 매 자살했다.

황제가 목을 맨 메이산은 현재 징산공원景山公園으로 바뀌어 베이징 시민들의 휴식처가 되고 있다. 전하는 말로는 숭정이 목을 맨 나무에는 "(황제의 목숨을 앗아간) 죄지은 회나무罪槐"라는 글자가 새겨진 철판이 걸려 있었는데, 1900년 의화단의 난 때 베이징에 입성한 8국 연합군들이 훔쳐 갔다고 한다. 나무 역시 문화대혁명 때 타파되어야 할 네 가지 봉건적인 구습으로 지목되어 잘려 나가는 수난을 겪었는데, 지금 그 자리에 서 있는 나무는 그때 잘려 나간 나뭇가지를 어찌어찌 수습해 다시 심은 것이라 한다. 나무는 무심히 서 있을 뿐인데, 감당하기 어려운 역사의 짐을 지고 수난을 겪은 셈이다.

한편 성에 들어온 리쯔청은 숭정제에 은 만 냥의 현상금을 걸었다. 이틀 후 사람들은 이미 시체가 된 숭정제를 찾아 냈다. 다음 날 리쯔청의 농민군은 숭정제와 황후 주씨의 관을 궁 밖으로 보내 둥화먼東華門 밖에서 군중에게 보였다. 4월 초가 되자 리쯔청은 이 두 사람의 시신을 창핑 현昌平縣에 있는 톈귀비田貴妃의 무덤에 대충 장사지냈다.

1. 징산공원 내 숭정제가 목을 맨 곳에 있는 비석.

2. 숭정제의 무덤인 사릉思陵. 명대의 다른 황제들의 무덤과 동떨어진 외딴 곳에 있으며 일반인에게 개방하고 있지 않다.

숭정제는 난리 통에 미처 자신의 능을 준비하지 못했기에 후궁의 유택을 빌려 잠들 수밖에 없었던 것이다.

청병淸兵의 입성入城

베이징으로 향하던 우싼구이吳三桂의 군사가 펑위안豊潤(지금의 허베이 성 펑위안 현豊潤縣)에 이르렀을 때, 우싼구이는 베이징이 이미 함락되고 황제가 자살했다는 소식을 접했다. 그는 어쩔 수 없이 군사를 돌려 다시 산하이관으로 돌아가 병사들을 주둔시키고 사태를 관망했다. 우싼구이는 진퇴양난에 빠졌다. 명을 멸망시킨 리쯔청에게 돌아가 그와 함께 북방의 만주족에 맞서 싸울 것인가, 그렇지 않으면 청에 투항할 것인가? 그는 이 두 세력 사이에서 결단을 내리지 못하고 망설이고 있었다. 그러다 우싼구이는 갑자기 마음을 바꿔 산하이관의 문을 열고 청나라 병사를 끌어들였다. 세력이 궁해진 우싼구이가 명의 원수를 갚는다는 명목으로 청에 원조를 구하고 항복한 것이다. 산하이관 밖에서 청나라 병사를 통솔하고 있던 청의 섭정 예친왕睿親王 도르곤多爾袞은 바로 그의 청을 받아들여 후한 보답을 약속한 뒤 우싼구이의 안내를 받아 산하이관을 아무 장애 없이 통과한 뒤 베이징으로 진격했다.

일설에 의하면, 우싼구이가 갑자기 마음을 바꾼 것은 한 여자 때문이었다고 한다. 원래 우싼구이는 리쯔청에게 투항할 마음이 있었는데, 베이징에 두고 온 애첩 천위안위안陳圓圓을 리쯔청의 부하가 빼앗아 갔다는 말을 듣고 당초의 계획을 바꾸어 청에 투항했다는 것이다.

이에 대한 이야기는 당시 유명한 시인이었던 우웨이예吳偉業의 '원원곡圓圓曲'이라는 시에 실려 세간에 알려졌다.

황제가 세상을 등지던 날
적을 무찌르고 서울을 수복하러 위관까지 내려가니
통곡하는 육군은 모두 흰 상복을 입었고
머리카락이 관을 찌를 듯 화를 낸 것은 홍안의 미인 때문이었다.

승정제가 자진하니 여섯 방면의 군사들六軍이 모두 상복을 입고, 머리카락이 관을 뚫고 나올 듯 화가 치밀어 오른 것은 홍안의 미인, 곧

천하제일관 산하이관山海關.

천위안위안 때문이었다는 것이다. 조선시대에 연행 길에 올랐던 조선의 사신들은 항상 이 산하이관을 지나며 이때의 사적에 통분을 금치 못했다고 한다. 우싼구이가 관문을 열어 청병을 맞이하지 않고 명이 망하지 않았던들 나중에 청이 조선에 쳐들어와 굴욕을 당하지 않았을 거라는 생각에서였는데, 연암 박지원은 《열하일기》에서 산하이관을 지날 때의 심경을 다음과 같이 토로한 바 있다.

> 흥! 몽염은 장성을 쌓아서 오랑캐를 막고저 했는데, 진秦나라를 망친 오랑캐는 필경 집안에서 기르게 되었고, 서중산(곧 쉬다徐達)이 이 관을 지어 오랑캐를 막고저 했더니, 오삼계가 관문을 열어 적군을 맞아들이기에 여가가 없었구나. 천하가 무사태평한 이때야말로 공연히 장사치 길손 나부랭이나 붙들고 이러쿵저러쿵 힐난을 한대서야 난들 이 관에 대하여 무어라 말해서 좋을지 모르겠구나.[10]

리쯔청은 우싼구이와 청나라 병사의 연합군에 맞서 싸웠으나 패해 베이징으로 돌아온 뒤 쯔진청紫禁城의 서쪽에 있는 우잉거武英閣 뒤쪽에 있는 징쓰뎬敬思殿에서 황제의 자리에 올랐다. 하지만 이내 청나라 병사가 베이징에 들어올 것을 염려해 베이징을 버리고 서쪽으로 피신했다. 이에 청병들은 아무런 저항도 받지 않고 베이징 성에 입성했다. 얼마 안 있어 리쯔청을 비롯한 유적流賊 세력이 모두 토벌되고 청은 전 중국을 손에 넣게 된다.

청대의 베이징은 사실상 큰 변화가 없었다. 청이 베이징에 무혈입성 했기에 도시가 파괴된 것도 없었고, 백성들도 크게 동요하지 않았다. 아울러 청왕조는 기왕의 한족들의 문화를 그대로 보존하고 따르는 정책을 폈기 때문에 전대의 문화 유산 역시 그대로 보존되었다. 따라서 베이징 성의 역사를 이야기할 때 청대는 별로 할 이야기가 없다. 기본적인 아키타입은 원대에 이미 정해졌고, 현재까지 내려오는 베이징 성의 기본 틀은 명대에 확정되어 청대에는 그것을 그대로 이어받아 약간의 보수만 했기 때문이다. 청대의 베이징이 전대와 확연하게 달랐던 점은 청이 이민족 왕조였기 때문에 만주족과 한족의 거주지를 달리했다는 것이다. 곧 한족들은 외성에서 살게 하고 만주족들은 내성에서 살게 해 서로 섞여 사는 것을 막았다.

청의 제도에 의하면 만주족은 내성에 거주하며, 극원劇院을 열어서는 안 되고, 농공업 생산에 종사해서는 안 되고, 장사를 해서도 안 된다고 규정되었다. 그들은 봉록을 먹는 직업군인이 되는 것을 천직으로 생각했다. 반면 한인은 외성에 거주해야 하며, 내성에서 밤을 보낼 수 없었다. 당시의 내성은 마치 군사기지와도 같았다.

광서 34년(1908)의 통계에 의하면, 베이징 내외성에 거주하는 인구 70만 5천 명 가운데, 생산에 종사하지 않고 봉록으로만 사는 사람은 28만여 명이나 됐다. 그중 만주족이 23만 6,800명으로 가장 많았고, 관료, 신사, 서리, 차역差役, 병용兵勇 등이 4만 2천 명이었다. 이들의 숫자가 베이징 인구의 40퍼센트에 달했던 셈이다.[11]

베이징 성은 이후로 약 3백년간은 큰 변화 없이 이어져 내려왔다. 그러나 오랜 역사의 도시 베이징은 격변의 세기라 할 20세기를 거치면서 큰 변화를 겪었다. 특히 1949년 신중국 수립 후에는 새로운 도시 계획 하에 대부분의 성곽과 성문들이 철거되면서 본래의 면목을 잃었다. 성벽을 허물면서 나온 벽돌은 후통 내의 공중변소를 짓는 데 쓰였고, 많은 사람들이 오가던 성문들은 도시 교통의 흐름에 방해가 된다는 이유로 이름만 남기고 역사 속으로 사라졌다.

위안밍위안圓明園에 가 보았는가

제국의 영화와 몰락

오랜 세월 부침을 겪어 왔던 베이징의 역사를 한몸으로 증언해 주는 곳이 바로 위안밍위안圓明園이다. 위안밍위안은 이허위안頤和園과 함께 역대 왕조의 정원 가운데 하나로, 베이징에서는 나름대로 잘 알려진 명소이다. 베이징의 서쪽 지역은 풍광이 아름다운 곳이 많은데, 이에 역대 왕조의 황제들은 이곳에 행궁行宮을 만들고 정원을 조성하는 경우가 많았다. 이것을 통칭해 '삼산오원三山五園'이라 불렀는데, 여기에서 '삼산'은 '샹산香山', '위취안산玉泉山', '완서우산萬壽山'이고, 오원은 '창춘위안暢春園', '위안밍위안圓明園', '징밍위안靜明園', '징이위안靜宜園'과 '칭이위안淸漪園'이다.

오원 가운데 가장 먼저 세워진 것은 '창춘위안暢春園'으로, 위안밍위안의 남쪽, 현재의 베이징대학과 칭화대학 일대에 걸쳐 있었다. 이것은 명 신종神宗의 외조부인 리웨이李偉가 세운 것을 강희 29년(1691)에 중수했으며, 강희제는 매년 대부분의 시간을 이곳에서 보냈다. 또 현재 우리에게 잘 알려져 있는 '이허위안頤和園'의 전신은 '칭이위안淸漪園'으로 오원 가운데 가장 늦게 조성되었다.

오원 가운데 으뜸으로 손꼽히는 위안밍위안은 원래 '창춘위안長春園', '치춘위안綺春園', '위안밍위안圓明園'의 세 개의 정원으로 이루어져 있었는데, 일반적으로 '위안밍위안'으로 통칭된다. 위안밍위안은 1709년에 처음 건설되었으며, 원래는 강희제가 넷째 아들인 인전胤禛, 곧 옹정제에게 하사한 '사원賜園'이었다. 1722년 옹정의 즉위 이후 구궁의 틀을 본 따 위안밍위안의 대대적인 중수重修 작업이 진행되었는데, 위안밍위안이 그 위용을 갖춘 것은 청대의 최극성기라 할 건륭 시기였다. 건륭제는 특유의 자신감으로 엄청난 경비와 공력을 들여 위안밍위안을 대규모로 확장했다.

셰치취諧奇趣.

건륭제는 당시 중국에 와 있던 이탈리아인 쥬세페 카스틸리오네(1688~1766; Giuseppe Castiglione, 중국 명은 랑스닝郎世寧)[15]과 프랑스인 브노와(중국 명은 쟝유런蔣友人) 등에 명하여 프랑스의 베르사유 궁전 양식을 모방한 서양식 누각 3개 동과 분수를 삼대 정원에 포함되는 창춘위안長春園의 최북단에 세우게 했다. 1757년에 최초의 인공 분수인 '다수이파大水法'가 완공되었는데, 이것이 곧 '셰치취諧奇趣'라는 일군의 건축물 가운데 하나이다.

그 뒤로 '양췌룽養雀籠', '팡와이관方外觀', '위안잉관遠瀛觀', '하이옌탕海晏堂', '추수이러우蓄水樓', '완화전萬花陣' 등과 같은 건물들이 속속 들어섰는데, 이렇게 세워진 건물들을 통칭해 '시양러우西洋樓'라고 한다. 당시 아티레 신부(중국 명은 왕즈청王致誠)는 중국의 전통적인 멋과 당시 유럽에서 유행했던 바로크 양식이 절묘하게 어우러진 위안

위안잉관遠瀛觀.

밍위안의 아름다움을 '모든 원림 가운데 최고의 원림萬園之園'이라는 말로 찬탄했다.

시양러우는 중국에서는 최초로 시도된 서양 건축물들로서 그 아름다움은 그 어느 것과도 비길 수 없을 정도였다. 하지만 비극적인 것은 이렇게 뛰어난 인류 문화유산이 제2차 아편전쟁 때 모두 파괴되었다는 것이다. 1856년부터 1860년에 걸친 제2차 아편전쟁 중에 영국과 프랑스 연합군은 엘긴을 협상단장으로 삼아 청 정부와 담판을 지으려 했다. 하지만 청 정부가 엘긴이 보낸 협상단을 구속하고 일부는 처형하자, 1860년 10월 18일 엘긴은 자신의 군대를 베이징으로 진군시켰다. 영국과 프랑스 연합군은 당시 함풍咸豐 황제가 위안밍위안에 있을 것이라 짐작하고 이곳을 쳤다. 그러나 함풍 황제는 이미 러허熱河(지금의 청더承德)로 도망을 치고 이곳에는 그야말로 오합지졸만이 남아 있었다. 거칠 것이 없었던 연합군은 엘긴의 명령에 따라 위안밍위안에 있는 보물들을 닥치는 대로 약탈했을 뿐 아니라 아름다운 건물들마저 모두 불지르고 파괴해 그야말로 초토화시켜 버렸다. 말 그대로 인류 문화유산이 잿더미로 화해 버린 안타까운 순간이었다.

위안밍위안 약탈은 10월 6일에 시작되었는데, 다음 날인 7일이 일요일이었기 때문에 모두 아침부터 밤까지 정신없이 도둑질에 빠져 있을 수 있었다. 마침 그때 영불 연합군의 섭외주임이었던 파크스를 비롯해 청에 포로로 잡혀 있던 사람들이 교섭 끝에 석방되었지만, 그 이전에 포로가 된 20명이 사망한 일이 생겼다. 영국인 13명, 프랑스인 7명이었다. 연합군은 이에 대한 보복으로 위안밍위안을 불태우기로 했다. 약탈의 주역은 프랑스군이었지만 방화의 주역은 영국군이 맡았다. 영국군이 지른 불로 위안밍위안은 사흘 동안 타올랐다. 자국의 포로를 죽인 대가라지만, 결과적으로 이 방화는 약탈의 흔적을 없애기 위한 것이었다.[13]

불행 중 다행인 것은 베이징의 쯔진청紫禁城의 경우 이것을 파괴하면 엄청난 비난을 받을 수도 있고, 또 어차피 청나라는 몰락할 것이라는 생각에 손을 대지 않고 그대로 내버려두었다는 것이다. 만약 이때 영국과 프랑스 연합군이 쯔진청마저 파괴했더라면 또 다른 인류 문화유산이 사라졌을 것이다. 당시 서구 제국주의 세력은 앞다투어 새로운 식민지를 개척하기 위해 아시아로 몰려들어 자기들끼리도 각축을 벌였는데, 이것을 그들 용어로는 '그레이트 게임Great Game'이라 부른다. 그레이트 게임의 와중에 파괴되고 약탈당한 문화재에 대해서는 어찌 제한된 편폭에 그 자세한 시말을 필설로 다할 수 있겠는가? 실로 문명의 이름으로 자행된 야만의 극치에 그저 아연할 따름이다. 하물며 당시 강탈당한 제것을 다시 찾겠다는데도 모르쇠로 일관하며 오히려 언죽번죽 부르대는 그 후손들을 보고 있노라면 진정 문명은 무엇이고, 야만은 무엇인지 할 말을 잃게 된다.

위안밍위안 구역 내에 있는 전시실에는 1861년에 프랑스의 문호 빅토르 위고Victor Hugo가 자신의 친구에게 보낸, 당시 프랑스군의 만행을 규탄하는 내용의 편지가 전시되어 있다.

세계의 모든 예술가와 시인, 철학자들은 모두 위안밍위안의 존재를 알고 있습니다. 볼테르도 현재 이 문제를 제기하고 있지요. 사람들은 말합니다. 그리스에는 파르테논 신전이, 이집트에는 피라미드

> 가, 로마에는 콜로세움이, 파리에는 노틀담 성당이 있고, 동방에는 위안밍위안이 있노라고. ……그런데 이 기적이 현재는 이미 더 이상 존재하지 않습니다. 하루아침에 두 명의 강도가 위안밍위안에 들어가 하나는 약탈을 하고, 다른 하나는 방화를 하였습니다. 그들이 얻은 승리는 강도와 도둑놈의 승리요, 두 명의 승리자는 함께 위안밍위안을 철저하게 파괴해 버렸습니다.…… 우리 유럽인들은 스스로 문명인이고, 우리의 안목으로는 중국인들은 야만인이라 생각했습니다. 하지만 이것이 문명인이 야만인에게 행한 행동이란 말입니까? ……

이렇게 훼손된 이후 위안밍위안은 예전의 명성을 잃어버리고 한참 동안 사람들로부터 잊혀진 존재가 되었다가 신중국이 수립된 이후 차츰 정비의 손길이 미쳤다. 하지만 시양러우의 아름다운 건물들은 그때 이후로 본모습을 되찾지 못하고 중간에 쓰레기 더미를 대충 치우고 넘어진 기둥을 바로 세우는 정도의 손길만 거쳐 현재에 이르고 있다. 시양러우가 복구될 수 없는 것은 그 외양만 동판화로 남아 있을 뿐, 건물 내부의 평면도가 남아 있지 않기 때문이다.

위안밍위안에 가 보았는가? 중국이라는 거대한 제국의 영화와 몰락을 이처럼 극적인 대비를 통해 맛볼 수 있는 곳은 더 이상 없다. 위안밍위안, 이곳에서는 제국주의의 야만성, 잔혹함과 오래된 왕조의 퇴락한 모습을 동시에 느낄 수 있다.

1. 파괴된 채로 방치되어 있는 '위안밍위안'.

2. 위안밍위안 '다수이파大水法'.

3. 위안밍위안의 해넘이.

서태후西太后와 이허위안頤和園

린위탕은 자신의 책에서 서양의 역사에는 오스트리아의 마리아 테레지아나 영국의 엘리자베스 1세와 같은 위대한 여왕이 많이 있었던 데 반해, 중국에는 그런 위대한 여왕이 나타나지 않았는데, 이것은 "아마도 뛰어난 황후들은 지혜와 조언으로 황제를 돕는 것을 더 좋아했기 때문"일 것이라고 말했다.[14] 하지만 아무리 생각해도 린위탕의 이 말에는 절대 동의할 수가 없다. 근대 이전의 중국 여인들의 삶은 스스로 선택한 것이었다기보다는 어쩔 수 없이 받아들여야 했던 하나의 질곡이었다고 말하는 편이 맞을 것이다.

그 와중에 중국 역사에서 이름을 떨친 두 사람의 여걸이 있으니, 한 사람은 당나라 때 스스로 황제의 자리에 올랐던 우쩌톈武則天(또는 쩌톈우허우則天武后; 624?~705)[15]이고, 다른 한 사람은 청말에 무소불위의 권력을 휘둘렀던 서태후西太后(1835~1908)다. 역사가들의 우쩌톈에 대한 평가는 극과 극을 달린다. 자신의 야망을 위해 자기가 낳은 자식까지도 아무렇지도 않게 죽일 정도로 비정한 측면이 있었는가 하면, 우쩌톈 치하의 당나라는 국력이 비약적으로 신장되었던 태평성대라 평가된다. 그럼에도 중국의 역사가들은 우쩌톈이 정식으로 황제의 자리에 올랐다는 사실을 애써 외면하고 그의 치세를 인정하지 않으려 한다.

중국 역사에 있어 큰 발자취를 남긴 또 한 명의 여인인 서태후는 본래 만주 팔기의 하나인 양황기인鑲黃旗人으로, 성은 '예허나라葉赫那拉'이다. 함풍제咸豊帝(재위 1851~1861)의 수녀秀女(명청시대에 궁중에 뽑혀 들어간 여관女官)로 선발되어 입궁했다. 오래지 않아 함풍제의 사랑을 받아 황제의 외아들 짜이춘載淳을 낳고, 이로 인해 의비懿妃로 승격했다. 즉위한 지 11년 만에 사망한 함풍의 뒤를 이어 자신이 낳은 짜이춘이 여섯 살의 나이로 동치제同治帝(1856~1874)로 즉위하자, 공친왕恭親王과 공모하여 쿠데타로 반대파를 일소하고 함풍제의 황후인 뉴후루鈕祜祿를 '츠안황태후慈安皇太后'로 모시고, 자신은 황제의 모후母后로서 '츠시황태후慈禧皇太后'가 되었다. 거주하는 곳에 따라 편의상 '츠안慈安'은 '동태후東太后'라 부르고, '츠시慈禧'는 '서태후'라 불렀는데, 함께 나이 어린 황제의 섭정이 되었다.

1874년 동치제가 열여덟 살의 나이로 천연두에 걸려 죽자 다음 황제를 옹립하는 문제를 놓고 일대 변란이 일어나게 된다. 본래는 당시 임신 중이던 동치제의 황후의 출산을 기다리자는 의견이 우세했으나, 황제의 자리를 잠시라도 비워둘 수 없다는 서태후의 주장에 밀려 서태후가 추천한 짜이톈載湉이 광서제光緖帝(1871~1908)로 즉위했다. 광서제는 도광제道光帝의 제7자인 순현친왕醇賢親王 이쉬안奕譞의 아들인데, 그 어머니가 서태후의 동생이다. 곧 서태후는 광서제의 이모인 것이다. 본래 자신의 아들의 아들, 곧 손자가 태어나기를 기다렸다가 황제의 자리를 그에게 물려주는 것이 인지상정이라면, 서태후가 그렇게 하지 않고 자신의 조카를 황제의 자리에 앉힌 것은 순전히 그의 권력욕 때문이었다. 손자가 황제가 되면 언젠가 자신은 태황태후가 되어 권력의 핵심에서 밀려나는 것이 눈에 뻔히 보였으나, 조카가 황제의 자리에 오르면 그대로 태후가 되어 실권을 장악할 수 있었던 것이다. 며느리인 동치제의 황후는 이 일로 자살하였으니, 권력에 대한 인간의 욕심은 천륜도 어찌하지 못하는 것인가?

마지막 남은 장애물인 동태후 역시 광서 7년(1881) 서태후를 문병

갔다가 맛있게 먹은 떡을 칭찬한 뒤 자신의 거처로 돌아갔다가 서태후가 답례로 보내온 떡을 먹고 급사했다. 이제 아무것도 거리낄 게 없게 된 서태후는 나라의 권력을 한 손에 틀어쥐고 황제의 존재마저 무시하게 되었다. 천성적으로 유약한 성격의 광서제는 무서운 이모 밑에서 이러지도 저러지도 못하고 괴로운 나날을 보내다 변법을 꿈꾸는 유신 개혁파의 인물들과 모반을 시도하지만, 위안스카이袁世凱의 배반으로 실패하고 죽을 때까지 서태후에게 연금을 당하게 된다.

권력에 대한 맹목적인 집착을 보이던 서태후도 역사의 흐름을 읽는 데에는 아주 젬병이라 할 만큼 문제가 있었다. 잘 알려진 대로 당시 중국은 안팎으로 내우외환에 시달리고 있었다. 18세기 말 건륭제 이후로 쇠퇴기에 접어든 봉건 왕조는 태평천국과 같은 거듭된 내부의 반란에 시달리고 있었고, 이때를 틈타 아편전쟁 이후로 끝없이 이어지는 제국주의 열강의 침략에 온 나라가 전쟁터로 변해 있었다. 광서제가 유신 개혁파와 함께 개혁을 시도했던 것이 어찌 자신을 옥죄고 있는 서태후의 그늘에서 벗어나고자 하는 데 그쳤겠는가? 광서제는 캉유웨이 등과 함께 개혁을 통해 명맥만 남아 있던 제국의 부활을 꿈꾸었던 것이다. 하지만 서태후의 반동으로 결국 마지막 남은 기회마저 잃어버린 채, 중국 역사 최후의 봉건 제국은 역사에서 사라지게 된다.

1894년 청일전쟁에서 충격적인 참패를 당한 중국은 이것을 교훈 삼아 군비를 확장하고 구미로 유학생을 보내 선진 문물을 배워 오게 하는 등 그 나름대로 개혁에 착수하게 된다. 하지만 그런 노력들은 이미 쇠락의 길로 접어드는 왕조의 몰락을 막아내기에는 족탈불급이었다. 한편 청일전쟁의 참패는 서태후의 또 다른 허물을 들춰 내는 데 곧잘 인용되기도 한다. 제2차 아편전쟁으로 함풍제가 러허로 도망쳤

1. 이허위안의 석방石舫.

2. 이허위안의 쿤밍 호昆明湖에서 바라본 완서우산萬壽山.

3. 이허위안의 장랑長廊. 서태후가 비가 오는 날도 쿤밍 호를 감상할 수 있게 하기 위해 만들었다고 한다.

을 때, 서태후도 함께 했었다. 당시의 기억은 젊은 서태후에게 큰 충격을 주었으며, 위안밍위안의 파괴 또한 씻을 수 없는 고통이었다. 그 때문이었을까? 권력을 잡은 뒤 서태후는, 영국과 프랑스 연합군에 의해 파괴된 칭이위안淸漪園을 재건하기로 결심한다. 문제는 비용이었는데, 광서 14년(1888) 근대적인 해군을 창설하기 위해 마련된 예산에서 은 2,400만 냥, 미화로 5천 만 달러를 전용해 거대한 토목공사를 벌였다. 해군 군비를 유용한 것은 서태후의 수석 대신이었던 리훙장李鴻章의 동의 하에, 당시 해군을 총괄하던 광서제의 아버지인 순친왕醇親王 이쉬안奕譞이 서태후의 비위를 맞추기 위해 주도한 것이었다. 역사가들은 이 때문에 중국 해군이 제대로 대비를 하지 못해 청일전쟁 때 일본군에게 처참하게 패배한 것이라 말하기도 한다.

각설하고, 이허위안은 1900년에 일어난 의화단 사건 때 8개국 연합군에 의해 다시 파괴되지만, 1902년 피난 갔다 돌아온 서태후에 의해 다시 재건되어 오늘에 이르고 있다. 서태후는 이곳을 좋아해 매년 2월에 이곳에 와서 봄과 여름, 가을을 보내고 11월이 되어 찬바람이 불면 궁으로 돌아갔다고 한다. 그래서 흔히 이허위안은 서태후의 '여름 별장Summer Palace'으로 알려져 있다.

베이징의 성의 성문들

앞서 말한 대로 베이징은 그 중심부에 우리가 흔히 쯔진청紫禁城이라 부르는 궁성이 있고, 그 궁성을 에워싸고 내성 곧 황성이 있으며, 그 바깥을 두른 불완전한 형태의 외성으로 이루어져 있다. 제국의 수도답게 베이징 성의 규모는 보는 이를 압도한다.

> 어느 방향에서든 성 밖에서부터 성문에 접근하고자 하면, 거기엔 전루와 성문으로 이루어진 거대한 성채가 지면에서 튀어나온 듯 우뚝 솟아 있다. 이를 본 사람들은 압도될 정도의 공포를 느끼게 된다. 성문 앞을 지날 때에는 자연히 걷는 속도를 늦추게 된다. 왜냐하면 그 모습은, 이허위안頤和園이나 워포쓰臥佛寺 등과는 달리, 오래된 중국의 일상생활이 배어 있는 박진감 넘치는 이미지를 주기 때문이다.[오스발트 시렌Osvald Sirén 《베이징의 성벽과 성문*Les palais imperiaux de Pekin*》(1926)][16]

그러나 시렌은 베이징 성의 운명을 예감한 듯 다음과 같은 질문을 던지며 글을 맺었다.

> 이들의 기묘한 성벽과 성문, 베이징의 다채로운 역사의 무언의 기록자, 그 웅장한 자태는 과연 얼마나 유지될 수 있을까?[17]

베이징 성의 변화를 설명하기에 앞서 베이징 성의 기본적인 구조를 살펴볼 필요가 있다. 베이징 성을 구성하는 세 부분(궁성, 내성, 외성)은 모두 두터운 성벽으로 둘러싸여 있고, 성벽에는 사람들이 왕래할 수 있는 성문이 나 있다. 여기서 궁성의 성문인 톈안먼天安門이나 선우먼神武門 등과 같은 것들은 일단 논외로 치고 내성과 외성에 속하는 성문으로는 다음과 같은 것들이 있다. 우선 내성에 포함되는 성문들을 나열하면 다음과 같다. 첸먼前門이라고도 부르는 정양먼正陽門을 중심으로 시계 방향으로 쉬안우먼宣武門, 충원먼崇文門, 푸청먼阜成門, 시즈먼西直門, 더성먼德勝門, 안딩먼安定門, 둥즈먼東直門, 차오양먼朝陽門 이렇게 아홉 개의 문이 있었다. 외성에는 융딩먼永定門, 여우안먼右安門, 광취먼廣渠門, 줘안먼左安門, 광안먼廣安門, 둥볜먼東便門, 시볜먼西便門이 있었다. 이들 성문들은 현재는 내성의 쳰먼과 더성먼, 그리고 외성의 융딩먼을 제외하고는 모두 없어지고 그 이름만 지명으로 남아 있을 따름이다. 흥미로운 것은 베이징의 지하철 2호선이 바로 내성과 일치하기 때문에, 지하철역 명에 내성의 성문들 이름이 남아 있다는 사실이다.

내성의 주요 성문들에 대한 설명은 다음과 같다.

'정양먼正陽門', 곧 '쳰먼前門'은 내성의 남쪽에 있는 문으로, 각 성으로부터 온 대신이나 관료들이 황제를 알현하기 위해 드나들던 문이었다. 베이징에 당도한 이들은 누구나 이곳을 지나 톈안먼을 거쳐 구궁으로 들어갔다. 쳰먼은 베이징의 성문 가운데 가장 유명한데, 위치로 보나 그 역할로 보나 우리의 남대문과 아주 흡사한 역할을 하고 있다.

> 정양문은 실제로 베이징 성의 남대문이었다. 그것은 중축선의 남단에 우뚝 선 키 큰 무사처럼 자기가 모시는 제왕의 궁전을 몸 뒤에 보좌하는 것 같았다. 그리고 그 겹겹의 거친 벽돌은 그가 착용한 갑옷과 투구의 비늘조각처럼 보였다.[18]

정양먼의 남쪽에는 정양먼에 속한 젠러우箭樓가 있는데, 많은 사람들이 이것을 쳰먼으로 알고 있다. 하지만 이것은 정양먼에 속한 부속 건물에 지나지 않는다. 또 쳰먼은 예전에 '징펑 철로京奉鐵路', 곧 베이징과 펑톈奉天(현재의 선양沈陽)을 잇는 철도의 종점이었다. 그래서 정양먼 바로 옆에는 당시 역사로 쓰이던 하얀색 건물이 단아한 모습으로 현재까지 남아 있다.

'더성먼德勝門'은 베이징 성의 북쪽에 위치해 있어 베이징 성의 중요한 방어 성문으로 기능했다. 이에 '군문軍門'으로서 성루에는 수비용 병장기들이 즐비하게 늘어서 있었고, 무기상들의 발걸음 또한 끊임없이 이어지던 곳이었다. 나아가 외적의 침입을 막기 위해 출정하고, 또 전쟁을 마치고 개선하는 장병들이 드나들던 문으로도 쓰였기에 문 이름의 '더성'은 승리를 얻는다는 동음의 '더성得勝'으로도 해음諧音이 가능하다. 더성먼은 현재 젠러우箭樓만이 남아 있다.

'충원먼崇文門'은 원대에는 '하다먼哈達門', 또는 '하더먼哈德門'이라 불렀으며, '징먼景門'이라고도 불렀는데, '광명'과 '창성'의 의미를 갖고 있다. 예전 베이징 사람들은 '충원먼'이라는 명칭보다는 '하더먼'이라는 명칭에 더 익숙했던 듯하다. 20세기 초엽의 베이징을 묘사한 소설 등에는 곧잘 '하더먼'이라는 명칭이 등장한다. 이 문은 모든 사람들이 드나들 수 있었는데, 예전에는 북 운하의 종점이었기에 온갖 물산이 모이는 곳으로 세관이 설치되어 있었고, 이에 상인들이 주로 많이 드나들었다. 이곳의 세금은 가혹한 편이었는지 많은 사람들이 이곳을 두려워했다고 한다.

'쉬안우먼宣武門'은 '쓰먼死門'으로도 불리는데, 일상적인 장례 행렬뿐 아니라, 매년 가을이면 사형수들이 이 문을 통해 남쪽의 차이스커우菜市口에 가서 처형당했다. 쉬안우먼의 전신은 원대의 '순청먼順承門'으로 원래는 지금의 시단西單 교차로 남쪽에 있었는데, 명대에

1
2
3

4

1. 정양먼正陽門.
2. 석양을 받고 서 있는 정양먼.
3. 정양먼 젠러우箭樓.
4. 정양먼 옆에 있는 옛 기차역.
5. 더성먼德勝門 젠러우箭樓.
6. 차이스커우 형장으로 끌려가는 사형수

베이징 성을 중건하면서 남쪽으로 옮겨져 지금의 위치에 자리하게 되었다.

한 가지 재미있는 사실은 '충원먼崇文門'에서의 '숭崇'자는 명의 마지막 황제인 '숭정제崇禎帝'의 '숭'과 같고, '쉬안우먼宣武門'의 '선宣'자는 청의 마지막 황제인 '선통제宣統帝'의 '선'과 같다는 것이다. 이에 민간에서는 이것이 하늘의 뜻을 반영한 것이라 하여, "정양먼은 동서로 이어져 있는데, 왼쪽으로는 명을 멸망시켰고, 오른쪽으로는 청을 멸망시켰다正陽門, 連西東, 左亡明, 右亡清"는 말이 나왔다.

'시즈먼西直門'은 베이징 성의 서북쪽에 있는 문으로, 이 문을 나서면 막바로 황궁의 용수를 공급하는 수원지인 위취안산玉泉山으로 갈 수 있다. 그래서 매일 물을 실은 물수레가 이 문을 드나들었으므로, 일명 '수이먼水門'이라고도 부른다. 이 문은 신중국 이후 도시 계획이 수립될 때에도, 유명한 건축가 량쓰청梁思成이 강력하게 주장해 철거를 면했으나, 문화대혁명 때 지하 철로를 놓는다는 이유로 마지막으로 철거되었다.

'푸청먼阜成門' 역시 베이징 성의 서쪽에 있는 문인데, 원대에는 '핑쩌먼平則門'이라 불렀다. 베이징 성에서 쓰이는 석탄은 주로 베이징의 서남쪽에 있는 '먼터우거우門頭溝' 지역에서 들여왔는데, 겨울이면 석탄을 실은 수레가 꼬리에 꼬리를 물고 이 문을 드나들었다. 그런데 중국어로 석탄을 가리키는 '매煤'라는 글자는 매화 '매梅'자와 발음이 같기에, 석탄을 매매하는 상인들이 돈을 내 푸청먼 옹성 벽 위에 매화 한 가지를 새겨 넣었다 한다.

'안딩먼安定門'으로는 도성에 거주하는 시민들의 분변糞便을 내갔는데, 그것은 안딩먼 밖에 분뇨처리장이 있었기 때문이었다. 예전에는 인분으로 퇴비를 만들어 썼기 때문에, 안딩먼은 풍요를 가져다 주는 문이라 하여 '성먼生門'이라 불렀다. 마침 토지신에게 제사드리는 '디탄地壇'도 바로 옆에 있었기에 그 뜻이 더욱 살았는데, 베이징 성의 북쪽에 위치해 있다는 이유 때문에 외부의 침입이 있을 때마다 많은 수난을 당하기도 했다.

베이징 성의 동쪽은 남쪽에서 물산을 싣고 올라오는 운하인 퉁후이허通惠河와 근접해 있었기 때문에, 이쪽에 있는 '차오양먼朝陽門'과 '둥즈먼東直門'은 각지에서 올라온 화물이 드나드는 통로 역할을 하였다.

'차오양먼朝陽門'으로는 남쪽에서 생산된 양곡이 주로 들어왔는데, 지금도 이 지역에 남아 있는 '관둥뎬關東店'이라는 지명은 남쪽에서 수운을 통해 올라온 미곡에 대해 징세하는 곳을 가리킨다. 또 이곳에는 성문을 여닫는 시간을 맞추지 못한 사람들이 묵어 가기 위한 여관들이 즐비하게 늘어서 있었다. 원대에는 이 문을 '치화먼齊化門'이라 불렀는데, 구어로는 '마이훠먼賣貨門', 곧 화물을 팔아치우는 문이라고도 불렀다.

'둥즈먼東直門'으로는 주로 목재가 들어왔는데, 그 때문에 인근에는 목재 가공 공장이 많이 있었다고 한다. 평민들이 장사를 하는 곳이라는 의미로 '상먼商門'이라고도 불렀으며, 인근에 운하가 있어 경치가 다른 곳보다 뛰어났다.

이렇듯 베이징 성의 각각의 성문들은 나름의 용도가 정해져 있어 반드시 해당하는 용처에 따라 이용되었다. 아쉬운 것은 앞서도 이야기했듯이 신중국 수립 이후 새로운 도시 계획안에 따라 대부분이 철거되어 옛 모습을 잃었다는 사실이다.

베이징 성의 운명

명과 청 양대에 걸쳐 별다른 변화가 없었던 베이징 성은 현대에 접어들어 상전벽해라 할 만큼 큰 변화를 겪었다. 아니 좀더 정확하게 표현한다면, 중국의 현대사는 베이징 성 파괴의 역사나 다름없다고 말할 정도로 베이징 성은 원래의 모습을 잃었다.

미국의 저명한 언론인 해리슨 솔즈베리Harrison Salisbury는 1985년, 두 번째 중국 방문에서 다음과 같이 말했다.

> 12년 전(1973) 나는 미지의 고대 도시에 대한 강렬한 그리움 같은 것을 품고 처음 베이징을 방문했다. 그러나 내가 마음 속에 그리고 있던 베이징은 이미 사라진 지 오래였다. 베이징은 존재하고 있었지만, 폭풍처럼 몰아친 파괴 활동에 의해 그 본모습을 완전히 잃어버렸다. 오랜 기간 동안의 내전, 일본의 점령, 혁명전쟁, 그리고 특히 문화대혁명 시기의 테러 행위에 의해 철저히 파괴되어 버린 것이다. 나는 너무 늦게 왔다. 무려 반세기나 늦은 것이다.[19]

솔즈베리의 말대로 베이징 성은 파란만장한 중국 현대사의 흐름 속에서 많은 상처를 입었다. 구체적으로는 신해혁명 이후 신중국 수립 이전까지 베이징 성은 주로 전화에 의해 손상을 입었다면, 그 이후에는 도시 개발이라는 미명 하에 치명적인 타격을 입었다고 할 수 있다. 여기에 문화대혁명이라는 전대미문의 전통문화 파괴의 광풍 아래 베이징 성은 또 한 번 결정타를 맞았다. 그 파괴의 역사를 모르고는 베이징에 대해 이야기할 수 없는 것이다.

사실 모든 것은 세월의 흐름 속에서 그 순간 순간의 필요에 따라 변신을 하게 마련이고, 또 그렇게 해야 마땅하다. 문제는 변화의 방향과 폭인데, 오래된 도시의 경우 개발과 보존이라는 두 개의 딜레마 안에서 그 절충점을 찾는 게 무척 어렵다. 신해혁명 이후 수립된 중화민국 정부와 이후 베이징을 지배했던 북양정부, 그리고 1949년 대륙을 석권한 공산당 정권이 공통적으로 고민해야 했던 것도 바로 이것이었다. 황제를 정점으로 한 중앙집권적 전제정부의 필요에 따라 건설된 수도 베이징을 어떻게 개조할 것인가? 이것은 어느 정권에서건 풀기 어려운 난제 중의 난제였던 것이다.

봉건 왕조의 몰락 이후 처음으로 베이징 성의 개조에 손을 댄 것은 북양정부의 내무총장이었던 주치첸朱啓鈐(1872~1964)이었다. 당시 베이징 성이 안고 있는 문제 가운데 가장 큰 것이 정양먼 인근의 교통

현재 일부만 남아 있는 명대의 성벽.

혼잡이었다. 정양먼은 내성과 외성을 나누는 관문인 동시에 베이징성의 남대문으로 주변에 상권이 잘 발달되어 있어 항상 많은 사람들이 오가는 번잡한 곳이었다. 여기에 청왕조 말기 징한京漢 철도와 징펑京奉 철도의 역이 인근에 들어서자 교통 상황이 더욱 악화되었다. 이에 1914년 주치첸이 당시 대총통이었던 위안스카이에게 이에 대한 건의문을 올렸다. 주치첸의 제안은 별다른 반대나 저항 없이 받아들여져, 이듬해인 1915년 6월 16일 위안스카이가 특별히 하사한 은제 괭이로 주치첸이 첫 번째 벽돌을 파내는 것으로 공사가 시작되었다.

> 베이징 성벽은 전쟁으로 이미 처참하게 파괴된 상황이었다. 1915년 북양정부 내무총장 주치첸은 정양먼 옹성 철거를 주관하여 나날이 복잡해지는 교통 문제를 해결하고 구 성벽을 개조하는 작업에 시동

명대 성벽 위에는 1900년 의화단의 난을 진압하기 위해 베이징에 진주했던 8개국연합국의 병사가 새긴 1900년 12월 16일이라는 날짜가 뚜렷하게 남아 있다.

을 걸었다. 같은 해에 차오양먼, 둥즈먼, 안딩먼, 더성먼 옹성을 철거하고 도시 순환 철로를 건설했다. 1921년 당국은 붕괴 위험에 처해 있었음에도 보수하지 않고 방치되어 있던 더성먼 성루를 철거했다. 이 시기에 황성의 동쪽과 북쪽 성벽도 잇달아 철거했다.[20]

주치쳰의 베이징 성 개조는 그나마 "절대로 그냥 파괴하는 것이 아니라 고도의 명승고적을 새로운 도시 경관 속에 절묘하게 수용하고 그것들이 새로운 의미를 가지도록 만든 것"[21]이라는 평을 들었다. 정작 베이징 성의 운명을 결정지은 것은 신중국 수립 이후이다. 해방 이후 국민당과 공산당의 내전에서 최후의 승리를 얻은 중국공산당 정부는 정부 수립 직전인 1949년 5월 저명한 건축가인 량쓰청梁思成을 베이핑도시계획위원회 부주임에 임명하고 새로운 베이징 건설의 기획과 설계를 맡겼다. 이듬해 2월 량쓰청은 천잔샹陳占祥과 함께 〈중앙 인민정부 행정 중심구의 위치에 관한 제안〉을 제출했다. 여기서 량쓰청은 옛 도심부에 정부의 행정 중심을 건설하는 데 따르는 어려움을 다음과 같이 요약했다.

첫째, 베이징의 기존 배치 시스템과 그것의 완전무결함이 바로 오늘날 방대한 행정 중심 지역을 설치할 수 없는 원인이다. …… 둘째, 현대 행정기구가 필요로 하는 총 면적은 적어도 옛날의 황성을 크게 초과하며, 또 어느 정도 발전의 여지는 남겨놓아야 한다. 성벽 안에서는 적당한 위치에 충분한 면적을 가진 지역을 찾을 수 없다." 그리고 거대한 황궁은 기관들 사이의 교통 거리를 증가시키고 사무 효율을 떨어뜨린다. "정부기관 사이에 중요한 문화재가 끼어 있으

면 불편하다.[22]

량쓰청의 제안이 내린 결론은 베이징 성을 그대로 보존하고 새로운 행정 구역을 도성 밖 서쪽 지구에 건설한다는 것이었다.[23]

새로운 행정구는 동서로 웨탄月壇과 궁주펀公主墳 사이에 자리 잡고, 북쪽은 동물원, 남쪽은 롄화츠蓮花池에 이른다.…… 그가 제기한 새로운 행정구는 넓이 10제곱킬로미터로 30~60만 인구를 수용할 수 있는 규모였다. 또 동서 방향의 간선도로를 만들면, 신 행정도시와 베이징 성, 그러니까 중국 정치의 심장부와 중국의 '도시 박물관'을 연결할 수 있다는 구상이었다(《량쓰청 문집》 제4권, 중국건축공업출판사, 1986).[24]

이렇게 함으로써 "첫째, 신구 도시의 혼잡이 가져올 여러 가지 혼란을 해결할 수 있다. 둘째, 건축할 때 드는 인력과 물자를 절약할 수 있다. 셋째, 구 도시를 보호할 수 있다. 량쓰청은 이것이야말로 '신구 모두 손실이 없는' 안배라고 했다."[25] 그러나 곧바로 화난구이華南圭가 량쓰청의 제안에 반대하는 의견을 냈는데, 사실상 이것은 중국공산당 지도부의 생각을 대신한 것이었다.

첫째, 교외의 장벽을 완전히 없앤다. 둘째, 내성과 외성의 건축 스타일이 조화를 이루도록 한다. 셋째, 도시를 순환하는 대로를 전체적으로 기획하되 성벽의 기초 토양을 철도의 기반으로 삼아 시간과 인력과 비용을 절약한다. 넷째, 떼어낸 성벽 벽돌로 6층 짜리 빌딩을 지으면 70만 칸의 건축 면적을 얻을 수 있다(화난구이, 〈베이징 성벽은 마땅히 철거해야 한다〉).[26]

량쓰청 역시 이에 대한 반론을 제기했으나, 대세를 뒤집기에는 역부족이었다. 해체파가 내세운 이유는 새로운 도시 건설에 따른 재정적 부담이었지만, 실제 이유는 따로 있었다. 당시 새로운 도시 건설을 두고 두 가지 모델이 제시되었는데, 하나는 스탈린 치하의 모스크바 개조고 다른 하나는 미국의 수도 워싱턴이었다. 중국에 파견된 소련 측 고문들은 자신들의 경험에 비추어 옛 성을 중심으로 도시가 외곽을 향해 고리 모양의 환상環狀 형태로 확장되어야 한다고 주장했다(그 결과 현재 우리가 보는 2환, 3환, 4환, 5환, 6환으로 이어지는 베이징의 모습이 만들어졌다). 이에 반해 량쓰청은 워싱턴과 같이 정치의 중심을 별도로 만들고 옛 도성은 박물관 등으로 개조해 하나의 문화 중심으로 만들어야 한다고 강변했다. 그러나 결국 량쓰청은 '소련 고문에게 대드는 자', '미 제국주의의 숭배자', '톈안먼을 전국 인민이 동경하는 정치의 중심으로 만들려는 계획을 부정하는 자' 라는 비판을 받았다.[27]

보존파와 해체파가 격론을 벌이는 중에도 성벽은 헐려 나갔다. 1951년 융딩먼永定門이 헐리고(2003년 다시 세워졌다) 넓은 대로가 이를 대신했다. 아울러 양측의 논쟁 역시 1953년 8월 마오쩌둥의 지시로 간단하게 정리가 되고, 베이징 성의 해체는 움직일 수 없는 현실이 되었다. 이로써 1954년부터 성벽 해체가 본격적으로 시작되었다.

1950년 5월부터 1950년대 말까지 베이징에서는 도로 건설의 필요성으로, 충원먼崇文門 옹성, 차오양먼朝陽門 성루와 전루(옹성은 이미

1915년에 철거), 푸청먼阜成門 옹성, 융딩먼永定門 옹성 및 성루와 전루, 줘안먼左安門 옹성 및 성루와 전루, 유안먼右安門 옹성 및 성루와 전루, 광취먼廣渠門 성루와 옹성(전루는 이미 1930년대에 철거), 둥볜먼東便門 옹성 및 성루와 전루, 시볜먼西便門 옹성과 성루와 전루 및 동북 각루 성대東北角樓城台(전루는 이미 1920년에 헐림), 서북 각루의 전루와 성대, 서남과 동남 각루의 성대(전루는 이미 1930년대에 헐림)가 잇달아 철거되었다.[28]

그럼에도 량쓰청은 포기하지 않고 성벽을 보존하려는 노력을 기울였다. 그 일환으로 량쓰청은 성문을 환상 교차로 주변의 공지로 삼아 교통을 편하게 하는 한편 성벽 위에는 화단을 마련하는 등 하나의 경관으로 삼자고 제안했다. 그러나 그의 제안은 모두 간단하게 일축되었다. 그러나 기회가 전혀 없었던 것은 아니었다. 1959년 7월 여름 베이징에 폭우가 내리자 성벽의 붕괴를 막기 위해 철거 작업이 잠시 중단되었고, 1960년 2월에는 시 문화국이 시민위원회에 보낸 청원서에서 다음과 같이 말했다. "현재 우리 시의 성벽을 철거 중인데, 금후로 베이징 시 도시 건축 발전사와 도시 건축 구조를 연구하기 위해 우리는 내성 시즈먼의 문루와 전루, 옹성, 갑루閘樓, 안딩먼의 문루, 둥즈먼의 문루, 동남 각루, 정양먼 문루, 전루를 보존할 것을 건의한다." 그 가운데 시즈먼과 정양먼, 둥볜먼 각루는 문화부가 이미 국가 급 보호 단위에 넣기로 결정했다.[29]

그런데 이번에는 국제 정세가 보존을 가로막았다. 당시 악화 일로로 나아가던 중·소 분쟁으로 양국 간에 전쟁 위기가 고조되어 가자 베이징에는 교통 편의뿐 아니라 일종의 방공호의 역할을 하기 위해

지하철을 건설해야 한다는 의견들이 속출했다. 내성의 성벽 지대는 지하철 건설의 최적지로 손색이 없었다. 성벽 주변에는 주민들이 살지 않았으니 무슨 원주민 이주에 따른 보상이니 하는 게 있을 리 없었고, 철거한 성벽의 토석은 지하철 공사에 재사용할 수 있었던 것이다.

문화대혁명은 베이징 성벽 철거의 종지부를 찍는 일대 사건이었다. 1967년 국가 급 보고 단위에 들어갔다던 시즈먼이 해체되었고, 곧이어 안딩먼과 차오양먼, 융딩먼 등이 사라졌다. 1969년 이후에는 마오쩌둥의 "방공호를 파라"는 한 마디에 모두 나서 베이징 성벽의 벽돌을 들어내 각자가 속한 단위單位(곧 직장)의 방공호를 파는 데 사용했다. 애당초 량쓰청이 성벽의 해체에는 80여 년의 시간이 걸릴 것이라고 한 말은 단지 기우(?)에 지나지 않았다. 중국이 자랑하는 '우공이산愚公移山'의 정신을 앞세운 '인해전술' 앞에 지난 몇 백 년간 자기 자리를 지켜 왔던 베이징 성은 한 순간에 사라져 버렸다. 그리고 남은

현재까지도 남아 있는 동남 각루.

것은 고작 정양먼과 더성먼의 전루, 그리고 동남 각루 등 세 개뿐이었다. 일찍이 모자의 성으로 불렸던 베이징 성벽 가운데 지하철 건설에서 비껴 나갔던 충원먼崇文門 동쪽 대로의 일부 성벽과 시볜먼西便門의 일부 무너진 담 정도만이 살아남았다. 그리고 성벽 자리를 대신해 들어선 것은 '2환'으로 불리는 환상環狀 도로와 지하철 2호선이었다.

그러나 세월이 흘러 이른바 개혁개방의 기치 아래 외부 세계와의 교류가 잦아지고 중국의 수도 베이징을 찾는 이들이 늘어감에 따라 관광업이 황금알을 낳는 무시 못할 신흥 산업으로 부상했다. 이에 따라 베이징 시내에 산재해 있는 고대 문물들은 새롭게 조명되어 기왕에 남아 있는 것들뿐 아니라 과거 몇 십 년 사이에 파괴되어 사라진 것들을 복원하는 사업이 속속 진행되었다. 1980년 중국공산당 총서

동남 각루의 성벽은 그 일부가 지금도 남아 있다. 이것은 당시 베이징과 펑톈奉天(현재의 선양瀋陽)을 연결하는 기차가 통과해 지나갔던 성벽 문이다.

기인 후야오방胡耀邦은 "어떻게 수도를 건설할 것인가"라는 문제를 제기하였고, 같은 해 4월 그가 주재한 중앙서기처 회의에서는 수도 건설의 방침에 대한 유명한 '4개 지시'를 결의했다.

첫째, 베이징을 전 중국, 전 세계에서 사회질서, 사회 치안, 사회 풍기, 도덕수준이 가장 높은 도시가 되도록 한다.
둘째, 베이징을 전국에서 환경이 가장 깨끗하게 가장 위생적이고 가장 아름다운 도시가 되도록 한다.
셋째, 베이징을 전국에서 과학, 문화, 기술이 가장 발달한, 교육수준이 가장 높은 도시가 되도록 한다.
넷째, 베이징을 경제가 지속적으로 번영하며 인민의 생활이 편리하고 안전한 도시가 되도록 한다. 특히 관광업, 서비스업, 식품공업, 하이테크산업과 전자공업을 발전시킨다.[30]

일찍이 1950년대와 1960년대를 풍미했던 베이징 시에 대한 성격 규정은 '근대적 공업기지와 과학 기술의 중심'이었고, 마오쩌둥은 톈안먼 성루에 올라 앞을 바라보면 곳곳이 모두 공장 굴뚝이 될 것이라고 선언했다. 그러나 그때도 량쓰청은 향후 중국인들의 의식수준이 높아지면 고대 문물의 중요성을 깨닫게 될 것이라면서, 무너져 내린 베이징 성벽의 벽돌을 끌어안고 "50년 뒤 당신들은 분명히 후회하게 될 것"이라 절규한 바 있다. 아울러 최근에 이루어지고 있는 베이징의 도시 개발 계획들은 기본적으로 예전에 량쓰청이 내놓았던 기획안과 비슷한 면모를 보이고 있다. 그렇게 보자면, "사람들은 일단의 우회로를 거친 후에 다시 기점으로 되돌아간다. 이는 결코 우연이 아니다. 그 안에는 우리를 깊이 생각하게끔 하는 역사의 필연이 포함되어 있"[31]는 것일까?

그러나 베이징 성의 운명을 결정지은 것은 이게 끝이 아니었다. 개혁개방을 통해 중국 경제가 비약적인 발전을 하게 된 1990년대 이후 베이징 시는 다시 한번 홍역을 치르게 된다. 곧 부동산 개발 붐을 타고 도시 곳곳이 재개발이라는 미명 하에 온통 파헤쳐지고 사라져 갔던 것이다. 돌이켜 보자면 베이징 성은 1950년대에 성벽과 성문 등 도시의 골격이 해체된 것으로 시작해, 문화대혁명 시기에는 대량의 역사문물이 소실되고 베이징 문화의 상징이라 할 수 있는 지식인들이 배척 당했다. 그런 의미에서 1990년대 이후 이루어진 도시 개발은 베이징 성에 대한 훼손의 관점에서 볼 때 세 번째 단계라 할 수 있는데, 이전에 국가 권력에 의해 자행되었던 파괴보다 더 심각하게 베이징 성을 망쳐 버렸다.

> 1950년대 성벽 철거 작업이 베이징의 뼈대를 발라낸 것이었다면, 1990년대 이후 진행되고 있는 대대적인 옛 건축물 철거 작업은 베이징의 살을 뜯어 내는 일일 것이다.[32]

2008년 베이징에서는 올림픽이 개최되었는데, 이를 앞두고 베이징은 다시 한번 시험대에 서게 되었다. 그러나 그 결과만을 놓고 본다면 베이징은 올림픽을 통해 다시 한 번 대대적인 철거와 생뚱맞기 그지없는 정체불명의 대형 건축물들로 또 한번 훼손되었다. 유서 깊은 첸먼다제前門大街 주변 거리는 관광객들을 위한 유락 공간으로 변해 버렸고, 도심의 후통은 흔적도 없이 사라져 갔다. 결국 새로운 베이징新北京은 옛 베이징老北京의 희생을 대가로 태어난 키메라(그리스 신화에

1. 동남 각루와 함께 현재까지 남아 있는 시볜먼 일대의 성벽.

2. 극히 일부만 남아 있는 명대 성벽이 최근 새롭게 보수되고 있다.

3. 명대 성벽.

등장하는 머리는 사자, 몸은 양, 꼬리는 뱀을 닮은 전설의 괴수)인 것일까?

시간의 흐름 속에 베이징은 몇 차례의 변화를 겪었다. 그러나 최근 베이징에서 일어난 일련의 변화의 폭과 규모는 유례가 없을 정도로 큰 것이었다. 아울러 급격하게 늘어난 도시 인구와 그로 인해 악화된 환경 문제 등은 수도 베이징이 해결해야 할 또 다른 과제라 할 수 있다. 그래서일까? 최근 중국의 수도를 베이징이 아닌 다른 곳으로 옮겨야 한다는 목소리가 곳곳에서 들리고 있다. 천도遷都는 국가 대사인 만큼 쉽사리 결정될 문제는 아니지만, 이에 대한 논란은 중국의 수도 베이징이 안고 있는 여러 가지 문제들을 압축적으로 보여주는 하나의 잣대라 할 수 있다.

주석

베이징으로 가는 길

[1] 조너선 D. 스펜서(김희교 옮김), 《현대중국을 찾아서 1》, 이산, 2001. 158쪽.

[2] 그로 인해 매카트니의 파견에 직접적인 관련이 있는 "동인도회사는 이 모험에서 아무런 소득도 없이 큰 손해를 보았다. 그러나 매카트니는 비록 직접외교 시대의 막을 열지는 못했지만, 자신이 목적한 바를 충분히 달성했다. 그는 모험에 나서기 전에 연봉 1만 5천 파운드를 요구했는데, 이 일을 통해 2만 파운드 이상의 이득을 남겼다. 적어도 중국은 매카트니 개인의 발전은 가로막지 않은 셈이다."(조너선 스펜서, 앞의 책, 158쪽.)

[3] 김용옥, 《루어투어시앙쯔 윗대목》, 통나무, 1997 중판. 87쪽.

"민중이 즉자적 존재에서 대자적 존재로 변화해 가는 것, 그 성장 과정이야말로 전근대와 근대를 가늠하는 중요한 분기점인 것이다."(히메다 미츠요시姫田光義 외, 《중국근현대사》, 일월서각, 1985. 19쪽.)

1부 베이징의 사계

[1] 린위탕(김정희 옮김), 《베이징 이야기》, 이산, 2001. 28~29쪽.

[2] 위엔홍다오(심경호 등 역주), 《역주원중랑집》 5, 소명출판, 2004. 268~269쪽.

[3] 잘 알려져 있듯이, 쉐위안루라는 길 이름은 그 연변에 수많은 대학들이 위치해 있어 붙은 것이다. 중국은 해방 이후 신중국을 건설하면서 기왕의 대학들을 대대적으로 통합하면서 특정 분야를 중점적으로 내세웠다. 이를테면, 영화를 전문으로 하는 뎬잉쉐위안電影學院, 언어 교수를 전문으로 하는 위옌쉐위안語言學院, 지질 분야를 전문으로 하는 디즈대학地質大學, 광업 분야는 쾅예대학鑛業大學, 과학기술 분야는 커

지대학科技大學, 항공 분야는 항쿵항톈대학航空航天大學 등과 같이 대학 이름에 구체적으로 전문 분야가 명시되어 있다. 물론 이런 경향은 근래 들어 희박해지면서 대학마다 우리와 같은 종합대학으로의 전환을 꾀하고 있기도 하다. 그런데 위에 열거한 대학들이 주로 쉐위안루學院路 주변에 즐비하게 늘어서 있기 때문에 베이징에서 대학을 찾아 가려면 몇몇 대학을 제외하고는 일단 쉐위안루로 가면 된다.

4 원문은 다음과 같다. "薊門在旧城西北隅, 門外旧有樓館, 雕欄畵棟, 凌空縹緲, 游人行旅, 往來其中, 多有賦咏, 今并廢, 而薊門犹存二土阜, 樹木蓊然, 蒼蒼蔚蔚, 晴烟浮空, 四時不改, 故曰薊門烟樹。"

5 천두슈의 자는 중푸仲甫이고, 호는 스옌實庵으로, 안후이 성安徽省 화이닝懷寧에서 태어났다. 부유한 집안에서 태어나 일본 및 프랑스에 유학하고, 1916년 상하이에서 《신청년》 잡지를 발간, 문학혁명을 주창하여 '5·4운동'의 사상적 근거를 마련하였다. 1917년 베이징대학 문과대학장으로 후스胡適와 함께 백화문白話文을 제창하는 한편, 《신청년》을 통하여 유교 사상을 비판하는 글을 발표하였다.

1921년 7월 코민테른(제3인터내셔널)에서 파견한 마린의 지도 하에 중국공산당 제1차 전국대표대회를 개최, 중국공산당의 창당을 선포하고 중앙서기에 피선되었다. 1922년 당 제2차 전국대표대회에서 중국국민당과의 연합전선 수립과 코민테른 가입 등을 결의하고, 당 기관지 《향도주보嚮導週報》를 발간하였다. 그해 11~12월 모스크바에서 열린 제4차 코민테른대회에 참석한 후 중국국민당과 합작하라는 코민테른의 지시를 마지못해 따랐다.

1925년 중국국민당 내부에 분열이 생기자 국민당에서 집단 탈당하려고 하였으나 코민테른에 의하여 거부되었고, 당 제5차 전국대표대회까지 당 중앙총서기직을 연임하였다. 1927년 국공합작이 깨지자 코민테른은 합작 실패의 책임을 물어 그를 총서기직에서 축출하였다. 1929년 당적을 박탈당하자 '전당 동지에게 고하는 글告全黨同志書'을 발표, 코민테른의 중국혁명 지도상에서의 오류와 당시 당 중앙의 오류를 규탄하여 트로츠키파로 지탄받았다. 1933년 상하이에서 당 조직을 획책하다가 체포·구금되어 1939년 출옥하였다. 만년에는 사상적인 전환을 가져와 영·미식 민주주의를 찬성하고 공산주의를 반대하였다. 1942년 병사하였다.

6 류푸劉復의 자字는 반눙半農이다. 장쑤 성江蘇省 화이인淮陰 출생으로, 중학교 때 신해혁명이 일어나 학교가 폐쇄되자, 혁명군의 서기로 종군, 후에 상하이로 나와 소설을 썼다. 1915년, 잡지 《신청년》이 베이징에서 발간되자, 편집자로 활동하였다. 1917

년부터 베이징대학 교수로 있으면서 중국어법 연구를 시작하였다. 1920년 유럽으로 유학, 주로 파리에서 음성학을 연구하여 문학박사학위를 받고 1925년에 귀국, 베이징대학 중국문학과 교수가 되었다. 파리 국립도서관에 있는 둔황敦煌 사본을 베껴 가지고 돌아와 훗날《둔황철쇄敦煌綴瑣》상·중·하 3집으로 발표하였다. 1934년 여름, 네이멍구內蒙古 자치구 일대의 고고학 및 방언 조사 여행에 가담하였다가 회귀열回歸熱에 걸려, 베이징에 돌아와 죽었다. 저우쭤런周作人·위핑보俞平伯 등과 함께 베이징 문단에서 활약하였고, 백화시白話詩의 작자인 동시에 백화시 형식 확립의 선구자 중 한 사람이다. 주요 저서로《사성실험록四聲實驗錄》·《중국문법강화》, 시집《게편집揭鞭集》, 수필집《반농잡문半農雜文》등이 있다.

7 저우쭤런은 저장 성浙江省 샤오싱紹興 출신으로 루쉰魯迅의 동생이다. 난징南京의 장난수사학당江南水師學堂을 졸업한 후 1906년 일본의 릿쿄立教대학에서 영문학 ·그리스어 등을 배웠다. 또 일본에 망명 중인 저명한 학자 장빙린章炳麟에게 배웠으며, 형 루쉰과 공동으로 유럽 근대문학을 번역·출판하였다. 1912년 귀국하여 저장 성에서 교육에 종사하였고, 1917년 베이징대학 문과 교수가 되었다. 잡지《신청년新會年》에 의한 문학혁명운동 때 그는 그때까지의 중국문학의 비인간성을 배격하고 휴머니즘 문학을 주장함으로써 신문학의 방향을 제시하였고, 평론가로서의 확고한 지위를 얻었다. 1920년 '문학연구회'의 발기인, 1924년 루쉰 등과《어사사語絲社》를 결성하였으며, 이후 빼어난 많은 수필을 발표하였다.《우천雨天의 서》《영일집永日集》《과두집瓜豆集》《고구감구苦口甘口》등의 수필집 외에, 그리스문학·일본문학의 우수한 번역도 많이 남겼다.《이솝 이야기》《일본광언선日本狂言選》등의 번역이 있다.

8 리다자오의 자는 서우창守常이고, 필명은 밍밍明明이다. 허베이 성河北省 출신으로, 톈진天津의 베이양쉐탕北洋學堂과 일본의 와세다早稻田대학을 졸업했다. 귀국 후《신종보晨鐘報》의 편집자로 활동하는 등, 신문화운동에 참가하여 위안스카이袁世凱의 반동성反動性을 비판하였다. 1918년 베이징대학 문과대학 교수 겸 도서관 주임이 되어 "사회운동사"를 강의하는 한편,《신청년》《매주每週평론》등을 통하여 러시아혁명을 높이 평가한《볼셰비즘의 승리》에 이어, 중국 최초의 마르크스주의 이론인《나의 마르크스주의관》을 발표하는 등, 중국공산당 창당의 사상적 준비에 크게 기여하였다. 1920년 베이징대학 내에 마르크스주의연구회를 창설, 이듬해의 5·4운동 후 신문화운동 지도자가 되었고, 1921년 중국공산당 창당에 참여하고 또 1922년에는 국민당

에 입당, 그 개편과 국공합작國共合作을 추진하였다. 1924년 모스크바에서의 제5회 코민테른 대회에 참석 후, 1925년 쑨원孫文이 죽자 국민당 및 공산당 지도자로 활약, 1925년 수도首都혁명, 1926년 3·18사건 등 국민운동을 지도하다가, 1927년 4월 장쭤린張作霖의 러시아 대사관 수색사건 때 체포되어 피살되었다. 저서에 《리다자오선집李大釗選集》과 많은 논문이 있다.

9 첸쉬안퉁의 자는 지중季中이고, 호는 더첸德潛이며, 필명은 이고쉬안퉁疑古玄同이고, 초명은 샤夏이다. 저장 성浙江省 우싱 현吳興縣 출생으로, 1906년 일본 와세다早稻田대학에 유학하였고, 당시 도쿄에 있던 루쉰魯迅·장빙린章炳麟 등에게 사사하였다. 대학을 졸업하고 귀국한 뒤, 1914년부터 베이징대학과 베이징사범대학의 교수로서 언어학과 역사학을 강의하였다. 전공은 문자학과 음운학이었으나, 널리 문학과 경학 등에도 조예가 깊었다.

1917~1920년에는 잡지 《신청년新青年》의 편집에 참가하여 신문화운동에 공헌하였고, 특히 중국어의 로마자화에 중요한 역할을 하였다. 역사학자로서 구제강顧頡剛 등의 《고사변古史辨》 저작에 협력하였고, 중국 고대문헌의 기술記述을 과학적으로 재검토하는 '의고파擬古派'의 일원으로서 활약하였다. 또 평론가로서도 루쉰·저우쭤런周作人 등의 '어사사語絲社' 동인으로서 전통문화 고수파를 비판하였다. 주요저서에 《신학위경고서新學僞經考序》《설문단주소전說文段注小箋》《문자학음편文字學音篇》《설문부수금독표說文部首今讀表》 등이 있다.

10 후스의 자는 스즈適之이고, 안후이 성安徽省 지치績溪 사람이다. 1914년 미국 코넬대학교를 졸업하고, 컬럼비아대학교에서 J.듀이에게 교육학을 배웠다. 유학시절 잡지 《신청년》에 논문 〈문학 개량 추의芻議〉를 발표, 구어口語에 의한 문학을 제창하여 문학혁명의 계기를 만들었다. 1917년 귀국하여 베이징대학교 교수로 취임, 문학이론·국어운동·민속연구·철학사 등 광범위한 분야의 연구에 착수하고 과학과 민주주의를 표방하는 계몽운동(5·4문화혁명)의 중심 인물로 활약하였다. 특히, 프래그머티즘 교육이론의 보급에 힘썼는데, 그의 프래그머티즘 적용에 의한 중국 고전의 검토(國故整理運動)는 후세에 큰 영향을 끼쳤다. 그 후 마르크스주의 노선과 결별하고, 베이징대학교 학장, 주미 대사 등을 역임하면서 국민당 정부의 정치·외교·문교정책 시행에 중요 역할을 하였다. 1948년 중공정부 수립 직전에 미국에 망명했다가, 이후 타이완으로 건너가서 중앙연구원 원장, 국민정부 총통부 자정資政 등의 요직

을 역임하였다. 한편, 중국에서는 1954년 이후 후스를 관념적 부르주아 사상가로 철저하게 비판하는 운동이 일어났다가 최근에는 그의 업적을 새롭게 조명하는 움직임이 일고 있다. 주요 저서로 《중국 철학사 대강大綱》(1919), 구어 시집 《상시집嘗試集》(1921), 《백화白話문학사》(1928) 《후스 문존文存》(1930), 자서전 《사십자술四十自述》(1933) 등이 있다.

11 정래동, 〈녹음綠陰의 북평〉(조성환 엮음, 《북경과의 대화》, 학고방, 2008년), 172쪽.

12 한설야, 〈연경燕京의 여름〉(조성환 엮음, 《북경과의 대화》, 학고방, 2008년), 169쪽.

13 주융, 앞의 책, 81쪽.

14 린위탕의 앞의 책, 166쪽을 참고할 것.

15 허베이河北 쑤닝 현肅寧縣에서 태어났다. 도박으로 돈을 잃고 처자식을 버린 무뢰배 출신으로 성명을 리진중李進忠으로 바꾸어 행세하다가 환관이 되어 궁중에 들어가 복성復姓하고 중셴이라는 이름을 하사받았다. 왕푸징王府井 북쪽에는 또 명 희종의 유모 커客씨의 저택인 '나이쯔푸奶子府' 가 있는데 원명原名은 '나이쯔푸酒玆府' 였다. 희종熹宗은 이 유모와 웨이중셴을 총애했으나, 유모는 웨이중셴과 결탁하여 온갖 나쁜 짓을 다 했다. 희종이 공부는 하지 않고 정사에도 관심이 없자 웨이중셴은 황제를 꾀어 '광대와 기녀, 사냥' 을 즐기게 했다. 게다가 희종의 유모인 커씨와 결탁하여 황제의 특별한 신뢰를 얻은 그는 급기야 황제를 대신하여 '주비朱批' 를 함으로써 조정을 조종했다. 웨이중셴은 사례병필司禮秉筆 태감太監(宦官의 最高官職)이 되어 왕푸징王府井 북쪽의 둥창후퉁東廠胡同에 비밀경찰 격인 동창東廠을 만들고 이를 장악했다. 당시 사람들은 웨이중셴을 '9,900세의 대감' 이라고 칭했다. 그는 육부六部·내각內閣 그리고 각 지방의 총독總督·순무巡撫에 이르기까지 붕당을 만들고 '엄당閹黨' 이라 칭했다. '엄閹' 은 내시, 곧 태감이라는 의미다. 만력萬曆 이래 정신廷臣들의 당쟁을 이용하여 관료 중의 정의파인 동림파東林派의 관료를 크게 탄압하고, 중앙·지방의 행정·군사 등에 사병私兵을 배치하는 등 전권을 휘둘러 공포정치를 행함으로써 명나라 멸망을 촉진하였다. 희종을 이어 즉위한 사종思宗이 그의 죄를 물어 봉양鳳陽으로 유배하였는데, 가는 도중에 죄를 추궁당할 것을 두려워하여 자살하였다. 그의 시신은 책형(磔刑: 사지를 찢어 죽이는 형벌)에 처해졌다.

16 홍대용(김태준, 박성순 옮김), 《산해관 잠긴 문을 한 손으로 밀치도다》, 돌베개, 2001. 133쪽.

17 라오서(최영애 옮김), 《루어투어 시앙쯔(윗대목)》, 통나무, 1997. 383~384쪽.

18 루쉰(김시준 옮김), 《루쉰魯迅소설전집》, 서울대학교출판부, 1996. 28쪽

19 마테오 리치는 이탈리아의 예수회Jejuit 소속 신부였다. 예수회는 이냐시오 데 로욜라Ignatius de Loyola라는 인물이 1534년 창설한 가톨릭 원리주의적 단체로, 로욜라가 저술한 영신수련이라는 교재를 지주로 삼아 자신의 인격수양 및 이웃과 이교도의 구원을 목적으로 하는 적극적인 포교단체이다. 이 단체가 나타난 것은 시기적으로 보아 당시 유럽을 휩쓸던 루터의 종교개혁에 대한 가톨릭계의 반발 때문으로 볼 수 있다. 예수회는 무려 20개국의 언어를 수사들에게 가르쳐서 어떤 문화권에서 전교를 요청해 와도 금방 그 언어를 알고 있는 수사를 파견할 수 있을 정도로 막강한 조직력을 가지고 있었다고 한다.

이탈리아 예수회 소속이었던 리치는 어려서부터 가톨릭과 서구문명에 대한 치밀한 훈련을 받고 선교를 위해 스페인을 출발해 포르투갈과 인도의 고아를 거쳐 중국의 베이징에 들어간다(1601). 리치의 위대한 점은 종교적 열정을 안고 이교도들에게 포교하겠다는 일념 하에 스스로 중국인이 되려 했다는 점이다. 처음에는 바닥부터 선교하려는 시도를 했지만, 곧 사대부 계층에게 가톨릭을 전하지 않고서는 아무것도 이룰 수 없다는 것을 간파하고, 예수회 회원 복장을 승복에서 유학자의 옷으로 바꾼다. 단순한 중국어 정도가 아니라 중국의 교양인으로 변신한 것이다. 그의 중국 이름은 리마두利瑪竇였는데, 그가 최초로 중국에 입국한 것은 1583년이고, 사서四書의 초벌 번역을 시도한 것이 1591년이다. 그는 나이 마흔이 다 되어서 중국 고전을 공부하기 시작해 얼마 지나지 않아 중국 내 최고 지식인 반열에 오르게 된다. 리치는 르네상스인이면서 유학자였고 지구상에서 처음으로 동서양의 문명을 딛고 선 인간이었다.

리치는 《산해여지전도山海輿地全圖》와 《곤여만국전도坤輿萬國全圖》를 만들어 중국 지식인들의 세계관을 바꾸었으며, 유클리드의 《기하학 원본》을 중국어로 번역했고, 《기법》과 《교우론》을 지어 중국 지식인들의 찬사를 얻었으며 《천주실의》를 저술해 동양 가톨릭사의 교과서로 만들었다. 특히 한국 천주교의 성립에 천주실의는 결정적인 영향을 끼친 것으로 알려져 있다. 그는 서구문명을 충실히 중국에 소개했다. 그가 만든 수많은 번역어(天主, 亞細亞, 歐羅巴, 幾何)들은 아직까지도 사용되고 있으며, 그가 전한 과학기술은 중국 지성인들에게 서양에 관심을 가지게 만들었다.

[20] 독일의 퀼른 출생으로, 1611년 예수회에 들어가, 1618년에 사제 서품을 받고, 중국 선교사가 되어 1622년에 중국으로 건너가 F.베르비스트 등과 전도에 종사하였다. 천문과 역법에도 밝아 월식月蝕을 예측하여 명성을 얻었다. 천문학서인《숭정역서崇禎曆書》를 서광계徐光啓의 후원으로 번역하여 숭정제崇禎帝에게 바쳤다. 뒤에 이것을 100권으로 개편하여《서양신법역서西洋新法曆書》또는《서양신법산서西洋新法算書》라고 하였는데, 서양천문학의 백과전서라고 할 만한 것이었다.

명나라 말, 북방의 청淸에 대항하기 위해 대포를 주조하기도 하였으나, 명나라가 망하자, 청나라에서 1645년에는 흠천감欽天監(천문대장)을 맡아 이듬해에《시헌력時憲曆》을 완성하였다. 순치제順治帝의 도움으로 포교에 종사하며 베이징北京에 중국 최초의 서양식 건물인 대성당, 곧 남당을 지었으나, 1664년 궁정대신들의 모함으로 반역죄로 체포되어 사형을 언도받았다. 한편 청나라에 볼모로 가 있던 소현세자는 샬과 친분을 맺어 천문서적·과학서적·천구의天球儀 등을 선물로 받고 서양문물에 관한 이해를 높였다.

[21] 홍대용(김태준, 박성순 옮김)의 앞의 책 138쪽.

[22] 고가이슬은 중국에서 활동하던 독일 출신의 예수회 선교사이다. 독일 바이에른 지방의 지겐부르크에서 태어나 1720년 예수회에 들어갔다. 사제로 서품된 것과 동시에 중국 선교사로 임명되어 마카오를 거쳐 1738년 베이징에 도착하였으며, 건륭乾隆년간인 1745년 흠천감欽天監 부정副正으로 임명되어 죽을 때까지 봉직하였다. 이때 흠천감정欽天監正 I.쾨글러戴進賢, A.할러슈타인劉松齡 등과 함께《의상고성儀象考成》편찬에 착수하여, 이를 쾨글러 사후인 1752년에 완성하였다. 1766년에는 베이징의 남당南堂에서 흠천감정 할러슈타인과 함께 조선의 동지사冬至使 일행으로 베이징에 온 홍대용洪大容을 만나 서학西學에 관해 여러 차례 토론하기도 하였다. 그 토론 내용이 홍대용의 연경燕京(베이징) 기행록인《담헌연기湛軒燕記》에〈유포문답劉鮑問答〉이라는 이름으로 수록되어 있다.

[23] 홍대용(김태준, 박성순 옮김)의 앞의 책, 160쪽.

[24] 홍대용(김태준, 박성순 옮김)의 앞의 책, 162쪽.

[25] 홍대용(김태준, 박성순 옮김)의 앞의 책, 163~164쪽.

[26] 박지원 씀(리상호 옮김),《열하일기》하, 보리. 2004. 309쪽.

[27] 박지원 씀(리상호 옮김),《열하일기》하, 보리. 2004. 308쪽.

28 박지원 씀(리상호 옮김), 《열하일기》 하, 보리. 2004. 309~310쪽.

29 린위탕의 앞의 책, 223쪽을 참고할 것.

2부 계획도시 베이징

1 양둥핑, 앞의 책, 138쪽.

2 Marcel Granet, "Right and Left in China," in R. Needham, ed, *Right & Left: Essays on Dual Symbolic Classification*, Chicago:Univ. of Chicago Press. 1973. p.49. (이-푸 투안(구동회·심승희 옮김), 《공간과 장소》, 도서출판 대윤, 2005. 72쪽에서 재인용.)

3 주융, 앞의 책, 13쪽.

4 "명나라와 청나라 정부는 과거시험을 통해 관리를 선발했다. 가장 높은 단계인 진사進士 시험은 3년마다 쯔진청 안에서 치러졌다. 수험생들은 동쪽의 창안줘먼長安左門을 통해 들어갔다. 시험이 끝나고 그 결과는 이 동쪽 성문 밖에 나붙었다. 그래서 창안줘먼은 달리 '룽먼龍門'이란 명예로운 이름으로 불려졌다. '등용문登龍門'이란 말이 여기에서 나왔다. 이와는 대조적으로 서쪽의 창안유먼長安右門은 형벌 및 죽음과 관련 있다. 이 서쪽 문은 '후먼虎門'이란 이름을 얻었다. 매년 가을 첫 서리가 내리기 전 사형선고를 받은 죄수들은 이 '호랑이문'으로 들어와 다음과 같은 간단한 질문을 받았다고 한다. '네가 받은 사형선고가 정당한 것인가 아니면 부당하다고 생각하는가?' 대부분의 죄인들은 심한 고문에 녹초가 되어 대답할 힘도 없었다. 간혹 운이 좋은 죄수는 다음해 가을에 똑같은 질문을 다시 받을 때까지 1년을 더 살 수 있었다."(이은상, 《담장 속 베이징 문화》, 아름나무, 2008. 34쪽.)

5 이와 연관해서 푸코는 문제는 "어떻게 한 사회가 자기 공간을 정리하고 그곳에 힘의 관계를 써넣었는가"라는 데 있다고 지적한 바 있다.(와카바야시 미키오(정선태 옮김), 《지도의 상상력》, 산처럼, 2006. 37쪽.)

6 마르코 폴로(김호동 역주), 《동방견문록》, 사계절, 2000. 295~296쪽.

7 완핑성宛平城은 루거우챠오의 동쪽에 있으며, 명나라 숭정崇禎 13년(1640)에 세워졌다. 중국 최고의 성루형 교두보로 총 면적은 0.2 평방 킬로미터로 그리 크지는 않으

나 성의 형태는 물론 내부 구성까지 일반적인 성과 다른 면모를 보이고 있다. 이 성에는 상점 등과 같은 생활 편의시설은 전무하고 오로지 두터운 옹성과 적루敵樓가 곳곳에 설치되어 이곳이 전문적인 군사 요새였다는 사실을 말해주고 있다. 이 성은 1928년 완핑 현宛平縣의 현서縣署가 옮겨오면서 지금의 이름을 얻게 되었는데, 성의 동문을 '순치順治', 서문을 '위엄威嚴'이라 부르며, 중심에 세워진 대臺의 남쪽은 '홍무洪武', 북쪽은 '북극北極'이라 칭한다.

8 홍대용(김태준, 박성순 옮김), 《산해관 잠긴 문을 한 손으로 밀치도다》, 돌베개, 2001. 3쪽.

9 김창업의 자는 대유大有이고, 호는 노가재老稼齋다. 1681년(숙종 7) 진사가 되었으나 벼슬에 마음이 없어 관직에 나가지 않고 송계松溪(서울 성북구 장위동)에서 전원생활을 하였다. 1712년 형 창집昌集이 청나라에 사신으로 가게 되자, 그를 따라 연경燕京에 다녀와 기행문 《노가재연행일기老稼齋燕行日記》를 썼다. 여기에는 그곳의 산천山川·관방關防·사관寺觀·시암市庵·인민人民·요속謠俗·비판碑版·서적書籍·기용器用 등이 낱낱이 기록되어 있다. 시와 그림에도 뛰어나 산수山水와 인물人物을 잘 그렸다. 화양서원華陽書院에 모신 송시열宋時烈의 화상은 그가 그린 것을 화공畵工이 전사轉寫한 것이라고 한다. 1721년(경종 1) 신임사화辛壬士禍로 형 창집 등 노론老論 4대신이 유배되자 울분을 못 이겨 병사하였다. 문집으로 《노가재집》이 있고, 그림으로는 《추강만박도秋江晩泊圖》가 전한다.

10 조선 영조 때의 실학자로, 자는 덕보德保이고, 호는 담헌湛軒, 또는 홍지洪之이며. 북학파의 대표적 인물이다. 천문과 율력에 뛰어나 혼천의를 만들고 지구의 자전설을 제창하였다. 저서에 《담헌집》, 《주해수용籌解需用》 따위가 있다.

11 박지원의 자는 중미仲美이고, 호는 연암燕巖이다. 돈녕부지사敦寧府知事를 지낸 조부 슬하에서 자라다가 16세에 조부가 죽자 결혼, 처숙妻叔 이군문李君文에게 수학, 학문 전반을 연구하다가 30세부터 실학자 홍대용洪大容과 사귀고 서양의 신학문에 접하였다.

1777년(정조 1) 권신 홍국영洪國榮에 의해 벽파僻派로 몰려 신변의 위협을 느끼자, 황해도 금천金川의 연암협燕巖峽으로 이사하여, 독서에 전념하다가 1780년(정조 4) 친족형 박명원朴明源이 진하사 겸 사은사進賀使兼謝恩使가 되어 청나라에 갈 때 동행했다. 랴오둥遼東·러허熱河·베이징北京 등지를 지나는 동안 특히 이용후생利用厚生에

도움이 되는 청나라의 실제적인 생활과 기술을 눈여겨보고 귀국하여 쓴 기행문《열하일기熱河日記》를 통하여 청나라의 문화를 소개하고 당시 조선의 정치·경제·사회·문화 등 각 방면에 걸쳐 비판과 개혁을 논하였다.

1786년 왕의 특명으로 선공감감역繕工監監役이 되고 1789년 사복시주부司僕寺主簿, 이듬해 의금부도사義禁府都事·제릉령齊陵令, 1791년(정조 15년) 한성부판관을 거쳐 안의현감安義縣監을 역임한 뒤 사퇴했다가 1797년 면천군수沔川郡守가 되었다. 이듬해 왕명을 받아 농서農書 2권을 찬진撰進하고 1800년(순조 즉위) 양양부사襄陽府使에 승진, 이듬해 벼슬에서 물러났다.

당시 홍대용·박제가朴齊家 등과 함께 청나라의 문물을 배워야 한다는 이른바 북학파北學派의 영수로 이용후생의 실학을 강조하였으며, 특히 자유기발한 문체를 구사하여 여러 편의 한문소설을 발표, 당시의 양반계층 타락상을 고발하고 근대사회를 예견하는 새로운 인간상을 창조함으로써 많은 파문과 영향을 끼쳤다.

이덕무李德懋·박제가·유득공柳得恭·이서구李書九 등이 그의 제자들이며 정경대부正卿大夫가 추증되었다. 저서로《연암집燕巖集》《과농소초課農小抄》《한민명전의限民名田義》등이 있고, 작품에《허생전許生傳》,《호질虎叱》,《마장전馬駔傳》,《예덕선생전穢德先生傳》,《민옹전閔翁傳》,《양반전兩班傳》등이 있다.

12 홍대용(김태준, 박성순 옮김)의 앞의 책 4쪽을 참고할 것.

13 홍대용(김태준, 박성순 옮김)의 앞의 책 70쪽.

14 서유문(조규익, 장경남, 최인황, 정영문 주해),《무오연행록》, 박이정, 2002. 113~114쪽.

15 박지원 씀(리상호 옮김),《열하일기》상, 보리. 2004. 395쪽.

16 자세한 것은 박한제,《강남의 낭만과 비극》(사계절, 2003), 156~168쪽을 참고할 것.

3부 권력의 중심

1 주용, 앞의 책, 31쪽.

2 서유문(조규익, 장경남, 최인황, 정영문 주해),《무오연행록》, 박이정, 2002. 152쪽.

[3] 과거제는 중국의 수나라 때부터 청淸조 말까지 약 1,300여 년 동안 시행되었다. 과거제는 소수 정예 인재를 선발하였기 때문에 합격자는 전원 관리로 채용되었고, 따라서 모든 사람의 선망의 대상이었다. 과거제의 정착은 편파적인 신분제의 귀족사회를 개혁하여 비교적 능력중심의 공정한 관료제 사회를 유지하는 기능을 하였다.

[4] 제2차 아편전쟁은 '애로우호 사건' 이라고도 한다. 사건 당시 애로우호는 중국인이 소유하여 운영한 상선이었으나, 영국 측은 영국 국기가 끌어내려진 일로 국기의 명예가 손상되었다는 이유로 배상금과 사과문을 요구하였고, 이것이 거부되자 광저우廣州 교외 시가에 불을 질렀다. 영국은 청나라가 태평천국太平天國에 시달리는 것을 기화로 재차 무력으로 압력을 가하여, 청나라의 양이주의攘夷主義 세력을 무찌르고 공사公使의 베이징北京 주재권, 양쯔 강의 개방, 상인商人의 중국 내지內地 여행권 등을 중심으로 한 조약개정 요구를 실현하려 하였다. 영국 본국에서는 광저우 방화사건에 대한 정당성 여부를 둘러싸고 의회에서 논란이 일어 내각은 총사퇴하였다. 그러나 여당이 선거에서 다시 승리를 거두자 프랑스의 나폴레옹 3세를 부추겨 양국군의 중국 파병을 단행하였다. 영국 및 프랑스 연합군은 1858년에 톈진天津을, 60년에는 베이징을 점령하여 베이징의 명원名園 및 위안밍위안圓明園 등을 약탈 파괴하고, 60년 베이징조약을 강제 체결하게 하여 앞서 실현하려던 여러 요구사항과 기독교의 중국 내지 포교권布敎權 등을 획득하였다.

[5] 린위탕, 앞의 책, 164쪽.

[6] 서유문(조규익, 장경남, 최인황, 정영문 주해), 《무오연행록》, 박이정, 2002. 246쪽.

[7] 린위탕의 앞의 책, 119쪽.

[8] 옴파로스는 라틴어로 '배꼽' '세계의 중심', '방패의 중심돌기' 라는 의미를 가진 단어로 중앙 또는 중심을 의미한다. 고대 그리스인들은 그리스를 지구의 중심이라 생각했다. 그중에서도 아테네에서 북서쪽으로 170㎞ 떨어진 곳에 위치한 델포이시는 그리스신화에 등장하는 '대지의 배꼽(옴파로스)' 이라는 유물을 통해 델포이가 '지구의 배꼽' 이라 불리고 있다. 기원전 3~4세기에 만들어진 것으로 추정되는 델포이 시의 아폴로 신전의 내실에는 아폴로 상이 놓여 있었으며 지하실에는 '대지의 배꼽' 이라는 '옴파로스' 라는 돌이 보관되어 있었다. 현재 이 돌은 델포이 박물관에 소장되어 있다.(네이버 검색 참조)

[9] 주융, 앞의 책, 96쪽.

10 주융, 앞의 책, 124쪽.

11 양둥핑, 앞의 책, 105쪽.

12 에드워드 렐프(김덕현, 김현주, 심승희 옮김), 《장소와 장소상실》, 논형, 2005. 90쪽. "기념물을 세울 경우에도 이것은 변함 없는 사실이다. 즉 높은 피라미드나 승전기념탑은 낮은 것보다 큰 존경심을 불러일으킨다."(이-푸 투안, 앞의 책, 68쪽.)

13 이 사건이 보도된 것은 2006년 3월 25일이었다. 이어지는 속보는 이 소녀가 실제로 톈안먼 광장을 방문하는 것으로 마무리된다.

"꿈은★ 이루어졌다 — 뇌종양 주신웨 마지막 소원 천안문 광장 국기게양식 관람

죽음을 앞둔 소녀의 마지막 소원을 들어주기 위해 톈안먼天安門 광장 국기게양식을 지린吉林 성 창춘長春에 재현한 사연으로 중국인을 울린 '중국판 마지막 잎새' 주인공 주신웨양이 꿈을 이뤘다. 베이징 싼보푸싱병원에서 뇌종양 수술을 받고 회복 중인 신웨는 8일 새벽 톈안먼 광장에서 중국 국기인 오성기가 게양되는 것을 직접 바라보는 감격을 누렸다. 이날 톈안먼광장 국기게양식은 신웨만을 위한 행사였다. 이에 따라 '신웨의 상태가 좋아지면 진짜 톈안먼 광장에서 딸 아이가 오성홍기를 느낄 수 있는 기회를 마련하겠다' 던 아버지 주더춘씨 꿈도 함께 이뤄졌다. 뇌종양 말기로 시력을 잃고 있는 신웨가 바라본 것은 어렴풋한 오성기의 붉은 형태 뿐이었지만 신웨는 감격에 겨워했다. 국기게양호위대는 하늘색 옷에 빨간 운동화를 신은 소녀의 꿈이 이뤄지는 순간, 평소 두 번 연주하던 중국 국가를 특별히 3번 연주했다."

(베이징/연합뉴스 기사등록 : 2006-05-09 오후 08:14:09)

14 주융, 앞의 책, 128쪽.

15 주융, 앞의 책, 129쪽.

4부 민초들의 일상공간

1 조선시대 서민들이 종로를 지나는 고관들의 말을 피해 다니던 길이라는 뜻의 피마避馬에서 유래하였다. 당시 신분이 낮은 사람들은 종로를 지나다 말을 탄 고관들을 만나면, 행차가 끝날 때까지 엎드려 있어야 했다. 이 때문에 서민들은 번거로움을 피

하기 위해 한길 양쪽에 나 있는 좁은 골목길로 다니는 습속이 생겼는데, 피맛골은 이때 붙여진 이름이다.
서민들이 이용하다 보니 피맛골 주위에는 선술집·국밥집·색주가 등 술집과 음식점이 번창하였다. 원래는 현재의 종로구 청진동淸進洞 종로 1가에서 6가까지 이어졌으나, 지금은 종로 1가 교보문고 뒤쪽에서 종로 3가 사이에 일부가 남아 피맛골의 명맥을 유지하고 있다. 두 사람이 나란히 걸으면 겨우 지나갈 수 있을 정도의 좁은 골목길로, 지금도 길 양쪽에 해장국·생선구이·낙지볶음·빈대떡 등을 파는 식당과 술집·찻집이 밀집해 있는 종로의 명소 가운데 하나이다.
1980년대 초 도심재개발지역으로 지정된 뒤, 2003년 서울특별시 건축위원회에서 재개발을 허가함에 따라 청진동 166번지 일대(청진 제6재개발사업지구)부터 건축공사가 시작되었다. 2004년 1월 공사 현장에서 조선시대 건축물에 쓰인 것으로 추정되는 장대석長臺石 10여 점과 기와 등의 유물이 발견되었으며, 문화재청이 같은 해 4월부터 신축공사터 2,600여 평을 시굴·조사한 결과 주춧돌·적심積心(주춧돌 주위에 채우는 보강용 돌무더기)·다짐층 등 건물터 흔적과 도자기 조각 등의 추가 유물을 발굴하였다.

2 김진송, 《기억을 잃어버린 도시》, 세미콜론, 2006. 207~208쪽.

3 이-푸 투안(구동회·심승희 옮김), 《공간과 장소》, 도서출판 대윤, 2005. 8쪽.

4 이-푸 투안, 앞의 책, 17쪽.

5 안토니 기든스(이윤희, 이현희 옮김), 《포스트 모더니티》, 민영사, 1991. 33쪽.

6 "대표적인 이가 루쉰문학원魯迅文學院 왕빈王彬(50) 교수다. 1980년대 말부터 베이징을 연구하고 특히 후통의 보호에 심혈을 기울여 온 그는 특히 2004년 여름, 올림픽 경기장으로 인해 없어지는 베이딩춘北頂村의 따먀오大廟나 마을의 보호를 주장해 주목을 끌었다. 당시 그는 〈주간인물〉에 '역사상 (베이딩춘은) 대형 건축군의 하나가 있던 곳'이라며 '이곳을 보호해야만 우리는 인문올림픽으로도 최고를 만들 수 있다'고 말했다. 그는 후통의 역사적 연원을 찾는 베이징에 관한 다큐멘터리를 제작해야 한다고 주장하기도 했다."(조창완, 〈500년 골목길, 올림픽 전에 다 쓸어버려-[해외리포트] 베이징의 진미 '후통', 대대적 철거 논란〉, 《오마이뉴스》, 2006년 2월 5일. http://www.ohmynews.com/articleview/article_view.asp?at_code= 308091)

7 조창완의 앞의 글 참조.

[8] Pawley M, Architecture Versus Housing, 1971, pp. 98~107. 에드워드 렐프, 앞의 책, 150쪽에서 재인용.

[9] 양둥핑, 앞의 책, 477쪽.

[10] 양둥핑, 앞의 책, 479~480쪽.

[11] "그렇지만, 이러한 노력들도 개발의 열기를 막아내기에는 역부족으로 보인다. 한 민간단체의 조사에 따르면, 2002년 이후 보호 대상으로 지정된 사합원 가운데 50여 곳이 '합법적' 으로 철거되었으며, 1990년대 이후 역사 문물의 이름을 가진 채 사라진 옛 거주 지역은 70곳이 넘는다. 후통을 넓혀 자동차 도로를 만들고, 사합원을 헐고 그 자리에 쇼핑몰을 짓는 풍경이 금세 사라질 것 같지는 않다." (양둥핑, 앞의 책, 483쪽)

[12] 김왕배, 《도시, 공간, 생활세계—계급과 국가 권력의 텍스트 해석》, 한울, 2000. 134쪽.

[13] "텍스트의 의미는 정태적으로 이미 '주어져 있다' 기보다는 끊임없이 재생되고, 누적되는 것이다. 그렇기 때문에 해석학적 텍스트 분석은 끊임없이 상호 의사소통 속을 통해 쌓이고, 변형되는 의미의 구조화과정을 연구하는 것이다."(김왕배, 앞의 책, 140쪽.)

[14] 양둥핑, 앞의 책, 82쪽.

[15] 라오서(최영애, 김용옥 옮김), 《루어투어 시앙쯔》, 통나무, 1986. 126쪽.

[16] 홍경태, 〈경미 소설의 예술적 특징〉(《중국어문논총》 제26집, 396쪽.

[17] 쉬쯔창許自强, 〈'경미소설파를 다시 논함再談 '京味小說派' 〉(《베이징사회과학北京社會科學》, 1995년 제2기), 52~53쪽.

[18] 양둥핑, 앞의 책, 297~298쪽.

[19] 루쉰 외(지세화 옮김), 《상하이런, 베이징런》, 일빛, 2006. 20쪽.

[20] 라오서(최영애, 김용옥 옮김), 《루어투어 시앙쯔》, 통나무, 1986. 291쪽.

[21] 푸코가 말한 대로 "공간이 집단적 삶이 가지는 모든 형태의 근본을 이루는 것"이라면, "도시는 그곳에 사는 사람들의 집단적 삶의 표현이며 따라서 도시설계는 한 사회의 야망을 도시 전체에 표현하는 일"이라 할 수 있다.(최윤경, 《7개 키워드로 읽는 사회와 건축 공간》, 시공문화사, 2003. 15쪽과 42쪽에서 재인용.)

[22] 양둥핑, 앞의 책, 300쪽.

23 중국 민정부·중국사회출판사(김하림 옮김), 《중국인도 다시 읽는 중국사람 이야기》, 에디터, 1998. 75쪽.

24 주융, 앞의 책, 191쪽.

25 Lefebvre, H. *The Production of Space*, *Oxford*: *Basil Blackwe*ll, 1991. (최윤경, 앞의 책, 39쪽에서 재인용)

26 Barunfels, W. *Urban Design in Western Europe*: *Regime and Architecture*, *900~1900*, Chicago: University of Chicago, 1988[1976]. (최윤경, 앞의 책, 40쪽에서 재인용)

27 양둥핑, 앞의 책, 23쪽.

28 양둥핑, 앞의 책, 154쪽.

29 양둥핑, 앞의 책, 155쪽.

30 양둥핑, 앞의 책, 156쪽.

31 이하의 내용은 양둥핑, 앞의 책, 158~163쪽을 참고했음을 밝혀둔다.

32 양둥핑, 앞의 책, 245쪽.

33 에드워드 렐프(김덕현, 김현주, 심승희 옮김), 《장소와 장소상실》, 논형, 2005. 278쪽.

34 이-푸 투안, 앞의 책, 15쪽.

35 에드워드 렐프(김덕현, 김현주, 심승희 옮김), 《장소와 장소상실》, 논형, 2005. 272~273쪽.

5부 베이징의 역사

1 허베이 성河北省 펑난豊南 출생으로, 베이징대학을 졸업하고, 중국과학원 고척추동물연구실 교수가 되었다. 1921년 시작된 베이징원인北京猿人(Sinanthropus pekinensis) 발굴에 1928년부터 참가하였고, 1929년 저우커우뎬周口店 동굴의 제3차 발굴을 지휘하여 시난트로푸스 두개頭蓋와의 차이를 밝혀냈다. 1931년에는 그들이 사용하던 석기를 발견하였으며, 시난트로푸스·자양인資陽人 등 중국 홍적세 인류 연구에 업적을 올렸다. 주요 저서에 《중국원인사요中國原人史要》《중국사전기지연구中國史前期之研究》《자양인》(1957) 《산시샹펀현딩춘山西襄汾縣丁村 구석기시대 유지발굴보고》

(1958)《저우커우뎬 개굴보고》·《지질조사보고》 등이 있다.

2 캐나다의 해부학자로, 베이징의 남서 교외에 있는 저우커우뎬周口店 동굴을 발굴·조사하였다. 1920~1927년 사이에 J.G. 안데르손, 페이원중裴文中 등과 함께 베이징원인의 이빨과 두개골을 발견하였으며, 1927년 이를 '시난트로푸스 페키넨시스 Sinanthropus pekinensis'라 명명하였다.

3 1914년 베이징 정부의 광정鑛政 고문으로 초빙되어 중국 각지의 지질조사를 하는 한편, 고생물학적·고고학적 조사 발굴에 종사하였다. 이 사이에 저우커우뎬周口店의 베이징 원인의 발견과 화북의 신석기시대 유적, 특히 채도문화彩陶文化의 발굴 등에 성과를 올렸다. 1925년에 귀국하여 스톡홀름의 극동고고박물관의 관장으로서 연구를 계속하여 많은 논문을 발표하였다. 그의 명저 《황토지대의 아이들*Children of the Yellow Earth*》(1934, 우리말 번역본은 김상기·고병익 공역, 《중국 선사시대의 문화》, 한국번역도서주식회사, 1958.)는 중국 체재 시의 조사 개요를 기록한 것이다.

4 양둥핑楊東平(장영권 역), 《중국의 두 얼굴》, 펜타그램, 2008. 44–45쪽.

5 파위안쓰法源寺는 645년 당나라 태종때 만들어졌으며, 고구려 정벌 전쟁에서 죽은 장군들과 병사들을 기념하기 위해서 만들어진 사찰이다. 처음 만들어질 당시 이름은 민중쓰憫忠寺였다. 당시 관리를 선발하기 위한 황제의 과거시험이 이곳에서 열렸다. 요나라 침입 때 사찰이 파괴된 이후 전쟁과 지진 등 자연재해, 반란으로 몇 차례 더 파괴된 역사를 가지고 있다. 현재의 사찰은 1734년 청나라 때에 만들어진 것이다. 이 사찰은 베이징에 있는 사찰 중 두 번째로 큰 사찰이다. 사찰의 구조는 보통의 다른 사찰과 유사하며 세 번째 뜰에는 충신들을 애도하는 제단과 당나라의 역사를 기록한 3개의 비석이 있다. 오랜 시간이 지나 풍화와 침식에도 불구하고 비문은 아직까지도 일반인이 볼 수 있을 정도로 보존이 잘되어 있다. 파위안쓰는 다른 사찰에는 없는 비로불전毗盧佛殿이 있다. 이것은 삼장법사 쉬안좡玄奘을 기념하기 위해서 만들어진 것이다.

6 톈안먼 서쪽에 자리잡고 있는 중산공원은 원대 만수흥국사萬壽興國寺의 옛 터이다. 명대 영락 19년(1421)에 쯔진청을 건설할 때는 "좌조우사左朝右社"의 제도에 따라 이곳에 사직단을 세워 황제가 토지신. 오곡신에게 제사를 지내던 곳이었다. 1914년 "중앙공원"으로 개발하여 대외에 개방하였다. 1928년 중국의 위대한 혁명선구자 쑨원孫文(자는 중산中山)을 기념하기 위하여 중산공원이라 개칭하였다.

공원은 부지 면적이 24만㎡이고 주체 건물인 사직단은 속칭 "오색토"이며 한백옥으로 3층의 방형 석대를 쌓아 "땅이 네모남"을 상징하였다. 사직단에는 전국에서 가져온 "오색토"를 복판은 황색, 동쪽은 청색, 서쪽은 백색, 남쪽는 홍색, 북쪽은 흑색 순으로 깔고 다져 놓음으로써 "천하의 모든 땅은 모두 제왕의 것(普天之下, 莫非王土)임"을 나타내었다. 주변은 유리벽과 네 개의 살 창문으로 되어 있어 엄숙한 분위기를 자아낸다. 옛날에는 사신과 직신을 대표하여 제를 받는 석주와 목주를 중앙의 토감 가운데 세웠었지만 후에는 "사주석" 하나로 바꾸었다. 신해혁명 이후 석주는 없어지고 지금은 "오색토"만 남아 있다. 사직단 북쪽에 있는 배전은 고대에 황제가 제를 올릴 때 비가 내릴 것을 감안하여 건조한 목조건물이다. 1925년 쑨원이 베이징에서 서거하자 영구를 이 배전에 안치하고 각계 인사들의 조문을 받았다. 후에 이곳을 중산당이라 개칭하였다.

중산공원은 풍경이 수려하고 환경이 아름답다. 내금우헌, 장랑, 습례정, 당화오, 난정, 사의헌 등 경관은 제각기 특색을 지니고 있다. 공원 안에는 900여 그루의 늙은 소나무가 우거져 있는데 대부분은 요대에 심은 것이라고 한다. 그 가운데 측백나무 속에서 느릅나무가 자라나 "괴백합포槐柏合抱"라고 불리는 고목은 기이한 경관 가운데 하나로 손꼽힌다.

7 여기서 한 가지 덧붙일 말은 '해海'라는 단어의 의미이다. 사실 도심의 호수를 두고 '바다'라는 표현을 쓰는 것은 여러 모로 적절치 않다. 그러나 여기서 말하는 '해海'는 몽골어 '하이쯔海子'에서 온 것으로 원래는 '화원花園'을 의미한다고 한다. 그러나 일반적인 용례는 내륙의 호수를 가리킨다. 곧 바다를 볼 수 없는 내륙 지역의 사람들이 호수를 두고 일종의 대리만족을 하기 위해 만들어낸 말이라는 것이다.

8 주융祝勇(김양수 옮김), 《베이징을 걷다》, 미래인, 2008. 28쪽.

"여태껏 평양처럼 《주례周禮》 〈고공기考工記〉의 건설 구상을 그대로 따라 복원한 고대 도성은 없었다. 궁전, 관아衙署, 천보랑의 순차적 배열은 물론 좌조우사左祖右社(《주례》 〈고공기〉에 따라, 궁성 건설 시 왼쪽에 종묘를, 오른쪽에 사직을 두는 제도)의 위치까지 모든 왕조의 편차를 바로잡았다. 《주례》 〈고공기〉는 서주시대 저작으로서, 예禮 사상으로 도성을 건설하는 구상을 기술하고 기본 법칙을 제정했다. 하지만 이 법칙은 후대에는 정확히 실현되지 못했다."(주융, 앞의 책, 27쪽)

9 주융, 앞의 책, 53-54쪽.

10 박지원 씀(리상호 옮김), 《열하일기》 상, 보리. 2004. 316쪽.

11 양둥핑, 앞의 책, 84쪽.

12 이탈리아 밀라노 출생으로, 1715년 청나라로 가서 궁중화가로 활동했다. 1715년 청나라로 가, 궁중화가로서 강희康熙·옹정雍正·건륭乾隆 황제 밑에서 벼슬하였는데, 초기의 〈취서도聚瑞圖〉와 〈백준도百駿圖〉는 중국인들의 격찬을 받았다. 건륭제는 위안밍위안圓明園 안에 루이관如意館이라는 화실을 지어 주었는데, 그 화실에는 역대 황제가 자주 드나들었다고 한다. 그의 그림은 서양의 재료와 화법을 그대로 사용한 것이 아니고, 중국 고유의 재료를 사용해서 황제나 황비 등의 초상화를 그렸고, 탕다이唐岱 등과 협력하여 〈위안밍위안 전도全圖〉 등을 그렸다. 이때 그가 사용한 음영법陰影法은 새로운 수법으로서 중국화에 큰 영향을 끼쳤다. 옹정·건륭제 당시 기독교에 대한 박해가 있었지만, 그는 황제의 총애로 모면할 수 있었다. 뒤에 베이징에서 죽었다.

13 진순신(정태원 옮김), 《시와 사진으로 보는 중국 기행》, 예담, 2000. 35쪽.

14 린위탕, 앞의 책, 82쪽.

15 우쩌톈의 이름은 자오照이고, 산시 성山西省에서 태어났다. 당나라의 창업 공신인 우전武朕의 딸로, 일설에는 630년에 출생하였다고도 한다. 14세 때 태종太宗의 후궁이 되었으나, 황제가 죽자 비구니가 되었는데, 고종의 눈에 띄어 총애를 받게 되었다. 그 후 간계를 써서 황후 왕 씨王氏를 모함하여 쫓아내고 655년 스스로 황후가 되었다. 수년 후 고종의 건강을 핑계삼아 스스로 정무를 맡아보며 독재권력을 휘둘렀으며, 문예와 이무吏務에 뛰어난 신흥관리를 등용하여 세력을 구축하고 구 귀족층을 배척하였다. 683년 고종이 죽자 자신의 아들 중종中宗·예종睿宗을 차례로 즉위시키고, 그녀에게 반항하여 난을 일으킨 쉬징예徐敬業와 당나라의 황족 등을 무력으로 탄압하였다. 뿐만 아니라 어사御史와 밀사를 이용하여 대규모의 탄압을 자행하는 한편, 불경을 위조하고 부서符瑞를 날조하여 우 씨武氏의 천하를 합리화시켰다.
690년 국호를 주周로 개칭하고 스스로 황제라 칭하며 중국사상 유일한 여제女帝로서 약 15년간 전국을 지배하였다. 주나라의 전통을 따라 역법曆法·관명官名을 새로 정하는 한편, 북문학사北門學士들에게 명하여 《신궤臣軌》《백료신계百寮新誡》 등을 찬撰하게 하였고, 각지에 특사를 파견하여 인재를 모았다. 또 인심을 얻기 위하여 관작官爵을 마구 뿌렸으며, 명당明堂·천당天堂·천추天樞·대불大佛과 같은 대 건축물을 세워 국위선양에 힘썼다. 디런제狄仁傑·웨이위안중魏元忠과 같은 명신을 적절하게 등용시켰으나, 말기에는 장이즈張易之 형제 등 총신들이 정사를 그르쳤고, 705년 장젠즈張柬之 등이 정변을 일으켜 중종이 복위되고 당 왕조가 부흥하였다. 얼마 후 우쩌톈은 병사하였는데, 그녀는 악랄한 책략과 잔인한 탄압을 가하는 한편 요승妖僧 화이이懷義 및 장이즈 형제와의 추문을 남기는 등 비난의 대상이 되기도 하였다.

16 양둥핑, 앞의 책, 112쪽에서 재인용.

17 양둥핑, 앞의 책, 112쪽에서 재인용.

18 주융, 앞의 책, 53쪽.

19 양둥핑, 앞의 책, 140~141쪽.

20 주융, 앞의 책, 135쪽.

21 주융, 앞의 책, 96쪽.

22 주융, 앞의 책, 109쪽.

23 흥미로운 것은 일본이 베이징을 점령했을 당시인 1938년 사토 도사쿠佐藤俊久와 야마자키 게이치山崎桂一가 만든 〈북경도시계획대강 초안〉의 기본 구상이 량쓰청의 생각과 일치한다는 사실이다. 곧 그들도 역시 당시 베이핑을 구성舊城과 신성新城으로 분리했던 것이다. 다만 차이가 있다면 "이들이 선택한 신행정 중심 지역은 이허위안의 포샹거佛香閣을 표지점으로 삼아 남북 중축선을 그렸고, 그 중축선의 위치가 대략 오늘날의 서사환西四環 정도에 해당된다는 것이다. 이것은 신도시 구역의 정북방에 '산'을 두어 배산임수의 풍수 이념에 부합할 뿐 아니라, 기존의 수역(쿤밍 호昆明湖와 창허長河)도 이용하는 것이었다."(주융, 앞의 책, 112쪽)

24 양둥핑, 앞의 책, 109쪽에서 재인용.

25 주융, 앞의 책, 111쪽.

26 주융,앞의 책, 135쪽에서 재인용.

27 양둥핑, 앞의 책, 110쪽.

28 주융, 앞의 책, 137쪽.

29 주융, 앞의 책, 138~139쪽.

30 양둥핑, 앞의 책, 147~148쪽.

31 주융, 앞의 책, 161쪽.

32 양둥핑, 앞의 책, 478쪽.

찾아보기

【ㅊ】

베이징 800년을 걷다

⊙ 2015년 10월 9일 초판 1쇄 발행
⊙ 2015년 11월 6일 초판 2쇄 발행
⊙ 글·사진 조관희
⊙ 펴낸이 박혜숙
⊙ 디자인 조현주
⊙ 종이 화인페이퍼
⊙ 펴낸곳 도서출판 푸른역사
우) 03044 서울시 종로구 자하문로8길 13
전화: 02) 720-8921(편집부) 02) 720-8920(영업부)
팩스: 02) 720-9887
전자우편: 2013history@naver.com
등록: 1997년 2월 14일 제13-483호

ISBN 979-11-5612-055-1 03900